Trimborn von Landenberg

Die Vollmacht vor und nach dem Erbfall

Die Vollmacht vor und nach dem Erbfall

Missbrauch vorbeugen und verfolgen

von

Dieter Trimborn von Landenberg
Rechtsanwalt und Fachanwalt für Erbrecht,
Cochem

4. Auflage

zerb verlag

Hinweis:
Die Formulierungsbeispiele in diesem Buch wurden mit Sorgfalt und nach bestem Wissen erstellt, sie stellen jedoch lediglich Anregungen für die Lösung typischer Fallgestaltungen dar. Autor und Verlag übernehmen keine Haftung für die Richtigkeit und Vollständigkeit der in dem Buch enthaltenen Ausführungen und Formulierungsmuster.

Bibliografische Information der Deutschen Nationalbibliothek

Die Deutsche Nationalbibliothek verzeichnet diese Publikation in der Deutschen Nationalbibliografie; detaillierte bibliografische Daten sind im Internet über http://dnb.d-nb.de abrufbar.

Die Deutsche Bibliothek – CIP Einheitsaufnahme

Trimborn von Landenberg,
Die Vollmacht vor und nach dem Erbfall, 4. Auflage 2023
zerb verlag, Bonn

ISBN 978-3-95661-138-4

Juristische Fachmedien Bonn GmbH
Rochusstr. 2–4
53123 Bonn

Satz: Cicero Computer GmbH, Bonn
Druck: Hans Soldan Druck GmbH, Essen

Vorwort

Wir leben in einer immer älter werdenden Gesellschaft, in der zunehmend Menschen auf fremde Hilfe angewiesen sind. Neben der körperlichen Pflege muss der Mensch dann auch in seiner Eigenschaft als Rechtssubjekt „versorgt“ werden. Hier gewinnen insbesondere Vorsorgevollmachten, für die der Staat zur Vermeidung einer Betreuung gerne wirbt, an Bedeutung. Das seit dem 1.1.2023 geltende neue Betreuungsrecht hat neben den vielen Änderungen für Betreuungen auch im Bereich der Vorsorgevollmacht einige Änderungen gebracht, die in diese Neuauflage eingegangen sind.

Allein beim Vorsorgeregister der Bundesnotarkammer sind fast 6 Mio. (Stand: Januar 2023) Vorsorgevollmachten registriert, jede Woche kommen ca. 6.000 bis 7.000 Neuanmeldungen hinzu. Die „Dunkelziffer“ derjenigen, die die Geschäftsführung über ihr eigenes Leben und Vermögen ohne vorherige Beratung durch einen Rechtsanwalt oder Notar zu hoffentlich treuen Händen abgeben, dürfte weitaus höher sein. Neben den allgegenwärtigen Vorsorgeformularen, die im Internet und in Broschüren zu finden sind, halten viele Bundesbürger auch einfache Bankvollmachten für geeignete Mittel der Notfallvorsorge (oder gar als Ersatz für ein Testament).

Eine unreflektiert erteilte Vollmacht ist gefährlich: Ist sie unzureichend, muss die Regelungslücke doch durch einen Betreuer gefüllt werden. Weit gefährlicher ist aber eine zu weit reichende Vollmacht, die der falschen Person erteilt wurde.

Die Gestaltung der Vorsorgevollmacht einschließlich des Innenverhältnisses ist Gegenstand zahlreicher Veröffentlichungen zur juristischen Notfallprophylaxe. Hier geht es vorrangig um den eingetretenen Notfall, in dem teils in fragwürdiger, teils in eindeutig krimineller Weise über das Vermögen eines hilflosen Menschen verfügt wird. Abnehmende familiäre Bindungen und die Volkskrankheit Demenz bilden im Wesentlichen den Nährboden für ein Zukunftsthema der Anwaltschaft: die Kontrolle des Vertreterhandelns. Auch wenn sich dieses Buch vorrangig Rettungsmaßnahmen widmet, die im Zusammenhang mit bereits bestehenden Vollmachten zu ergreifen sind, sind in der Neuauflage einige Hinweise zur Prophylaxe missbräuchlicher Vollmachtsverwendung enthalten. Rechtliches und Tatsächliches ist in diesem Bereich allerdings eng verzahnt, eine engmaschige Compliance würde zwar viele Streitigkeiten verhindern, jedoch ist gerade im Bereich der Vorsorgevollmacht ein großes (um nicht zu sagen: blindes) Vertrauen in die Redlichkeit der Bevollmächtigten für viele Vollmachtgeber ein Grund, von Sicherheitsmaßnahmen abzusehen.

Der Aufbau der Kapitel orientiert sich an der jeweils für die anwaltliche Praxis typischen Mandatssituation.

Eine große Rolle spielt zunächst die Überprüfung von vermögensrechtlichen Verfügungen im Zusammenhang mit erteilten Vollmachten. Deren Umfang ist umfassend zu ermitteln. Sodann wird regelmäßig der Widerruf die erste Sicherheitsmaßnahme sein. Besonderes Augenmerk wurde auf die systematische Informationsbeschaffung gelegt, ohne die eine Rückabwicklung unberechtigter Verfügungen nicht möglich ist. Dieses Buch soll helfen, Licht in das oft undurchsichtige Verhältnis zwischen Vollmachtgeber und Bevollmächtigten zu bringen. Neben der vorwiegend durch Rechtsprechung geprägten Rechtslage wurde großer Wert auf die tatsächlichen Aspekte der Anspruchsrealisierung und -abwehr gelegt.

Für die wohlwollende Aufnahme der Vorauflagen bin ich dankbar, insbesondere weil viele Kolleginnen und Kollegen mir hilfreiche inhaltliche Rückmeldungen gaben, die ich gerne eingearbeitet habe. Weil es ein Buch aus der Praxis für die Praxis sein soll, freue ich mich auch weiterhin über alle Anregungen, Hinweise und Kritik, die mich aus dem Kreis der Leser erreichen (Postfach 1449, 56804 Cochem, info@ra-trimborn.de).

„Leider lässt sich eine wahrhafte Dankbarkeit nicht mit Worten ausdrücken." (*J.W. v. Goethe*)

So widme ich dieses Buch einmal mehr meiner lieben Susanne, die mir treue Ehefrau und Vollmachtgeberin ist.

Meine lieben Töchter Charlotte (26) und Helena (24) sind so erzogen, dass sie einem so skurrilen Hobby wie „Fachbücher schreiben" mit Toleranz begegnen.

Eine weitere große Liebe verbindet mich mit unserer Muttersprache, deren Klarheit und Schönheit das Gendern so gut steht wie mir eine bunte Jogginghose; darum: etiam si omnes, ego non.

Cochem und Köln, im Mai 2023

Dieter Trimborn v. Landenberg
Rechtsanwalt u. Fachanwalt f. Erbrecht

Inhaltsverzeichnis

Musterverzeichnis

Literaturverzeichnis

Ante, Der Zugangsnachweis bei Einwurf-Einschreiben, NJW 2020, 3487

Bartsch, Auskunftsansprüche der Erben gegen die Bank im Erbfall, ZErb 1999, 20 ff.

Böhr, Beweislastprobleme bei der Schenkung, NJW 2001, 2059

Bühler, Vollmachtserteilung zur Vermeidung einer Betreuerbestellung – Möglichkeiten und Grenzen einer Vorsorgevollmacht, FamRZ 2001, 1585 ff.

Damrau/Tanck (Hrsg.), Praxiskommentar Erbrecht, 4. Auflage 2020

Everts, Nachlasspflegschaft trotz transmortaler Vollmacht, NJW 2010, 2318

Grüneberg (Hrsg.), Bürgerliches Gesetzbuch, 82. Auflage 2023

Gruenewald, Die Verwendung post- und transmortaler Vollmachten zum Nachteil des Erben, ZEV 2014, 579

Hausmann/Hohloch, Das Recht der nichtehelichen Lebensgemeinschaft, 2004

Horn, Strategien bei Vollmachtsmissbrauch und Optionen bei der Gestaltung, ZEV 2016, 373

Horn (Hrsg.), Anwaltformulare Vorsorgerecht, 2 Auflage 2022

Keim, Die Vollmacht über den Tod hinaus bei Vor- und Nacherbschaff, DNotZ 2008, 175

Kollmeyer, Durchsetzung von Auskunfts- und Herausgabeansprüchen gegen den (vorsorge-)bevollmächtigen Miterben, NJW 2017, 1137

Kroiß/Horn/Solomon (Hrsg.), Nachfolgerecht, 2. Auflage 2019

Kroiß/Horn (Hrsg.), Kommentar zum Bürgerlichen Gesetzbuch: Erbrecht, Band 5, 6. Auflage 2022 (zit. NK-BGB/*Bearbeiter*)

Krug/Rudolf/Kroiß/Bittler, Anwaltformulare Erbrecht, 7. Auflage 2023

Kurze (Hrsg.), Vorsorgerecht, 2. Auflage 2023

Kurze, Die Vollmacht nach dem Erbfall, ZErb 2008, 399

Kurze, Reform ist gut – Kontrolle ist besser?, FamRZ 2021, 1934

Kurze, Die Haftung des Bevollmächtigten und des Betreuers, ErbR 2010, 319

Kurze, Aktuelle Rechtsprechung zum Vorsorgerecht, ErbR 2014, 473

Kurze, Die Reform des Vormundschafts- und Betreuungsrechts, 2022

Lange/Kuchinke, Erbrecht, 5. Auflage 2001

Madaus, Der Widerruf trans- oder postmortaler Vollmachten durch einzelne Miterben, ZEV 2004, 448 f.

Mayer/Bonefeld/Tanck, Testamentsvollstreckung, 5. Auflage 2022

Mau, Missbrauch von Vorsorgevollmachten – ein verdrängtes Problem, ZErb 2023, 1

Meier, Missbrauch einer Vorsorgevollmacht, SR Seniorenrecht aktuell 2014, 3021 (Ausgabe 10 /2014 IWW Institut)

Meyke, Darlegen und Beweisen im Zivilprozess, 1998

Müller-Engels/Braun, Betreuungsrecht und Vorsorgeverfügungen in der Praxis, 6. Auflage 2022

Münchner Kommentar zum Bürgerlichen Gesetzbuch, Band 9: Erbrecht, 9. Auflage 2022(zit. MüKo/*Bearbeiter*)

Offermann-Burckart, Interessenlage und Interessenwiderstreit in erbrechtlichen Mandaten, ZEV 2007, 151

Osterloh-Konrad, Informationsansprüche im Erbrecht: Besondere Fragestellungen, ErbR 2012, 326

Ott-Eulberg/Schebesta/Bartsch, Erbrecht und Banken, 3. Auflage 2018

Pamp, Das „abgeräumte Bankkonto" – Vollmachtsgebrauch und Beweislastfragen, (Teil 1) ErbR 2013, 194, (Teil 2) ErbR 2013, 226

Platz, Rechtsfragen beim Todesfall, 4. Auflage 2011

Prechtel, Erfolgreiche Taktik im Zivilprozess, 3. Auflage 2006

Putz/Steldinger/Unge, Patientenrechte am Ende des Lebens, 7. Auflage 2021

Rißmann, Kein Geld verschenken – Verzug und seine Folgen im Pflichtteilsrecht, ZErb 2002, 181

Rott/Kornau/Zimmermann, Praxishandbuch Testamentsvollstreckung, 3. Auflage 2022

Rudolf/Bittler/Roth, Vorsorgevollmacht, Betreuungsverfügung und Patientenverfügung, 5. Auflage 2020

Sander, Missbrauch von Vorsorgevollmachten – ein ungelöstes Problem, ZErb 2023, 121 312

Sarres, Erbrechtliche Auskunftsansprüche, 3. Auflage 2017

Sarres, Informations- und Gegenrechte bei der vorsorgenden Vollmacht, ZEV 2013, 312

Sauer, Die Gestaltung des Innenverhältnisses von General- und Vorsorgevollmachten, RNotZ 2009, 79

Schneider, Besprechung von Rinsche, Prozesstaktik, 1. Aufl., MDR 1987, S. 725 ff.

Schneider/Volpert (Hrsg.), AnwaltKommentar RVG, 9. Auflage 2021 (*zit.* AnwK-RVG/Bearbeiter)

Schüle, Probleme der Untervollmacht, insbesondere beim Nachweis im Grundbuchverfahren, BWNotZ 1984, 156

Siebert, Das Direktbankgeschäft, 1998

Siebert/Jochum/Pohl, Nachlasspflegschaft, 6. Auflage 2020

Trapp, Die post- und transmortale Vollmacht zum Vollzug lebzeitiger Zuwendungen, ZEV 1995, 314

Wacke, Zur Behauptungs- und Beweislast des Beklagten für den Einwand der Schenkung, ZZP 114, 77

Wieling/Finkenauer, Bereicherungsrecht, 5. Auflage 2020

Zimmermann, Vorsorgevollmacht, Betreuungsverfügung, Patientenverfügung für die Beratungspraxis, 3. Auflage 2016

Zimmermann, Die Vergütung des Vorsorgebevollmächtigten, FamRZ 2013, 1535

Zöller, Kommentar zur Zivilprozessordnung, 34. Auflage 2022

§ 1 Bestand und Reichweite erteilter Vollmachten

A. Allgemeines

I. Ausgangslage

Wohl jeder Mensch, der am Wirtschaftsleben teilnimmt, wird irgendwann einmal eine Vollmacht erteilt haben. Vollmachten vereinfachen die Abwicklung von kleinen und großen Rechtsgeschäften, außerdem ermöglichen sie im Unterschied zu einer gesetzlichen Betreuung individuelle Regelungen, falls man handlungsunfähig wird. So wollen vor allem ältere Menschen durch eine Vorsorgevollmacht, die meist als Generalvollmacht erteilt wird, eine reibungslose Vermögensverwaltung und Versorgung für „den Fall der Fälle“ sichern. Überdies spielen Bankvollmachten eine wichtige Rolle, insbesondere zur Bargeldversorgung älterer Menschen. 1

Vollmachten erleichtern den Alltag ungemein, allerdings sind sie für den Vollmachtgeber – und damit auch für seine Erben – nicht ungefährlich, weil sie vom Bevollmächtigten im Außenverhältnis grundsätzlich ohne dessen Wissen und Wollen verwendet werden können und so erheblicher wirtschaftlicher Schaden entstehen kann. 2

Dieses Risiko ist den wenigsten Vollmachtgebern bewusst. Selbst, wenn der Bevollmächtigte schon in größerem Umfang Verfügungen ohne das Wissen des Vollmachtgebers vorgenommen hat, ergreifen viele Betroffene keine Maßnahmen, weil sie aus Bequemlichkeit oder einer verständlichen Verdrängungshaltung auf Kontrollen verzichten. Auch gibt es die weit verbreitete Tendenz, trotz massiver Selbstbedienung des Bevollmächtigten unbedingt den Familienfrieden wahren zu wollen, um unter den Kindern keinen Streit aufkommen zu lassen, zumindest keinen Streit, den man noch selbst erlebt. Die Erfahrung zeigt, dass in solchen Konstellationen der „Familienfriede“ nur ein Waffenstillstand ist und der Krieg später nur umso härter geführt wird.

Hinweis

Der Anwalt, der mit der Überprüfung des Verhaltens eines Bevollmächtigten beauftragt ist, ist Rechtsanwalt, nicht Staatsanwalt. Das Interesse des Auftraggebers (also regelmäßig des Vollmachtgebers) hat oberste Priorität. Selbst wenn ein Missbrauch der Vollmacht offenkundig erscheint, ist es nicht automatisch geboten, sofort Rückforderungsansprüche geltend zu machen, wenn bspw. die/der Bevollmächtigte zugleich die einzige Person ist, die sich um die Pflege des betagten Vollmachtgebers kümmert. Hier ist abzuwägen der (wohl vorrangige) Wunsch des Vollmachtgebers nach Sicherstellung der häuslichen Versorgung gegenüber dem Ziel des Vermögensschutzes.

3 Viele Vollmachtgeber haben ein unerschütterliches Vertrauen in die ordnungsgemäße Tätigkeit des Bevollmächtigten, oft notgedrungen: nicht selten sind Bevollmächtigte nahe Familienangehörige, denen sich die Vollmachtgeber hilflos ausgeliefert sehen. Selbst wenn ein Vollmachtgeber den Verdacht hat, dass nicht alles so läuft wie ursprünglich vorgesehen, hüllt er sich lieber in Schweigen.

4 Aus diesen Gründen sind in der anwaltlichen Praxis die Fälle, in denen der Vollmachtgeber selbst den Bevollmächtigten zur Rechenschaft zieht, relativ selten.[1] Der weitaus häufigste Fall ist das „böse Erwachen“ nach dem Erbfall, wenn die Erben leer geräumte Konten vorfinden und sich vor (scheinbar) vollendete Tatsachen gestellt sehen. Manchmal schöpfen Angehörige schon zu Lebzeiten des Vollmachtgebers Verdacht und möchten wissen, was zum Schutz des Erblasservermögens unternommen werden kann.

Hinweis

Ein häufiges Problem, das mit den Mitteln des Rechts kaum zu lösen ist, ist der „ferngesteuerte“ Vollmachtgeber. Die Methode ist einfach und wirksam:

Der Bevollmächtigte ist zwar mit umfänglichen Vollmachten versehen, macht aber hiervon kaum Gebrauch. Stattdessen wird der schon reichlich hinfällige Vollmachtgeber zum Banktresen geleitet, um sämtliche Unterschriften selbst zu leisten, insbesondere den Empfang des Bargeldes[2] zu quittieren. Serviceorientierte Banken haben einen Außendienst, der die Kunden auch im häuslichen Umfeld besucht, was dem unerkannten Missbrauch teilweise Vorschub leistet.

Nicht zuletzt die Möglichkeiten des Onlinebanking, von dem inzwischen auch viele Senioren begeistert Gebrauch machen, eröffnen die Möglichkeit, dass der Vollmachtgeber in quasi eigenem Namen Überweisungen absegnet, in Wahrheit aber der Bevollmächtigte mit Zugangsdaten am PC und mobiler TAN auf dem Handy des Vollmachtgebers Geld transferiert.

Gerade wenn Angehörige beim Vollmachtgeber ein- und ausgehen, können sie am Schreitisch oder durch Abfangen der Post geheime Zugangsdaten abgreifen und ohne Bevollmächtigung unerkannt verfügen.

II. Mandatsannahme/Vergütung

5 Der Rechtsanwalt, dem ein Mandat im Zusammenhang eines möglichen Vollmachtsmissbrauchs angetragen wird, muss sich zur Ermittlung des Anspruchsgegners zunächst einen Überblick über den Bestand und die Reichweite der erteilten Vollmachten verschaffen.

---

1 In diesen Fällen bedarf es i.d.R. auch keiner größeren Suche nach dem Bevollmächtigten und der Vollmachtsurkunde.

2 Natürlich findet sich vom dem Bargeld nichts mehr im Nachlass, so dass hier der alte Satz gilt, dass Bargeld ein scheues Reh ist.

Zuvor ist aber unbedingt die Vergütungsfrage zu klären. Die gesetzliche Vergütung nach dem RVG, die sich im Wesentlichen nach dem Gegenstandswert richtet, bildet keine passende Grundlage, wenn nicht bekannt ist, um welche Werte es geht.

Eine Zeitvergütung wird in den meisten Fällen angemessen sein. Der Befürchtung von Mandanten, dass Einsatz und Ertrag vielleicht in keinem Verhältnis stehen, kann man durch vorläufige Vergütungsobergrenzen begegnen. Dabei ist auch zu entschieden, ob Mitarbeiterstunden, insbesondere für die erste Durchsicht der Kontoumsätze auf verdächtige Buchungen und die Zusammenstellungen von Tabellen gesondert gezahlt werden bzw. im Stundensatz enthalten sind. Wichtig ist in jedem Fall eine Transparenz in der Vereinbarung wie auch in der Abrechnung.

B. Bestandserfassung erteilter Vollmachten

I. Recherche

Ein Vollmachtgeber, der anwaltliche Beratung sucht, wird in der Regel alle Informationen über die erteilten Vollmachten bereithalten können bzw. die fehlenden oder abhanden gekommenen Unterlagen leicht besorgen können.[3] 6

Die Erben wissen zwar in den meisten Fällen, wer bevollmächtigt wurde und im Verdacht steht, eigenmächtig gehandelt zu haben, gleichwohl sind Kopien der Vollmachtsurkunden nicht immer im Nachlass auffindbar.

Schließlich gibt es die Fälle, in denen mangels persönlicher Nähe die Erben nicht wissen, wer vom Erblasser mit der Wahrnehmung der Vermögenssorge beauftragt worden ist.

Der Rechtsanwalt sollte bei unklaren Vollmachtsverhältnissen für den Mandanten das Bestehen von Verfügungen recherchieren, wofür in der Regel ein gesondertes Honorar zu vereinbaren ist. 7

---

3 So werden Banken oder der Notar ohne weiteres Auskünfte über die erteilten Vollmachten geben können. Probleme kann es nur geben, wenn der Vollmachtgeber dem Bevollmächtigten eine von diesem vorbereitete Vollmacht unterschrieben hat, ohne im Besitz einer Zweitschrift zu sein. Dann steht dem Vollmachtgeber ein Herausgabeanspruch nach § 175 BGB zu.

8 Die Vertretung von Erben setzt deren ordnungsgemäße erbrechtliche Legitimation voraus, z.B. durch einen erteilten Erbschein.[4]

An folgende Personen und Institutionen kann man sich zur Recherche wenden.

1. Persönliches Umfeld des Vollmachtgebers

9 Falls der Vollmachtgeber sich nicht mehr artikulieren kann oder bereits verstorben ist, kann das persönliche Umfeld befragt werden, ob es Personen gibt, die beim Vollmachtgeber ein und aus gingen und denen er anscheinend besonderes Vertrauen entgegenbrachte. Ist der Vollmachtgeber verstorben und hatten die Erben nur wenig Kenntnis vom Sozialleben des Erblassers, gibt es für die Suche nach möglichen Bevollmächtigten folgende Anknüpfungspunkte.

Die Befragung von Nachbarn, dem Pflegepersonal (besonders in Pflegeheimen), dem Hausmeister und anderen Personen aus dem häuslichen Umfeld des Erblassers gibt in aller Regel einen ersten Anhaltspunkt für die Art und Intensität von Kontakten.

Eine Überprüfung von E-Mails, Telefonlisten im Handy und Adressbüchern des Erblassers sollte in einem zweiten Schritt unternommen werden. Viele Menschen können alte Freundschaften oft nur noch über das Telefon pflegen. Hier anzurufen ist jeden Versuch wert, weil diese alten Freunde oft viel mehr wissen als die eigene Familie und genauer Auskunft über die Gewohnheiten des Erblassers geben können.

Hinweis

Auf Computern und Mobiltelefonen sind oft wichtige Kontaktdaten enthalten, die man auswerten kann. Auch Telefonrechnungen mit Einzelverbindungsnachweisen können aufschlussreich sein.

4 Neben einem Erbschein reicht analog § 35 Abs. 1 GBO die Abschrift eines notariellen Testaments mit Eröffnungsniederschrift. Bei Banken findet sich in den AGB regelmäßig folgende Legitimationsregelung: „*Nach dem Tod des Kunden kann die Bank zur Klärung der Verfügungsberechtigung die Vorlegung eines Erbscheines, eines Testamentsvollstreckerzeugnisses oder weiterer hierfür notwendiger Urkunden verlangen; fremdsprachige Urkunden sind auf Verlangen der Bank in deutscher Übersetzung vorzulegen. Die Bank kann auf die Vorlage eines Erbscheins oder eines Testamentsvollstreckerzeugnisses verzichten, wenn ihr eine Ausfertigung oder eine beglaubigte Abschrift der letztwilligen Verfügung (Testament, Erbvertrag) nebst zugehöriger Eröffnungsniederschrift vorgelegt wird. Die Bank darf denjenigen, der darin als Erbe oder Testamentsvollstrecker bezeichnet ist, als Berechtigten ansehen, ihn verfügen lassen und insbesondere an ihn mit befreiender Wirkung leisten. Dies gilt nicht, wenn der Bank bekannt ist, dass der dort Genannte (z.B. nach Anfechtung oder wegen Nichtigkeit des Testaments) nicht verfügungsberechtigt ist, oder wenn ihr dies in Folge Fahrlässigkeit nicht bekannt geworden ist.*“

War der Erblasser in sozialen Netzwerken wie Facebook oder WhatsApp unterwegs, können auch diese Daten aufschlussreich sein, wenn sich Wortwechsel auf Vermögensangelegenheiten beziehen.[5]

Bei Vereinsmitgliedschaften kann man beim Vorstand oder anderen Vereinsmit- 10
gliedern anrufen und sich erkundigen, mit wem der Erblasser besonders viel Kontakt hatte.

Kondolenzschreiben sind eine weitere Erkenntnisquelle, der man nachgehen kann.

Wer als Rechtsanwalt das Umfeld des Erblassers erkunden will, sollte entsprechende Telefonate und Gespräche mit einigem Fingerspitzengefühl angehen.

Hinweis 11

Beim Stichwort „Rechtsanwalt" reagieren viele Menschen argwöhnisch und befürchten diffuse Schwierigkeiten. Daher sollte man einen freundlichen Ton anschlagen und betonen, dass da noch einige offene Fragen zu klären seien und man für jeden Hinweis dankbar sei. Auf keinen Fall sollte man Dritten gegenüber darlegen, welche rechtlichen Schritte man gegen wen durch alle Instanzen führen werde. Außer der Problematik des nicht gewahrten Mandatsgeheimnisses besteht auch Ungewissheit, ob Dritte nicht die Bevollmächtigten warnen können und so Beweismittel verloren gehen.

Es lohnt sich auch, in diesem Zusammenhang Notizen zu machen, weil möglicherweise die Befragten in einem späteren Prozess als Zeugen für bestimmte Verfügungen des Erblassers bzw. seines Bevollmächtigten in Frage kommen könnten.

2. Bevollmächtigter

Wer den Bevollmächtigten kennt bzw. ihn zu kennen glaubt, kann ihn direkt an- 12
schreiben und mit dem Widerruf die Rückgabe der Vollmachtsurkunde verlangen.

Muster 1.1: Widerruf der Vollmacht und Rückgabe der Urkunde 13

An Herrn …

Widerruf der Vollmacht von Herrn …, verstorben am ….

Ausweislich beigefügter Vollmacht vertrete ich Herrn ….

Mein Mandant ist Alleinerbe nach Herrn …. Eine Kopie des Alleinerbscheins habe ich beigefügt. Hier ist bekannt, dass der Erblasser sie mit mehreren Vollmachten ausgestattet

5 Zur Vererbbarkeit des sog. Digitalen Nachlasses vgl. BGH, 12.7.2018 – III ZR 183/17, NJW 2018, 3278.

hatte. Namens und im Auftrag meines Mandanten erkläre ich hinsichtlich sämtlicher erteilter Vollmachten den

Widerruf

und fordere Sie gleichzeitig auf, die Vollmachtsurkunden einschließlich sämtlicher Abschriften unverzüglich, spätestens aber bis zum zu meinen Händen zurückzugeben.

Weiterhin fordere ich Sie auf, mir bis zum vorgenannten Datum mitzuteilen, ob, an wen und in welchem Umfang Sie Untervollmachten erteilt haben.

Klarstellend weise ich darauf hin, dass Sie ab sofort nicht mehr im Namen des vormaligen Vollmachtgebers handeln dürfen und Sie andernfalls haftbar gemacht werden.

Rechtsanwalt

14 Auch, wenn nur eine Vollmacht bekannt ist, schadet es nicht, im Anschreiben mehrere Vollmachten zu behaupten. So ist nie auszuschließen, dass mehrere Vollmachten erteilt wurden und der Bevollmächtigte auf ein entsprechendes Schreiben nur eine Vollmachtsurkunde zurückgibt und mit der anderen Vollmachtsurkunde weiterverfügt.[6]

Auch der Gefahr des Missbrauchs, die durch fortbestehende und ungeachtet des Widerrufs der Hauptvollmacht weiter wirksame Untervollmachten besteht, muss durch Aufforderung zur Auskunft entgegengewirkt werden (vgl. Rdn 42).

15 Die Urkunde ist auch dann zurückzugeben, wenn sie noch andere Erklärungen enthält, die Rückgabepflicht bezieht sich auch auf Abschriften.[7] Ein Zurückbehaltungsrecht besteht nicht.[8]

Zu den Einzelheiten der Erklärung des Widerrufs (siehe § 2 Rdn 7 ff.).

3. Banken

16 Sofern die Bankverbindungen des Vollmachtgebers bekannt sind, können die Banken entsprechend angeschrieben und um Mitteilung von bestehenden Vollmachten gebeten werden.

Im Erbfall geht mit dem Tod des Kunden auch dessen aus der Geschäftsverbindung mit der Bank herrührender Auskunftsanspruch gem. §§ 675, 666 BGB gegen die Bank auf den Erben über. Die Bank kann sich also gegenüber dem

---

6 Der Rechtsanwalt geht immer den sicheren Weg, wenn er vorsorglich alle Vollmachtsurkunden zurückverlangt. Es ist vorgekommen, dass eine ältere privatschriftliche Vollmachtsurkunde zurückgegeben wurde, auf die allein im Aufforderungsschreiben Bezug genommen wurde, und unbekannt war, dass der Erblasser nachfolgend eine fast inhaltsgleiche notarielle Vorsorgevollmacht erteilt hat, mit der weiter verfügt wurde.

7 Vgl. Grüneberg/*Ellenberger*, § 175 Rn 1.

8 OLG Köln MDR 1993, 512.

Erben nicht auf das Bankgeheimnis berufen. Andererseits besteht auch keine Verpflichtung der Banken, von sich aus den Erben auf das Bestehen einer Vollmacht hinzuweisen.[9]

Muster 1.2: Auskunftsersuchen über Bankvollmachten 17

An die ___-Bank

IBAN ___

Vollmachten Ihres verstorbenen Kunden Herrn ___, verstorben am ___.

Ausweislich beigefügter Vollmacht vertrete ich Herrn ___.

Mein Mandant ist Alleinerbe nach Ihrem Kunden Herrn ___. Eine Ausfertigung des Alleinerbscheins habe ich beigefügt.

Namens und im Auftrag meines Mandanten habe ich Sie aufzufordern, mir Auskunft zu geben über sämtliche während des Bankverhältnisses bestehenden erteilten Vollmachten. Hierzu bitte ich um Übersendung von Unterlagen, aus denen sich ergibt, wer zu welchen Zeiten bevollmächtigt war bzw. dies noch ist. Ich habe mir zur Erledigung eine Frist auf den ___ notiert, bis zu der ich Ihre Antwort erwarte.

Für Ihre Mühewaltung bedanke ich mich im Voraus.

Rechtsanwalt

Bei Anfragen ist stets darauf zu achten, dass auch Auskünfte über inzwischen 18
widerrufene Vollmachten erteilt werden. Hier kann es lohnend sein, über den entsprechenden Zeitraum Kontoauszüge anzufordern, aus denen sich Verfügungen eines ehemals Bevollmächtigten ergeben. Gerade eine widerrufene Vollmacht kann ein Indiz für einen Missbrauch sein, dem der Erblasser vielleicht nicht nachgegangen ist. Der Erbe kann hier aber restlos Aufklärung verlangen und ggf. Rückforderungsansprüche stellen.

Vor dem Hintergrund, dass die Bevollmächtigten oft auch selbst Kunden der 19
Bank sind und ortsfremde Erben von manchen Instituten als Störfaktor[10] empfunden werden, sollten kurze Fristen gesetzt und telefonische Nachfragen nicht gescheut werden.

In den seltensten Fällen wird der Erbe nur eine isolierte Auskunft über den Bestand einer Vollmacht begehren. Meist wird eine umfassendere Auskunft verlangt werden (vgl. § 3 Rdn 84 ff.).

---

9 BGH NJW 1995, 250 = ZEV 1995, 187.

10 Schließlich muss die Bank damit rechnen, dass nach dem Tod eines Kunden das Guthaben aufgelöst wird.

4. Notare

20 Möglicherweise hatte der Erblasser auch einer oder mehreren Personen notarielle Vollmachten erteilt. Falls es keinen „Hausnotar" des Erblassers gibt, können nicht nur alle Notare am Wohnort des Erblassers, sondern auch am Wohnort des vermutlichen Bevollmächtigten angeschrieben werden. Schließlich kommt es nicht selten vor, dass bei Besuchen „mal eben" ein Termin beim Notar, mit dem der Bevollmächtigte vielleicht auch noch gut bekannt ist, wahrgenommen wird. Die Adressen sind leicht über das Internet zu ermitteln.[11] Weniger einfach sind Vollmachtsurkunden zu erreichen, die von Notaren beurkundet wurden, deren Nachfolger den Urkundsbestand nicht übernommen haben. Hier empfiehlt es sich, die zuständige Notarkammer bzw. die Landesjustizverwaltung als Aufsichtsbehörde zu kontaktieren, um den Verbleib von Urkunden zu recherchieren. Steht fest, dass der Bevollmächtigte über ein Grundstück verfügt hat, kann man die notarielle Vollmacht ggf. auch über eine Einsicht in die Grundakte und den Kaufvertrag, in dem auf die Vollmachtsurkunde Bezug genommen wird, ermitteln.

21 **Muster 1.3: Auskunftsersuchen an Notar**

An das Notariat

Notarielle Vollmacht von Herrn , verstorben am

Ausweislich beigefügter Vollmacht vertrete ich Herrn

Mein Mandant ist Alleinerbe nach Ihrem Herrn . Eine Ausfertigung des Alleinerbscheins habe ich beigefügt.

Wir haben Hinweise dafür,[12] dass der Erblasser bei Ihnen mindestens einer Person eine Vollmacht in notarieller Form erteilt hat.

Namens und im Auftrag meines Mandanten darf ich Sie bitten, mir eine unbeglaubigte Abschrift sämtlicher erteilter Vollmachten zu überlassen und gleichzeitig mitzuteilen, wie viele Ausfertigungen an welche Empfänger gegangen sind.

Vorsorglich teile ich mit, dass mein Mandant sämtliche Vollmachten, die der Erblasser gegenüber Dritten erteilt hat, widerrufen hat, so dass ich Sie bitten darf, keine Beurkundungen mehr im Namen des Erblassers vorzunehmen, falls Ihnen dies angetragen werden sollte.

Ich habe mir eine Wiedervorlage auf den notiert, bis zu der ich Ihre Antwort, ggf. als Negativmitteilung erwarte.

---

11 Über die Homepage der Bundesnotarkammer (*www.bnotk.de*) gelangt man auf die Seiten der regionalen Notarkammern, die eine Notarsuche nach Orten ermöglichen. Siehe auch: *www.deutsche-notarauskunft.de*.

12 Selbst, wenn konkrete Anhaltspunkte nicht bestehen, wirkt diese Formulierung motivierender als ein Standardrundschreiben.

Eventuelle Auslagen bitte ich mir in Rechnung zu stellen.

Für Ihre Mühewaltung bedanke ich mich im Voraus.

Rechtsanwalt

5. Zentrales Vorsorgeregister der Notare bei Vorsorgevollmachten

Das Zentrale Vorsorgeregister der Bundesnotarkammer[13] ist zuständig für die Dokumentation von Vorsorgevollmachten. Falls der Erblasser in dieser Form verfügt hat, kann eine Anfrage dort lohnend sein. Diese kann auch per E-Mail gestellt werden, wenn man sich als Nutzer hat registrieren lassen. 22

Hinweis 23

Notare und Rechtsanwälte können sich als institutionelle Nutzer registrieren lassen und erhalten außer dem Zugang zu hinterlegten Vorsorgeverfügungen auch eine Reduzierung der Gebühren gem. § 4 der Gebührensatzung des Vorsorgeregisters.

6. Verfügungszentrale

Die Deutsche Verfügungszentrale AG[14] bietet einen kommerziellen Service u.a. zur Hinterlegung von Vorsorgevollmachten an. Anfrageberechtigt sind grundsätzlich nur Krankenhäuser und Betreuungsgerichte. Der Erbe als Rechtsnachfolger darf gem. § 1922 BGB in Verbindung mit dem Hinterlegungsvertrag allerdings auch Auskunft über das Bestehen einer Vorsorgevollmacht des Erblassers verlangen. 24

7. Rechtsanwälte

Schließlich ist auch noch die Möglichkeit in Betracht zu ziehen, dass der Erblasser eine Vorsorgevollmacht bei seinem Rechtsanwalt hinterlegt hatte. Vor dem Hintergrund, dass nicht nur der Entwurf, sondern auch die Übernahme von Vorsorgebevollmächtigungen zunehmend Gegenstand anwaltlicher Tätigkeit sind, sollten die Unterlagen des Erblassers auf entsprechende Anhaltspunkte durchsucht werden. 25

Hinweis

Sofern kein bestimmter Rechtsanwalt bekannt ist, lohnt eine Anfrage an den Verein VorsorgeAnwalt e.V.,[15] in dem Rechtsanwälte organisiert sind, die sich

---

13 Siehe *www.vorsorgeregister.de*, Postfach 08 01 51, 10001 Berlin.

14 Siehe *www.dvzag.de*, Louisenstr. 64, 01099 Dresden. Zur Verfügungsdatenbank der DVZ haben grundsätzlich nur Krankenhäuser und Betreuungsgerichte Zugang, die durch einen (hoffentlich) mitgeführten Notfallausweis darauf aufmerksam werden.

15 Siehe *www.vorsorgevollmacht-anwalt.de*, Kurfürstendamm 96, 10709 Berlin.

auf die Übernahme von Vorsorgebevollmächtigungen und Unterstützung von Bevollmächtigen spezialisiert haben. Der Verein gibt entsprechende Anfragen an seine Mitglieder weiter.

II. Wirksamkeit der Vollmacht

26 Sobald feststeht, dass der Erblasser eine Vollmacht erteilt hat, kann es zuweilen fraglich sein, ob die Vollmacht wirksam erteilt wurde bzw. nachträglich unwirksam geworden ist. Eine Schriftform ist in § 167 BGB nicht vorgesehen, allerdings werden die meisten Bevollmächtigten ihr nach außen gerichtetes Handeln auf eine schriftliche Vollmacht stützen.

1. Anfängliche Unwirksamkeit der Vollmacht

27 Liegt eine schriftlich erteilte Vollmacht vor, ist zu prüfen, ob diese überhaupt wirksam werden konnte. Verschiedene Fallgruppen sind zu unterscheiden:

a) Fehlende Geschäftsfähigkeit

28 Bei fehlender Geschäftsfähigkeit des Vollmachtgebers im Zeitpunkt der Vollmachtserteilung fehlt es an einer Willenserklärung, so dass die Vollmacht unwirksam ist. Gerade im Bereich der Vorsorgevollmachten kommt es nicht selten vor, dass geistig hinfällige Menschen noch zur Unterschrift unter eine Vollmacht gebracht werden, um eine Betreuung zu verhindern.

Unleserliche und quer geschriebene Unterschriften, die sich von früheren Unterschriften stark unterscheiden, sind ein erster Anhaltspunkt. Im Nachhinein kann es zuweilen sehr schwierig sein, die Geschäftsunfähigkeit des Vollmachtgebers zu beweisen, insbesondere bei notariellen Vollmachten. Gleichwohl darf der übliche Textbaustein, wonach sich der Notar in einem eingehenden Gespräch von der Geschäftsfähigkeit überzeugt habe, nicht jede weitere Prüfung ausschließen. Notare sind medizinische Laien und können daher nicht ein ärztliches Attest ersetzen.[16] Wenngleich die notarielle Beurkundung eine gewisse Indizwirkung hat, sind bei begründeten Zweifeln medizinische Erkenntnisquellen zu erschließen, auf deren Grundlage notfalls geklagt werden kann. Insbesondere Urkunden, die nicht den „Geschäftsfähigkeitsprüfungsvermerk“ enthalten, geben Anlass zum Hinterfragen. „Vorsorgende“ Bevollmächtigte fügen der Vollmacht ein ärztliches Attest bei, das die Geschäftsfähigkeit des Vollmachtgebers bezeugen soll. Auch hier ist kritisch zu prüfen, welcher Arzt das Attest ausgestellt hat. Handelt es sich um einen Facharzt (nur Neurologen und Psychiater können fundiert die Geschäftsfähigkeit untersuchen!) oder den Hausarzt des Bevollmächtigten, der in dauerhaftem Kontakt mit ihm steht.

16 OLG Frankfurt FamRZ 2000, 603.

An die Feststellung der Geschäftsunfähigkeit sind allerdings hohe Voraussetzungen zu stellen. Nicht jede Demenz führt automatisch zu einer Geschäftsunfähigkeit, vielmehr muss die Urteils- und Kritikfähigkeit eindeutig fehlen. 29

Der BGH[17] hat in einem Beschluss einmal mehr bekräftigt, dass die Geschäftsfähigkeit des Vollmachtgebers der Regelfall und dessen Geschäftsunfähigkeit die positiv festzustellende Ausnahme bildet. Das dürfte nach dem Tod noch schwieriger sein als bei lebenden Vollmachtgebern, die teilweise erst Jahre nach Vollmachtserteilung begutachtet werden.

Bei noch lebenden Vollmachtgebern ist dann die Anregung einer Betreuung angezeigt. Die Erben eines geschäftsunfähigen Vollmachtgebers können eine Rückabwicklung nach den Grundsätzen der ungerechtfertigten Bereicherung fordern, was vielmals einfacher sein wird als der Weg über das Auftragsrecht. 30

Tipp zur Vorbeugung

Wer als zukünftiger Erbe die Gefahr sieht, dass der (eventuelle) Vollmachtgeber nicht mehr ganz klar ist, sollte ihn bewegen, zum Neurologen zu gehen, um Klarheit über die Geschäftsfähigkeit zu erlangen, bevor ein „interessiertes Umfeld“ eine Vollmacht erhält.

Hinweis

Bei Berufung auf die Geschäftsunfähigkeit des Erblassers ist der Mandant immer auf das Prozessrisiko hinzuweisen. Im Klageverfahren wird zum Beweis der Geschäftsunfähigkeit regelmäßig ein Sachverständigengutachten eingeholt, dass Kosten i.H.v. 1.000 bis 2.000 EUR auslöst. Dieser Aufwand erscheint nur dann gerechtfertigt, wenn die zuvor ermittelten medizinischen Grundlagen ausreichend Anhaltspunkte bieten.

b) Fehlende Echtheit

Die Echtheit der Unterschrift ist in manchen Fällen fragwürdig.[18] Nicht nur Testamente, auch Vorsorgevollmachten werden gefälscht. Auch hier gilt, dass die Kosten eines Gutachtens zur Schriftuntersuchung mit teilweise 1.500 EUR nicht zu unterschätzen sind, wenn man auf diesem Weg die Vollmacht angreifen will. 31

Tipp zur Vorbeugung

Falls damit zu rechnen ist, dass Unterschriften möglicherweise gefälscht werden könnten, sollten früh Beweise in Form von Schriftstücken mit Unterschrift des Vollmachtgebers zum späteren Vergleich gesichert werden. Neben Verträgen können das auch Grußkarten und andere Dokumente sein, auf denen sich die Handschrift nachvollziehen lässt.

---

17 BGH, Beschl. v. 29.7.2020 – XII ZB 106/20, BeckRS 2020, 22079.

18 Zu den Beweisanforderungen vgl. BGH, Urt. v. 16.3.2017 – I ZR 205/15, BeckRS 2017, 122068.

Bei der Wahl des Gutachters sollte man darauf achten, dass dieser entweder ein von der IHK vereidigter Sachverständiger zur Handschriftenuntersuchung[19] oder Mitglied im Institut für Schrift- und Urkundenuntersuchung (ISU)[20] ist.

c) Bedingte Vollmacht

32 Bei einer bedingten Vollmacht ist zu überprüfen, ob die Bedingung eingetreten ist. Die sog. postmortale Vollmacht gilt erst nach dem Tod, sie ist also nur in Verbindung mit einem Sterbenachweis, i.d.R. der Sterbeurkunde, wirksam.

Problematischer sind bedingte Vorsorgevollmachten,[21] die z.B. Formulierungen enthalten wie:

> *„Die Vollmacht ist nur in Verbindung mit einem ärztlichen Attest gültig, in dem festgestellt wird, dass der Vollmachtgeber entweder aufgrund einer psychischen Krankheit und/oder einer körperlichen, geistigen oder seelischen Behinderung seine Angelegenheiten ganz oder teilweise nicht besorgen kann."*

33 Je nach Hervorhebung und Umfang der Vorsorgevollmacht fällt dieser Satz dem Geschäftspartner nicht weiter auf, und es werden Geschäfte ohne Attest gemacht. Sind solche Vorsorgevollmachten als transmortale Vollmachten über den Tod hinaus gestaltet, ersetzt der Tod des Vollmachtgebers nicht automatisch das Erfordernis eines Attests. Mangels Bedingungseintritt sind Geschäfte dann unwirksam, was bei Verfügungsgeschäften eine Rückabwicklung zur Folge hat. Banken können also nicht mit befreiender Wirkung an bedingt Bevollmächtigte leisten, so dass sie vom Erben unmittelbar in Anspruch genommen werden können.[22]

Insbesondere Grundstücksgeschäfte sind mit diesen Vollmachten eigentlich nicht möglich, weil die Geschäftsunfähigkeit kaum in der Form des § 29 GBO nachgewiesen werden kann.[23]

34 Vorsorgevollmachten sind mit Betreuungsverfügungen verbunden für den Fall, dass bei einer unerwarteten Regelungslücke eine bestimmte Person, nämlich fast immer der Bevollmächtigte, auch als Betreuer fungieren soll. Garniert wird die Regelung mit der Betonung darauf, dass die Vorsorgevollmacht jegliche Betreuung ersetzen soll. Nicht immer ist in der Vollmacht eine ausdrückliche Regelung enthalten, ob sie über den Tod hinaus gelten soll. Dann muss durch Auslegung gem. § 133 BGB ermittelt werden, was vom Vollmachtgeber gewollt war.[24]

---

19 Das bundesweite Sachverständigenverzeichnis der IHK ist zu finden unter *https://svv.ihk.de*.

20 Vgl. *www.isu-mannheim.de*.

21 Kritisch hierzu: *Müller*, Anmerkung zu OLG Koblenz ZEV 2007, 596.

22 Vgl. OLG Koblenz ZEV 2007, 595 f.

23 Vgl. den bitteren, aber lehrreichen Fall OLG Köln ZEV 2007, 592 ff.

24 BGH NJW 1969, 1245; *Papenmeier*, Vollmachten, S. 34 f.

Da die Betreuung mit dem Tod endet, hat das OLG München[25] deshalb eine ausdrücklich nur als Betreuungsersatz konzipierte „Altersvorsorgevollmacht" gleichzeitig mit dem Vollmachtgeber sterben lassen. Das OLG Hamm[26] hat schon die Bezeichnung „Vorsorgevollmacht" ausreichen lassen, um den Fortbestand nach dem Tod zu verneinen.

Das neue Betreuungsrecht[27] sieht indes nach § 7 Abs. 1 S. 2 BtOG vor, dass (nur) 35
die Wirkung der Beglaubigung bei einer Vollmacht mit dem Tod des Vollmachtgebers endet, was aber die Vollmacht im Übrigen bestehen lässt. Die damit verbundene Entwertung der Beglaubigung, die zu recht vielfach kritisiert wurde, ist hier kein Thema, aber man kann dies natürlich als Argument in Fällen verwenden, in denen die Geltung über den Tod hinaus zweifelhaft erscheint.

In Fällen, bei denen die postmortal handelnden Bevollmächtigten leicht einzuschüchtern sind, mag man auf Seiten der Erben die Keule der Rechtsfolgen eines Vertreters ohne Vertretungsmacht schwingen.

Im Übrigen geht die der Lebenswirklichkeit zugewandte Rechtsprechung,[28] aber auch das gesamte Schrifttum[29] davon aus, dass die Vollmacht den Vollmachtgeber überlebt und bis zum Widerruf weiterhin wirksam ist, auch wenn dies in der Urkunde nicht ausdrücklich erwähnt worden ist. Von der Erwägung ausgehend, dass das Grundverhältnis in aller Regel ein Auftrag oder Geschäftsbesorgungsvertrag ist, streiten die §§ 168 S. 1, 672 S. 1 i.V.m. § 1922 BGB für den Fortbestand der Vollmacht.

Auch das beim BMJ hinterlegte Muster der Bankvollmacht,[30] auf das sich der Bankenverband geeinigt hatte, geht von einer Geltung über den Tod hinaus aus.

Hinweis

Als Rechtsanwalt wird man – je nach Interessenlage – argumentieren, dass Vollmachten auslegungsfähige Willenserklärungen sind, bei denen gem. § 133 BGB der wirkliche Wille zu erforschen ist. Wenngleich die wenigsten Laien wissen, dass eine Vollmacht über den Tod hinaus wirksam ist, kann man hier sicher den einen oder anderen Zeugen aufbieten.

---

25 OLG München NJW 2014, 3166.

26 OLG Hamm ZEV 2003, 470.

27 Gesetz zur Reform des Vormundschafts- und Betreuungsrecht vom 4.5.2021, BGBl I 2021, 882 mWv 1.1.2023.

28 OLG Frankfurt ZEV 2014, 13; OLG Zweibrücken DNotZ 1983, 104.

29 Vgl. *Keim*, DNotZ 2008, 175, *Trapp*, ZEV 1995, 314, 315.

30 Vgl. https://www.bmj.de/SharedDocs/Downloads/DE/Service/Formulare/Konto_und_Depotvollmacht.pdf?__blob=publicationFile&amp%3Bv=6.

d) Fehlende Eignung von Pflegepersonen u.a.

36 Ist der Mitarbeiter eines Heims oder eines mobilen Pflegedienstes als Bevollmächtigter bestimmt, könnte man unter dem Gesichtspunkt des § 1816 Abs. 6 BGB an die Unwirksamkeit der Vollmachtserteilung denken, die Vorschrift lautet:

> ***§ 1816 Abs. 6 BGB***
> *(6) Eine Person, die zu einem Träger von Einrichtungen oder Diensten, der in der Versorgung des Volljährigen tätig ist, in einem Abhängigkeitsverhältnis oder in einer anderen engen Beziehung steht, darf nicht zum Betreuer bestellt werden. Dies gilt nicht, wenn im Einzelfall die konkrete Gefahr einer Interessenkollision nicht besteht.*

Wenn danach eine Person, die zu einem Träger von Einrichtungen oder Diensten, der in der Versorgung des Betroffenen tätig ist und in einem Abhängigkeitsverhältnis oder in einer anderen engen Beziehung steht, grundsätzlich nicht zum Betreuer bestellt werden darf, kann man daraus zugleich schließen, dass diese Personen von der Übernahme einer Vorsorgebevollmächtigung ausgeschlossen sind?

Nach der bisherigen Rechtsprechung sind solche Vollmachten nicht per se unwirksam.[31] Allerdings wurde durch die Betreuungsrechtsreform der Kreis der Personen, die „kraft Amtes“ unter dem Verdacht der Interessenkollision stehen, ausgeweitet. Daraus folgt, dass hier die Erforderlichkeit einer Betreuung trotz erteilter Vollmacht häufiger zu prüfen ist (wenn die ohnehin gut beschäftigen Betreuungsgerichte sich dieser Aufgabe widmen wollen).[32]

Unabhängig davon gilt: Wer berufsmäßig als Bevollmächtigter agiert, tangiert den Schutzbereich des Rechtsdienstleistungsgesetzes (RDG). Folglich stehen Dienste, die außerhalb des familiären Umfeldes entgeltlich erbracht werden, gem. § 3 RDG unter Erlaubnisvorbehalt und dürften im Ergebnis nur Rechtsanwälten erlaubt sein.[33]

Ein Verstoß hiergegen kann dazu führen, dass nicht nur das Grundgeschäft, sondern auch die Vollmacht nichtig ist.[34]

2. Erlöschen der Vollmacht

37 Eine einmal erteilte Vollmacht kann ihre Wirksamkeit auch wieder verlieren. Nach § 168 S. 1 BGB bestimmt sich das Erlöschen der Vollmacht nach dem

---

31 OLG München FamRZ 2006, 441.

32 Vgl. Übersicht bei *Müller-Engels/Braun*, Kap. 2, Rn 37.

33 Vgl. *Kurze*, Vorsorgerecht, § 675 BGB Rn 23.

34 Einzelheiten sind str., vgl. zum Thema: *Sauer*, RNotZ 2009, 79 ff, *Zimmermann*, FamRZ 2013, 1535 (1538).

zugrunde liegenden Rechtsverhältnis. Diese missverständliche Formulierung darf aber nicht darüber hinwegtäuschen, dass in erster Linie der Inhalt der Vollmacht entscheidend ist.[35] Ist diese nur für ein bestimmtes Geschäft oder einen bestimmten Zeitraum, z.B. für die Dauer eines Auslandsaufenthaltes des Bevollmächtigten, erteilt, kommt es auf das Grundverhältnis nicht mehr an.

Bei Vorsorgevollmachten ist das Grundverhältnis meist ein Auftrag oder – bei Entgeltlichkeit – ein Geschäftsbesorgungsvertrag. Wird dieser gekündigt, ist damit gleichzeitig konkludent auch die Vollmacht widerrufen.

Der Widerruf ist der häufigste Grund für das Erlöschen der Vollmacht, Einzelheiten werden im nächsten Kapitel (siehe § 2 Rdn 7 ff.) vertieft.

III. Prüfung des Vollmachtsumfangs

Um das Handeln des Bevollmächtigten zu überprüfen ist weiterhin der Umfang **38**
der Vollmacht eingehend zu prüfen. Die drei häufigsten Vollmachtsarten werden im Folgenden vorgestellt.

1. Generalvollmacht

Die umfassendste Möglichkeit, jemanden zu bevollmächtigen, gibt die General- **39**
vollmacht. Sie wird vielfach in Form einer im Außenverhältnis unbeschränkten Vorsorgevollmacht erteilt, oft in Kombination mit Betreuungs- und Patientenverfügung. Das „Rundum-sorglos-Paket", mit dem der Bevollmächtigte jedes rechtlich mögliche Handeln im Namen des Vertretenen vornehmen kann, bereitet dem Vollmachtgeber und seinen Erben oft unvorhergesehen Ärger. Zu beachten ist, dass auch eine Generalvollmacht zumindest zwei (ungeschriebene) Grenzen hat:

a) Insichgeschäfte gem. § 181 BGB

Zum einen sind Insichgeschäfte gem. § 181 BGB nur dann von einer Vollmacht **40**
gedeckt, wenn sie dem Bevollmächtigten ausdrücklich gestattet sind. Eine konkludent erteilte Befugnis zur Selbstkontrahierung ist substantiiert darzulegen, die allgemeine Formulierung „soweit die Gesetze eine Vertretung zulassen" ist nicht ohne weiteres als Gestattung gem. § 181 BGB zu verstehen.[36]

Obwohl gerade hier nicht unerhebliche Gefahren für den Vollmachtgeber lauern, sehen viele Vollmachtsformulare eine ausdrückliche Befreiung von § 181 BGB vor.[37] Der Bevollmächtigte kann sich dadurch im Prinzip auch selbst beschenken, was im Nachhinein erhebliche Beweisprobleme aufwerfen kann (vgl. § 4 Rdn 142 ff.).

---

35 Vgl. Grüneberg/*Ellenberger*, § 168 Rn 1.
36 KG JR 1952, 438; Grünenberg/*Ellenberger*, § 181 Rn 17.
37 Kritisch hierzu *Zimmermann*, S. 79.

Hinweis

Nach ständiger Rechtsprechung[38] ist für eine Bargeldabhebung oder die Überweisung auf das eigene Konto des Bevollmächtigten keine Befreiung von § 181 BGB erforderlich, weil es sich hier um einen Vertrag zwischen Bank und Vollmachtgeber handelt.

Ein Insichgeschäft kann aber auch wegen Sittenwidrigkeit gem. § 138 BGB nichtig sein. In einem vom BGH[39] entschiedenen Fall hatte ein bevollmächtigter Ehemann zum Nachteil seiner (Noch-) Ehefrau eine Treuhandvereinbarung geschlossen und damit eigene wirtschaftliche Ziele verfolgt.

b) Erteilung von Untervollmachten

41 Zum anderen ist immer zu fragen, inwieweit eine Generalvollmacht auch zur Erteilung von Untervollmachten befugt. Ist dies im Rahmen einer Vorsorgevollmacht nicht ausdrücklich zugestanden, ist das im Zweifel auch nicht gewollt, weil es dem Vollmachtgeber gerade darauf ankommt, dass der Bevollmächtigte, dem er vertraut, persönlich seine Angelegenheiten wahrnimmt.[40]

Andererseits kann man argumentieren, dass das Interesse an umfassender Vertretung auch das Recht zur Erteilung einer Untervollmacht beinhaltet. Letztlich handelt es sich um eine Auslegungsfrage, weil z.B. schon die Beauftragung eines Steuerberaters zur Einlegung eines Einspruchs oder die Order an die Bank, Wertpapiere zu verkaufen, eine Unterbevollmächtigung beinhaltet. In Grenzfällen ist Zurückhaltung geboten, im Zweifel ist immer von einem geringeren Umfang der Vollmacht auszugehen.[41]

42 Viele Vorsorgevollmachten enthalten aber eine ausdrückliche Befugnis zur Erteilung von Untervollmachten. Dann müssen auch gegenüber dem Unterbevollmächtigten alle Rechte geltend gemacht werden.

Neben der Haftungsgefahr durch Unterbevollmächtigte, die nicht die Zuverlässigkeit des Hauptbevollmächtigten aufweisen, ist auch der Widerruf problematisch: nach einer weit verbreiteten und inzwischen vom OLG Köln[42] bestätigten Auffassung, endet die Untervollmacht nicht automatisch bei Erlöschen der Hauptvollmacht.[43] So kann der Bevollmächtigte sein Kind oder seinen Ehegatten

---

38 BGH NJW 2004, 2517.

39 BGH NJW 2002, 1488.

40 So ausdrücklich in Bezug auf Unterbringung und Gesundheitssorge BayObLG BB 1993, 746.

41 Vgl. OLG Köln FamRZ 2000, 1525.

42 OLG Köln, Beschl. v. 16.3.2018 – 2 Wx 123/18, BeckRS 2018,4193, hier sogar für den Fall einer nach dem Tod des Erblassers widerrufenen Vorsorgevollmacht.

43 Vgl. *Schüle*, BWNotZ 1984, 156 ff. m.w.N.

zum Unterbevollmächtigten bestimmen und weiter verfügen lassen, kurz bevor ihm gegenüber die Vollmacht widerrufen wurde.

Hinweis

Die Erlaubnis zur Erteilung einer Untervollmacht lädt zu „fiesen Tricks" ein, denen der Vertreter des Vollmachtgebers bzw. dessen Erben in zweierlei Hinsicht begegnen sollte: Zum einen sollte der Hauptbevollmächtigte sofort zur Auskunft über Bestehen und Umfang von Unterbevollmächtigten aufgefordert werden. Zum anderen ist dem Hauptbevollmächtigten klarzumachen, dass er sich das Handeln weiterer Vertreter u.U. schuldrechtlich im Rahmen des Auftragsverhältnisses nach § 278 BGB zurechnen lassen muss, wenn dort Missbrauch festzustellen ist.

Bekanntlich sind Verträge, die durch kollusives Zusammenwirken zum Schaden Dritter führen, sittenwidrig. Was also liegt näher, als Untervollmachten zu erteilen, um mit diesen Marionetten ein übles Geschäft zu tarnen? Der BGH[44] hat solcher Kreativität eine Absage erteilt und klargestellt, dass ein Fall einer sittenwidrigen Kollusion auch vorliegt, wenn der Vertreter nicht selbst handelt, sondern einen arglosen Untervertreter[45] einschaltet oder er aufgrund seiner Vertretungsmacht einen weiteren, arglosen (Mit-)Vertreter zu dem Geschäft veranlasst und so ein Insichgeschäft verschleiert.

Tipp zur Vorbeugung

Soweit Untervollmachten erteilt werden dürfen, kann bei Erteilung einer Vorsorgevollmacht an mehrere Bevollmächtigte im Innenverhältnis vorgesehen werden, dass die Mitbevollmächtigten vor jeder Unterbevollmächtigung in Kenntnis gesetzt werden müssen und im Fall eines Verstoßes gegen die Unterrichtungspflicht die Mitbevollmächtigten das Recht haben, die Untervollmacht zu widerrufen.

2. Gattungsvollmacht in Form von Bankvollmachten

Neben der Generalvollmacht werden häufig auch Gattungsvollmachten für eine bestimmte Art von Geschäften erteilt. Am häufigsten sind Bankvollmachten, deren Reichweite und Probleme hier kurz umrissen werden sollen.[46] 43

Hier ist für den beratenden Anwalt genau zu prüfen, wie weit die Vollmacht geht, um daraus Ansprüche gegen den Bevollmächtigten oder auch die Bank abzuleiten.

44 BGH WM 2014, 628.

45 Dieser Unterverteter war im entschiedenen Fall ironischerweise eine Rechtsanwältin.

46 Eine eingehende Darstellung vgl. *Ott-Eulberg*, in: Ott-Eulberg/Schebesta/Bartsch, § 10 Rn 1 ff.

Genaues Hinsehen lohnt, da fünf Bankverlage mit über 20 verschiedenen Formularen aus verschiedenen Zeiträumen für eine Vielfalt sorgen, die durch Individualvereinbarungen noch bereichert wird.

44 Bei der Konto- und Depotvollmacht ist zu unterscheiden, ob sie sich auf ein einzelnes Konto bzw. Depot bezieht oder alle bestehenden und künftigen Konten bzw. Depots des Kunden erfassen soll. Außerdem kann die Vollmacht für sämtliche Konten bzw. Depots unter einer Kundenstammnummer gelten, sofern die Bank Stammnummern – z.B. für Spargeschäfte, Festgelder, Kredite und Unterkonten – verwendet.

Werden für einen Kunden zwei Kundenstammnummern vergeben – z.B. einem Zahnarzt einmal für seine Privatgeschäfte, zum anderen für seine Praxis – so werden regelmäßig, wenn für beide Konten Vollmachten erteilt werden sollen, zwei Vollmachtsvordrucke ausgefüllt oder beide Kundenstammnummern in die Vollmachtsurkunde aufgenommen.

Sehr verbreitet ist das auch als „Vorsorgevollmacht" bezeichnete Formular, das mit den in der Deutschen Kreditwirtschaft zusammenarbeitenden Spitzenverbänden abgestimmt und vom BMJ zum Download[47] bereitgestellt wird. Damit werden alle Bankbeziehungen einschließlich der Schrankvollmacht erfasst. Hier erweist sich in der Praxis einmal mehr, dass das Einfache oft die größten Schwierigkeiten nach sich zieht. Wer seiner Haushaltshilfe nur die Verfügung über das Girokonto geben wollte, kann leicht das falsche Formular erwischen. Und der Begriff „Vorsorgevollmacht" kann irrtümlich zu der Annahme verleiten, man bräuchte keine reguläre Vorsorgevollmacht mehr, die auch die weiteren Bereiche (Gesundheit/Aufenthalt) regelt.

45 Der Umfang der Vollmacht beschränkt sich auf die Vornahme sämtlicher Geschäfte, die jeweils mit der Konto-/Depotführung in unmittelbarem Zusammenhang stehen. In den Vollmachtsformularen wird oft beispielhaft aufgeführt, welche Geschäfte als im „unmittelbaren Zusammenhang" mit der Konto-/Depotführung stehend anzusehen sind (Positivkatalog) und welche Geschäfte von der Vollmacht nicht gedeckt werden (Negativkatalog). Dem Vollmachtgeber wird damit der Umfang und somit das mit der Vollmachtserteilung verbundene Risiko klar vor Augen geführt. Die Bankvollmacht umfasst auch das Recht, über ein Guthaben in jeder üblichen Weise, also auch mit Hilfe von Schecks zu verfügen.[48] In manchen Fällen werden einzelne formularmäßig vorgesehene Befugnisse gestrichen. Ein Bevollmächtigter ist regelmäßig nicht befugt, ein Konto aufzulösen

47 Https://www.bmj.de/SharedDocs/Downloads/DE/Service/Formulare/Konto_und_Depotvollmacht.pdf;jsessionid=F8243CA821CEE6DDA02DEB7D90AABC0B.2_cid297?__blob=publicationFile&v=6.

48 BGH WM 1986, 901.

oder umzuschreiben, auch wenn wirtschaftlich durch Abhebung des gesamten Guthabens das gleiche Ergebnis erreicht werden kann.[49]

Nicht von der Kontovollmacht umfasst ist der Zugang zum Schließfach, hier bedarf es einer gesonderten Schrankfachvollmacht.[50]

Ein besonderes Problem ist die faktische Vollmacht, z.B. die durch Überlassung der EC-Karte samt Preisgabe der PIN oder die durch Mitteilung der Zugangsdaten, die zum Onlinebanking benötigt werden. Hier haben die Erben des Kontoinhabers nur begrenzte Verfolgungsmöglichkeiten. Für Abhebungen nach dem Erbfall hat das LG Berlin[51] dem Bankinstitut die Beweislast dafür, dass befugte Dritte Abhebungen am Bankautomaten getätigt haben, auferlegt.

3. Zeitliche Begrenzung der Vollmachten

Die Daten der getätigten Geschäfte sind besonders genau zu überprüfen, wenn die Vollmacht zeitlich begrenzt ist. 46

Der Vollmachtgeber kann die Vollmacht, z.B. bei absehbarer Rückkehr von einem Auslandsaufenthalt, bis zu einem bestimmten Datum befristen.

Auch kommt es vor, dass Vollmachten mit dem Tod enden sollen, obwohl dies für einen Vertragspartner nicht überprüfbar ist. Dann stellt sich regelmäßig die Frage, ob der Bevollmächtigte schon vom Tod wusste, wenn er weiter mit der Vollmacht verfügt.

Viel häufiger ist aber der Fall, dass der Vollmachtgeber einem Dritten eine auf den Fall seines Todes beschränkte Vollmacht erteilt. Dies wird regelmäßig bei Anordnung einer Testamentsvollstreckung sinnvoll sein, um den Testamentsvollstrecker zwischen Sterbefall und Erteilung des Testamentsvollstreckerzeugnisses handlungsfähig zu machen.

Durch die Vollmacht ab dem Tod bzw. über den Tod hinaus erhält der Bevollmächtigte wie bei jeder Vollmacht zunächst nur eine formale Legitimation. 47

Im Einzelfall kann aber gerade bei Bankvollmachten darin auch eine Übertragung der Vermögenswerte liegen. So kann die Bezeichnung eines Verfügungsberechtigten für den Todesfall als Vertrag zu dessen Gunsten ausgelegt werden, sofern auch die sonstigen Umstände des Falles für diese Auslegung sprechen. Auch kann die Vollmacht die Befugnis enthalten, das Konto in ein Konto des Bevollmächtigten umzuwandeln, etwa wenn ein Ehegatte Verfügungsbefugnis über ein Einzelkonto erhält.[52]

---

49 BGH NJW-RR 2009, 979, Anmerkung *Grziwotz*, FamRZ 2009, 1055.
50 Vgl. *Ott-Eulberg*, in: Ott-Eulberg/Schebesta/Bartsch, § 10 Rn 10.
51 LG Berlin ZErb 2008, 243.
52 So OLG Hamm WM 1995, 150.

48 **Hinweis**

Auch wenn in den meisten Fällen keine Anhaltpunkte für eine dingliche Berechtigung vorliegen, sollte man zumindest den Mandanten danach befragen. Die Behauptung einer entsprechenden Berechtigung unter Vorlage der genannten Rechtsprechung dürfte zumindest positiven Einfluss auf etwaige Vergleichsverhandlungen haben.

Grundsätzlich bewegt man sich aber mit dieser Argumentation auf dünnem Eis, und es wäre im Rahmen einer vorsorgenden Beratung fahrlässig, die postmortale Vollmacht als Alternative zum Vertrag zugunsten Dritter auf den Todesfall darzustellen. Notwendig ist auf jeden Fall zusätzlich ein Schenkungsvertrag, der im Streitfall nachzuweisen ist. Nur die formularmäßige Befugnis des Bevollmächtigten, zu eigenen Gunsten verfügen zu dürfen, reicht hierzu nicht aus, da sie zu unbestimmt ist.[53]

4. Exkurs: Gemeinschaftskonto

49 Nicht nur unter Ehegatten, sondern auch in anderen Lebensgemeinschaften oder engen persönlichen Beziehungen ist es ein zu beobachtender Trend, statt einer gegenseitigen Bevollmächtigung Gemeinschaftskonten zu errichten. Der einfachen Handhabung im Alltag steht die Gefahr im Notfall gegenüber: Wird einer der Kontoinhaber pflegebedürftig und ist nicht mehr in der Lage zu verfügen oder zu kontrollieren, erhält der andere Kontoinhaber alle Macht, bis hin zur Auflösung des Kontos bzw. der Umschreibung auf sich.

Ein Problem ist die wirtschaftliche Berechtigung am Guthaben, wenn das Konto fast nur von Leistungen einer Person gespeist wurde. Die gesetzliche Vermutung der anteiligen Gesamtgläubigerschaft gem. § 430 BGB mangels anderweitiger Bestimmung dürfte in vielen Fällen nicht gewollt sein. Vor allem im Erbfall kann dies zu Schräglagen führen, die vom wirtschaftlich stärkeren Partner nicht gewollt wurden.

50 **Fallbeispiel**

Der wohlhabende Erblasser richtet mit seiner Lebensgefährtin ein Gemeinschaftskonto ein, über das beide verfügen können, auch mit ihren jeweiligen Kreditkarten.

Das Guthaben wurde alleine aus (Renten-)Einkommen des Erblassers gespeist, während das Einkommen der Lebensgefährtin nach wie vor auf deren eigenes Konto fließt. Sämtliche Konsumausgaben der Lebensgefährtin werden vom Gemeinschaftskonto getätigt, was der Erblasser nicht weiß bzw. ihn nicht interessiert.

53 BGH WM 1983, 413.

Gleich nach dem Erbfall löst die Lebensgefährtin das Konto auf, die Kinder als Erben bleiben auf den Beerdigungskosten sitzen.

Die Gesamtgläubigerschaft wird von den Angehörigen in dieser Konstellation zurecht als Hohn empfunden, und leider sind die Möglichkeiten einer Rückforderung noch begrenzter als es bei einem Missbrauch einer Vollmacht der Fall sein dürfte. Das Unbehagen an der „diskreten Enteignung" wird durch eine Fehlentscheidung des OLG Bamberg[54] verstärkt, wonach schon mit der Unterschrift unter das Bankformular zur Errichtung eines solchen Kontos zugleich ein Vertrag zugunsten Dritter auf den Todesfall geschlossen sein soll: JAAA!!

> *Der dem E zu Lebzeiten zustehende Hälftebetrag ist jedoch nicht in den Nachlass gefallen, so dass dem Erben (und damit dem Kl. aus abgetretenem Recht) ein Ausgleichsanspruch gem. § 430 BGB gegenüber der Bekl. zustünde.*
> *Die in den Kontoeröffnungsunterlagen vereinbarte und dokumentierte Regelung, dass der überlebende Ehegatte berechtigt ist, das Sparkonto aufzulösen oder auf seinen Namen umzuschreiben, ist nicht nur eine formale, banktechnische Regelung. Sie enthält vielmehr in materiell-rechtlicher Hinsicht einen Vertrag zugunsten Dritter auf den Todesfall gem. § 328 BGB und stellt eine Schenkung an den überlebenden Ehegatten dar.*
> *Dies folgt insbesondere aus dem Zusatz, dass der überlebende Ehegatte berechtigt ist, das bisherige Gemeinschaftskonto auf seinen eigenen Namen umzuschreiben. Wäre gewollt, dass der Anteil des E in den Nachlass fällt, wäre eine solche Regelung sinnlos. Für diesen Fall wird i.d.R. vereinbart, dass eine Auflösung bzw. Umschreibung nur mit den Erben erfolgen kann.*[55]

Darauf muss man erst mal kommen, denn die Konsequenzen sind weitreichend: 51
Wenn Eheleute (wie häufig) sämtliches Bankvermögen gemeinschaftlich angelegt haben und nicht über Grundbesitz verfügen, dürften nach Auffassung des OLG Bamberg die Kinder als gesetzliche Erben faktisch nichts erhalten und wären auf den Pflichtteilsergänzungsanspruch (mit allen üblen Folgen der §§ 2327, 2329 BGB) verwiesen.

Da aber kein Urteil so schlecht ist, dass es nicht auch für etwas gut sein kann, ist die Entscheidung des OLG Bamberg in der Beratung als Mittel der Brutalpädagogik bei allzu sorglosen Mandanten in Zweitehen bestens zu verwenden.

Tipp zur Vorbeugung

Wenn bei Lebensgemeinschaften mit Gemeinschaftskonten kein Gleichlauf in den Zu- und Abgängen besteht und auch sonst Besonderheiten gelten, sind zur Vermeidung späterer Konflikte schriftliche Vereinbarungen über die wirtschaftliche Berechtigung am Guthaben zu Lebzeiten und im Todesfalle geboten.

---

54 OLG Bamberg, Beschl. v. 25.6.2018 – 3 U 157/17, ZEV 2019, 155.
55 OLG Bamberg, Beschl. v. 25.6.2018 – 3 U 157/17, Rn 22, ZEV 2019, 155, 156 f.

Zu beachten ist, dass auch bei diesen Vereinbarungen grundsätzlich Vertragsfreiheit besteht, es also auch durchaus gewollt sein kann, dass der überlebende Kontoinhaber materiell-rechtlich im Wege einer Schenkung berechtigt sein soll und den ursprünglich gemeinschaftlichen Guthabensbetrag beider Kontoinhaber behalten darf.

Der Rechtsgrund muss nicht notwendigerweise eine Schenkung sein, es kann je nach den Lebens- und Vermögensverhältnissen der beiden Kontoinhaber bei höheren Guthaben auch eine Vergütung für geleistete Dienste oder eine Altersabsicherung des überlebenden Ehegatten im Valutaverhältnis vereinbart werden.

Sinnvollerweise sollten hier auch mit der Bank echte Verträge zugunsten Dritter auf den Todesfall geschlossen werden.

§ 2 Widerruf der Vollmacht

A. Allgemeines

Eine einmal erteilte Vollmacht ist gem. § 168 S. 2 BGB grundsätzlich frei widerruflich, und zwar unabhängig vom Bestand des Rechtsverhältnisses, aufgrund dessen sie erteilt worden ist. Nur soweit in diesem Rechtsverhältnis besondere Widerrufsvoraussetzungen oder -fristen vorgesehen sind, müssen diese beachtet werden.[1] 1

Der Widerruf der Vollmacht kann nur ausnahmsweise vertraglich ausgeschlossen werden, wenn der Bevollmächtigte ein eigenes Interesse an der Vollmachtserteilung hatte und der Fortbestand eine erhebliche wirtschaftliche Bedeutung für ihn hat. Im Rahmen von Vorsorgevollmachten steht hingegen immer das Interesse des Vollmachtgebers im Vordergrund, so dass ein vertraglicher Ausschluss wegen Sittenwidrigkeit gem. § 138 BGB unwirksam wäre.[2] Da keines der marktgängigen Formulare die Unwiderruflichkeit vorsieht, sind solche gewagten Individualabreden stets ein Indiz für eine Missbrauchskonstellation. Ein schwacher Vollmachtgeber ist bereit, sich ohne Reißleine in Abhängigkeit zu begeben.[3] Auch einem stillschweigenden Ausschluss hat die Rechtsprechung[4] eine klare Absage erteilt, wenn überwiegende Interessen des Vollmachtgebers entgegenstehen. 2

Sollte auch nur der entfernte Verdacht bestehen, dass der Bevollmächtigte von seiner Verfügungsmacht nicht im Sinne des Vollmachtgebers bzw. seinen Erben Gebrauch macht, ist die Vollmacht unverzüglich zu widerrufen. 3

Zur Vermeidung irreversibler Vermögensschäden ist nicht nur ein schnelles, sondern auch ein genaues Vorgehen erforderlich. Der Rechtsanwalt, der hiermit beauftragt ist, trägt hier eine hohe und haftungsträchtige Verantwortung. 4

Hinweis 5

Der mit dem Widerruf einer Vollmacht beauftragte Rechtsanwalt hat nicht zuletzt auf seine eigene ordnungsgemäße, also schriftliche Bevollmächtigung zu achten. Die anscheinend unausrottbare Unsitte, sich „unter anwaltlicher Versicherung ordnungsgemäßer Bevollmächtigung“ für den Mandanten zu bestellen, verhindert bei Zurückweisung wegen fehlender Vollmachtsurkunde nach § 174 S. 1 BGB einen wirksamen Widerruf. Der Rechtsanwalt gerät ge-

1 *Zimmermann*, S. 135.

2 Grüneberg/*Ellenberger*, § 168 Rn 6.

3 Verbreitet sind hingegen Formulierungen, wonach die Einrichtung einer Kontrollbetreuung in jedem Fall zu unterlassen sei. Eine solche Anordnung ist im Kern nicht haltbar, aber zeugt von einem sehr großen Vertrauen in den Bevollmächtigten.

4 BGH NJW-RR 1991, 441.

genüber seinem Mandanten nicht nur in Erklärungsnot, sondern auch in die Haftung, wenn der so gewarnte Bevollmächtigte noch schnell Verfügungen zu seinen Gunsten trifft bevor ihn der ordnungsgemäße Widerruf erreicht.

6 Neben der Anleitung zum ordnungsgemäßen Widerruf für Vollmachtgeber soll dieses Kapitel auch Vertretern von Bevollmächtigten dienen, die die Wirksamkeit und Konsequenzen eines erklärten Widerrufs zu beurteilen haben.

B. Zum Widerruf berechtigter Personenkreis

7 Der mit dem Widerruf einer Vorsorgevollmacht beauftragte Rechtsanwalt muss zunächst prüfen, wer hierzu berechtigt ist.

I. Vollmachtgeber

8 In erster Linie ist selbstverständlich der Vollmachtgeber zum Widerruf der Vollmacht berechtigt, wenn er mit dem Bevollmächtigten nicht mehr zufrieden ist.

Dieser Fall ist in der anwaltlichen Praxis selten, weil sich der geistig rege Vollmachtgeber regelmäßig auch ohne anwaltlichen Beistand zu helfen weiß.

Problematisch sind die häufigeren Fälle, in denen der Vollmachtgeber nicht mehr geschäftsfähig ist bzw. erhebliche Zweifel an seiner Geschäftsfähigkeit bestehen.

Die Initiative zum Widerruf der Vollmacht geht dann oft von Angehörigen aus, die meinen, man müsse nun dringend etwas unternehmen.

9 **Hinweis**

Bei eigenen Zweifeln an der Geschäftsfähigkeit des Vollmachtgebers darf der Rechtsanwalt zwar gutgläubig sein und zügig den Widerruf erklären. Er sollte aber gleichzeitig anregen, zeitnah ein psychiatrisches Attest über die geistige Verfassung beizubringen, mit dem die Geschäftsfähigkeit notfalls bewiesen werden kann.[5]

10 Da der Widerruf eine einseitige Willenserklärung ist, kann ein nicht geschäftsfähiger Vollmachtgeber keinen Widerruf erklären. Dann wäre ein Betreuungsverfahren zur Bestellung eines Kontrollbetreuers auf den Weg zu bringen.

---

5 Die zeitnahe gerichtliche Beweissicherung dürfte schwierig sein, da für eine Feststellungsklage möglicherweise das Feststellungsinteresse fehlt, vgl. OLG Koblenz FamRZ 2003, 542.

II. (Kontroll-)Betreuer

Sofern für den Vollmachtgeber eine Betreuung[6] mit dem Aufgabenkreis der Vermögenssorge angeordnet wurde, ist der Betreuer gem. § 1823 BGB zur gerichtlichen und außergerichtlichen Vertretung berechtigt. Der Widerruf erteilter Vollmachten gehört in diesem Zusammenhang zu den ersten Amtshandlungen des Betreuers. Nur, wenn kein Dritter mehr über das Vermögen des Betreuten verfügen kann, ist die Sicherheit des Vermögens gewährleistet. 11

Ist hingegen eine umfassende Vorsorgevollmacht erteilt, entfällt damit gem. § 1814 Abs. 3 Ziff. 1. BGB regelmäßig das Bedürfnis nach Einrichtung einer Betreuung. Bei offenkundigem oder vermutetem Missbrauch der Vorsorgevollmacht kann daher nicht einfach statt des Bevollmächtigten ein Betreuer eingesetzt werden. Gleichwohl müssen Angehörige und zukünftige Erben nicht tatenlos zusehen, wenn der Bevollmächtigte „aus der Reihe tanzt“. 12

In diesem Fall hilft die Anregung einer sog. Kontrollbetreuung gem. § 1820 BGB. Die Kontrollbetreuung, die im Rahmen der Reform des Betreuungsrechts zum 1.1.2023 neu geregelt wurde,[7] stellt ein Korrektiv für die Fälle dar, in denen der Vollmachtgeber die Vorsorgevollmacht nicht mehr selbst widerrufen kann und auch keinen Kontrollbevollmächtigten bestimmt hat.

Das Gericht hat in jedem Fall eine sensible Güterabwägung vorzunehmen: Auf der einen Seite steht das Selbstbestimmungsrecht des Bürgers, seine Dinge vorrangig selbst zu regeln. Dazu gehört auch das Recht, bis zur Grenze der Sittenwidrigkeit bzw. des Wuchers schlechte Geschäfte zu machen.[8] 13

Es macht grundsätzlich keinen Unterschied, ob es sich um ein Haustürgeschäft oder ein einseitiges Rechtsgeschäft handelt, das in der Vollmachterteilung bzw. dem zugrunde liegenden Auftragsverhältnis zu sehen ist. Nicht jedes Fehlverhalten und schon gar nicht jede Besorgnis eines solchen rechtfertigt die Bestellung eines Kontrollbetreuers.

Andererseits hat der Staat die Aufgabe, hilflosen Menschen beizustehen, die von treulosen Bevollmächtigten diskret enteignet werden. Das Wohl des Vollmachtgebers steht immer im Zentrum der Betrachtung. In der Praxis ist hingegen häufig ein anderes Motiv tragend, wenn Angehörige nach Wegen suchen, ihr zukünftiges Erbe zu sichern.

6 Zum Thema ausführlich: *Kurze*, Reform ist gut – Kontrolle ist besser?, FamRZ 2021, 1934.

7 Detaillierte Darstellung: *Kurze*, Die Reform des Vormundschafts- und Betreuungsrechts, §§ 6, 7.

8 Von diesem Recht lebt z.B. die Mobilfunkbranche und einige Abodienste im Internet.

14 Der BGH hatte in jüngster Zeit mehrfach Gelegenheit, in diesem Spannungsfeld die Voraussetzungen für die Anordnung einer Kontrollbetreuung bei Vorliegen einer wirksamen Vorsorgevollmacht zu definieren:

> *„Eine Kontrollbetreuung darf jedoch wie jede andere Betreuung nur dann errichtet werden, wenn sie erforderlich ist. Das Bedürfnis nach einer Kontrollbetreuung kann nicht allein damit begründet werden, dass der Vollmachtgeber aufgrund seiner Erkrankung nicht mehr in der Lage ist, den Bevollmächtigten zu überwachen. Denn der Vollmachtgeber hat die Vorsorgevollmacht gerade für den Fall bestellt, dass er seine Angelegenheiten nicht mehr selbst regeln kann, um eine gerichtliche Betreuung zu vermeiden.*
> *Daher müssen weitere Umstände hinzutreten. (…) Notwendig ist mithin der konkrete, d.h. durch hinreichende tatsächliche Anhaltspunkte untermauerte Verdacht, dass mit der Vollmacht dem Betreuungsbedarf nicht Genüge getan wird. Dies kann der Fall sein, wenn nach den üblichen Maßstäben aus der Sicht eines vernünftigen Vollmachtgebers unter Berücksichtigung des in den Bevollmächtigten gesetzten Vertrauens eine ständige Kontrolle schon deshalb geboten ist, weil die zu besorgenden Geschäfte von besonderer Schwierigkeit und/oder besonderem Umfang sind oder wenn gegen die Redlichkeit oder die Tauglichkeit des Bevollmächtigten Bedenken bestehen. Auf einen Missbrauch der Vollmacht oder einen entsprechenden Verdacht kommt es nicht an. Ausreichend sind konkrete Anhaltspunkte dafür, dass der Bevollmächtigte nicht mehr entsprechend der Vereinbarung und dem Interesse des Vollmachtgebers handelt.“*[9]

15 Nach diesen Maßstäben ist offenkundig, dass die Anregung einer Kontrollbetreuung einen erheblichen Sachvortrag erfordert und nicht jeder „Fehltritt“ eines Vorsorgebevollmächtigten ein Grund zum Widerruf der Vollmacht durch den Kontrollbevollmächtigten gibt.

Der auf Verdacht bestellte Kontrollbetreuer trägt eine hohe Verantwortung, weil ein Widerruf der Vorsorgevollmacht irreversibel zu einer Betreuung führt, die der Vollmachtgeber gerade verhindern wollte.

Andererseits gibt es auch Fälle, in denen der Vorsorgebevollmächtigte so eindeutig fehlbesetzt ist, dass trotz Vorsorgevollmacht statt eines Kontrollbetreuers gleich eine Vollbetreuung eingerichtet werden kann. Der BGH hat in zwei jüngeren Entscheidungen zum Verhältnis zwischen Vorsorgevollmacht und Betreuung erneut Stellung genommen: Demnach hindert nach Auffassung des BGH[10] eine Vorsorgevollmacht die Bestellung eines Betreuers nur, wenn gegen die Wirksamkeit der Vollmachtserteilung keine Bedenken bestehen.

---

9 BGH NJW 2011, 2137; BGH ZEV 2011, 431.

10 BGH FamRZ 2011, 285.

Außerdem, so der BGH,[11] steht eine Vorsorgevollmacht der Anordnung einer Betreuung auch dann nicht entgegen, wenn der Bevollmächtigte als zur Wahrnehmung der Interessen des Betroffenen nicht tauglich erscheint, namentlich erhebliche Zweifel an seiner Redlichkeit im Raum stehen. In diesem Fall soll die Einsetzung eines Kontrollbetreuers gem. § 1896 Abs. 3 BGB regelmäßig nicht genügen. 16

Das praktische Problem besteht in den meisten Fällen darin, dass eigennützige Verfügungen des Bevollmächtigten nicht ohne Insiderwissen bekannt werden und Familienangehörige kaum die Möglichkeit haben, Tatsachen für die Einrichtung einer Kontrollbetreuung vorzutragen. Der Kauf eines neuen Cabrios durch einen ansonsten materiell minderbemittelten Bevollmächtigten alleine reicht nicht aus. *Kurze*[12] schlägt daher vor, dass das Betreuungsgericht den Amtsermittlungsgrundsatz auch hier ernst nimmt und ggf. mit Hilfe eines Verfahrenspflegers den Sachverhalt ermittelt. Der BGH hat diese Unterlassung eines Betreuungsgerichts kürzlich ausdrücklich moniert.[13]

Doch auch der „brave" Bevollmächtigte muss wissen, dass er nicht unangreifbar ist, wenn es innerfamiliäre Konflikte gibt. Dies zeigt der Fall, den der BGH[14] zu entscheiden hatte: 17

Fall

Die demenzkranke Vollmachtgeberin erteilte im Jahr 1997 ihrer Tochter T1 eine notarielle Vorsorgevollmacht, diese organisierte seither die Versorgung ihrer Mutter. Im Juli 2011 zog eine weitere Tochter T2, in den Haushalt der Vollmachtgeberin ein. Seither kam es wegen der Versorgung der Mutter zu erheblichen Streitigkeiten zwischen den Schwestern. Das Amtsgericht hat daraufhin die Betreuung für die Mutter mit den Aufgabenkreisen Sorge für die Gesundheit, Aufenthaltsbestimmung und Vermögenssorge angeordnet und ihr eine Berufsbetreuerin zur Seite gestellt.

Obwohl dieser Fall schwer nach geschwisterlichem Mobbing riecht, bleibt der BGH seiner Linie treu und stellt alleine das Wohl des hilflosen Menschen in den Fokus. Die Begründung ist lesenswert:

> *„Zwar verkennt der Senat die Bedenken der Rechtsbeschwerde nicht, wonach ein redlicher Bevollmächtigter durch das eigenmächtige Verhalten eines Dritten aus der Vorsorgevollmacht gedrängt werden kann. Dieses Ergebnis ist indessen nicht zwingend. Vielmehr sind auch Fallkonstellationen vorstellbar, in denen der Vorsorgebevollmächtigte etwa aufgrund seiner Persönlichkeit*

11 BGH FamRZ 2011, 964 und BGH ZEV 2014, 368.

12 *Kurze*, ErbR 2014, 476, 473, mit Hinweis auf die praktischen Schwierigkeiten, weil unterbezahlte unmotivierte Verfahrenspfleger sich mit störrischen Bevollmächtigten auseinandersetzen sollen.

13 BGH NJW 2013, 785, zuvor NJW 2011, 2135 und 2137.

14 BGH NJW 2013, 3373 = ZEV 2013, 626.

bzw. der ihm erteilten Vollmachten durchaus in der Lage ist, ein die Ausübung der Vorsorgevollmacht störendes eigenmächtiges Verhalten eines anderen zu unterbinden. Maßgebend muss im Ergebnis immer das Wohl des Betroffenen bleiben. Dabei ist schließlich auch zu beachten, dass nicht etwa – wie die Rechtsbeschwerde anklingen lässt – der sich eigenmächtig verhaltende Dritte im Ergebnis von seinem störenden Verhalten profitiert. Denn die Konsequenz ist nicht, dass er zum Betreuer bestellt wird. Vielmehr ist ein unbeteiligter Dritter als Betreuer zu bestellen, der im Zweifel besser dazu in der Lage ist, das störende Verhalten zu unterbinden."

Zu beachten ist außerdem, dass – soweit keine weitergehenden Vereinbarungen bestehen – die Vorsorgevollmacht den Bevollmächtigten nur zur rechtlichen Vertretung berechtigte, ihn aber nicht gleich zur persönlichen Betreuung des Vollmachtgebers verpflichtet. In einer kürzlich ergangenen Entscheidung hat der BGH[15] dies nochmals klargestellt.

Der Vorsorgebevollmächtigte hat nur die notwendigen tatsächlichen Hilfen zu besorgen, nicht jedoch selbst zu leisten. Daher kann ein Bevollmächtigter, der nicht in der Nähe des Vollmachtgebers wohnt, nur dann als ungeeignet angesehen werden, wenn er auf-grund der räumlichen Entfernung zum Betroffenen die Vollmacht nicht zu dessen Wohl ausüben kann oder will.

Fazit: Man darf sich nie zu sicher sein und sollte als Bevollmächtigter schon früh anwaltlichen Rat suchen, um Konflikten vorzubeugen bzw. diesen wirkungsvoll zu begegnen.[16]

Hinweis

Wenn Sie nicht wissen, ob Sie für den Bevollmächtigten vorerst eine Kontrollbetreuung oder gleich eine Vollbetreuung anregen sollen, empfiehlt sich vorab eine Rücksprache mit dem Richter des Betreuungsgerichts, um dessen Tendenz festzustellen. In der Praxis ist leider festzustellen, dass in diesem Bereich, der einige Lebenserfahrung und Kenntnis der Rechtsmaterie voraussetzt, oftmals junge Proberichter zu finden sind.

18 Das nachfolgende Formulierungsbeispiel beinhaltet nur die Anregung einer Kontrollbetreuung, weil diese in den meisten Fällen der erste Schritt sein dürfte. Man kann aber auch eine Vollbetreuung anregen und hilfsweise eine Überwachungsbetreuung fordern.

---

15 BGH, Beschl. v. 16.11.2022 – XII ZB 212/22, BeckRS 2022, 37303.

16 In diesem Sinne auch *Kurze*, ErbR 2014, 476.

Muster 2.1: Anregung einer Kontrollbetreuung/Vollbetreuung 19

An das

Betreuungsgericht

Anregung einer Betreuung gem. § 1820 Abs. 3 BGB

Ausweislich beigefügter Vollmacht zeige ich die Vertretung von Frau an.

Meine Mandantin ist die Tochter des Herrn , der seiner Lebensgefährtin, Frau eine Vorsorgevollmacht erteilt hat.

Herr ist nach einem Schlaganfall pflegebedürftig und lebt seit dem im Seniorenheim Abendrot in Waldstadt. Er ist geistig und gesundheitlich nicht mehr in der Lage seine finanziellen Verhältnisse zu regeln.

Seine Lebensgefährtin Frau hat sich innerlich von Herrn so weit gelöst, dass sie ihn seit sechs Monaten nicht mehr besucht. Sie hat gegenüber meiner Mandantin erklärt, für den Vater könne man ja nicht mehr viel tun, sie werde jetzt lange Reisen unternehmen, schließlich habe sie ja eine Bankvollmacht, und Geld sei ja noch reichlich vorhanden.

Ein ärztliches Attest über den Gesundheitszustand von Herrn und eine eidesstattliche Erklärung meiner Mandantin über den vorbezeichneten Sachverhalt liegt bei.

Es besteht mithin der dringende Verdacht, dass die Bevollmächtigte ihre Vollmacht missbraucht, indem sie Geld für eigene Zwecke verwendet.

Ein Widerruf der Vorsorgevollmacht gem. § 1820 Abs. 5 BGB oder zumindest die vorläufige Übergabe der Vollmachtsurkunde an den Betreuer gem. § 1820 Abs. 4 BGB erscheint geboten, um eine Gefährdung des Vermögens des Betroffenen zu verhindern.

Es wird daher dringend angeregt,
- mindestens eine Kontrollbetreuung, besser aber eine Vollbetreuung anzuordnen,
- im Falle einer Kontrollbetreuung gem. § 1815 Abs. 3 BGB zusätzlich die Aufgabenbereiche der Geltendmachung von Auskunfts- und Rechenschaftsansprüchen des Betreuten gegenüber Dritten zu übertragen,
- den Widerruf der Vorsorgevollmacht zu genehmigen sowie
- die Suspendierung der Vorsorgevollmacht gem. § 1820 Abs. 4 BGB anzuordnen.

Rechtsanwalt

Ist eine Kontrollbetreuung angeordnet, erstreckt sich die Macht des Betreuers 20
nicht nur auf die Geltendmachung von Auskunftsrechten gem. § 666 BGB. Der Kontrollbetreuer kann gem. § 1820 Abs. 5 BGB die Vollmacht ohne besondere Zuweisung seines Aufgabenkreises widerrufen, allerdings unter dem Vorbehalt der betreuungsgerichtlichen Genehmigung. Regelmäßig wird aber in einem ersten Schritt die Aushändigung der Vorsorgevollmacht an den Betreuer gem. § 1820 Abs. 4 BGB die erste Maßnahme sein. Neben der Geschäftsunfähigkeit ist hier genau vorzutragen, aufgrund welcher konkreter Anhaltspunkte davon auszuge-

hen ist, dass der Bevollmächtigte die Angelegenheiten des Vollmachtgebers nicht entsprechend der Vereinbarung oder dem erklärten bzw. mutmaßlichem Willen besorgt.

Es ist dann Aufgabe des Rechtsanwalts, diese Entscheidung im Sinne des jeweiligen Mandanten (Angehörige oder Bevollmächtigter) argumentativ zu beeinflussen. Da ein konkreter Anhaltspunkt bestehen muss, erscheint es geboten, den Sachverhalt entweder durch Urkunden oder durch eine eidesstattliche Versicherung zu unterlegen.

21 **Muster 2.2: Eidesstattliche Versicherung**

Eidesstattliche Versicherung

In Kenntnis über die Bedeutung einer eidesstattlichen Versicherung als Mittel der Glaubhaftmachung tatsächlicher Angaben in einem geordneten Verfahren vor einer Behörde oder einem Gericht, wobei der Behörde oder dem Gericht vorbehalten ist, darüber zu entscheiden, ob und gegebenenfalls in welchem Umfang die Angaben zur Glaubhaftmachung geeignet sind, sowie belehrt über die strafrechtlichen Folgen einer vorsätzlichen oder fahrlässig falschen Abgabe einer eidesstattlichen Versicherung, insbesondere der Strafvorschriften der § 156 und § 161 Strafgesetzbuch (ein Jahr Freiheitsstrafe bei Abgabe einer fahrlässigen bzw. drei Jahre bei Abgabe einer wissentlich falschen eidesstattlichen Versicherung) erkläre ich:

Zur Person:	Frau , wohnhaft
Zur Vorlage bei:	Betreuungsgericht
Zur Sache:	Gebrauch der Vorsorgevollmacht des Herrn

Ich bin die Tochter des Herrn , der seiner Lebensgefährtin, Frau eine Vorsorgevollmacht erteilt hat.

Mein Vater ist nach einem Schlaganfall pflegebedürftig und lebt seit dem im Seniorenheim Abendrot in Waldstadt. Er ist geistig und gesundheitlich nicht mehr in der Lage, seine finanziellen Verhältnisse zu regeln.

Seine Lebensgefährtin Frau hat meinen Vater seit sechs Monaten nicht mehr besucht.

Dies hat mir mein Vater am unter Tränen gesagt, und die Pflegedienstleitung, Frau , hat mir das bestätigt.

Am habe ich Frau vormittags zufällig auf dem Wochenmarkt in getroffen und sie gefragt, warum sie meinen Vater so lange nicht mehr besucht hat. Sie hat mir gegenüber erklärt, für den Vater könne man ja nicht mehr viel tun, sie werde nach dem ganzen Stress jetzt lange Reisen unternehmen, schließlich habe sie ja eine Bankvollmacht, und dafür sei ja noch reichlich Geld vorhanden.

Die vorstehenden Tatsachen habe ich nach bestem Wissen und Gewissen gemacht. Deren Richtigkeit versichere ich hiermit an Eides Statt.

(Ort, Datum Unterschrift Mandantin)

Bestätigung

Ich habe Frau über die Bedeutung einer eidesstattlichen Versicherung als Mittel der Glaubhaftmachung tatsächlicher Angaben aufgeklärt und insbesondere über die strafrechtlichen Folgen einer vorsätzlichen oder fahrlässig falschen Abgabe einer eidesstattlichen Versicherung belehrt.

(Ort, Datum Unterschrift Rechtsanwalt)

Ein starkes Argument für den Widerruf der Vollmacht ist der Hinweis, dass der Betreuer gem. §1826 Abs. 1 BGB für Schäden haftet, wenn er pflichtwidrig vom Widerruf der Vollmacht absieht. Eine Pflichtwidrigkeit wird immer dann zu bejahen sein, wenn dem Bevollmächtigten mindestens eine eigenmächtige Verfügung nachzuweisen ist.

III. (Mit-)Bevollmächtigter/Kontrollbevollmächtigter

Wenn der Vollmachtgeber mehrere Bevollmächtigte mit umfassenden Vorsorgevollmachten ausgestattet hat, könnte man daraus theoretisch ableiten, dass diese sich gegenseitig „abschießen" können. Ein Wettlauf der Widerrufe böte dann dem schnellsten Bevollmächtigten die alleinige Verfügungsmacht. Ob das dem Willen des Vollmachtgebers entspricht, erscheint fraglich. 22

Beispiel

Die Mutter M bevollmächtigt ihre beiden Söhne, die Brüder B1 und B2, mit einer notariellen Generalvollmacht, in der beide gleichrangig „jeweils einzeln zur Vertretung berechtigt" sind. B1 wohnt im Haus der M, er organisiert den Alltag und führt die Geldgeschäfte von M, die an Demenz erkrankt und nicht mehr geschäftsfähig ist.

Als B2 erfährt, dass hohe Bargeldbeträge abgehoben wurden, für die ihm B1 keine schlüssigen Erklärungen liefern kann, kommt es zum Streit. Er widerruft für seine Mutter M die Vollmacht und verklagt B1 auf Herausgabe der Vollmachtsurkunde.

Das OLG Karlsruhe[17] hat in einem gleich gelagerten Fall entschieden, dass bei Erteilung einer gleichrangigen Generalvollmacht, einer so genannten Solidarvoll- 23

17 Zuletzt OLG Karlsruhe, Beschl. v. 24.1.2022 – 10 W 8/21, ZEV 2022, 250.

macht, keiner der Bevollmächtigten befugt sein soll, die Vollmacht des anderen zu widerrufen, auch wenn der Vollmachtgeber mangels Geschäftsfähigkeit nicht mehr in der Lage sein sollte, über den Widerruf der Vollmacht zu entscheiden. Die entsprechende Klage auf Herausgabe der Vollmachtsurkunde wurde schon als unzulässig abgewiesen, weil der Mitbevollmächtigte gar nicht prozessführungsbefugt war, folglich auch keinen Rechtsanwalt beauftragen konnte.

In seltenen Fällen wird es Mitbevollmächtigte geben, die ausdrücklich zum Widerruf einer Vollmacht befugt sind, z.B. wenn ein Kontrollbevollmächtigter mit dieser Macht eingesetzt ist. Nur dann ist ein Widerruf ohne Problem möglich.

24 Ansonsten stellt sich die Frage, ob ein Widerruf im Wege der Auslegung zu ermitteln ist. Eine Gegenmeinung[18] will den Widerruf durch Mitbevollmächtigte auch bei Fehlen einer ausdrücklichen Regelung nicht kategorisch ausschließen. Ausgehend vom Interesse des Vollmachtgebers wird argumentiert, dass Vollmachten im Hinblick auf eine Widerrufsmöglichkeit ausgelegt werden können. Insbesondere, wenn im Innenverhältnis ein Haupt- und ein Ersatzbevollmächtigter benannt worden sind, soll der Hauptbevollmächtigte die Vollmacht des ersatzweise Bevollmächtigten widerrufen dürfen.

Hinweis

Sind Ehegatte und Kinder gleichrangig bevollmächtigt, wird man unter Hinweis auf das eheliche Näheverhältnis gut argumentieren können, dass der Ehegatte gegenüber dem Kind ein Widerrufsrecht haben soll, auch wenn keine ausdrückliche Regelung des Rangverhältnisses besteht.

Tipp zur Vorbeugung

Nicht nur im Innenverhältnis, sondern auch schon in der Vorsorgevollmacht selbst können Regeln über das Widerrufsrecht ausdrücklich festgehalten werden. Üblicherweise sollte in der klassischen Familie der Ehegatte gegenüber dem Kind ein Widerrufsrecht haben, in Patchworkfamilien kann dies auch anders geregelt werden, insbesondere wenn eigene Kinder und Stiefkinder Bevollmächtigte sind.

25 Auch ein Widerruf aus wichtigem Grund soll durch den Mitbevollmächtigten möglich sein. Aus dem Grundverhältnis, das regelmäßig ein Auftrag gem. § 662 BGB sein wird, kann man ableiten, dass hier zur Abwendung von Gefahren der Mitbevollmächtigte für den Vollmachtgeber gem. § 671 Abs. 1 BGB die Kündigung erklären kann.

Zur Bestimmung, was ein wichtiger Grund sein soll, können die Grundsätze des § 626 BGB herangezogen werden. Wann aber konkret ein wichtiger Grund vorliegt, müsste wahrscheinlich in einem langen Rechtsstreit geklärt werden, so

---

18 Vgl. *Braun*, in: Müller-Engels/Braun, Kap. 2 Rn 523 ff.

dass sich mit dieser Begründung kein Bevollmächtigter kurzfristig die Verfügungsmacht abnehmen lassen wird.

Hinweis

Der Rechtsanwalt, der von einem Bevollmächtigten aufgesucht wird, der einem Mitbevollmächtigten die Vollmacht widerrufen will, muss nach genauer Analyse und Bewertung des Sachverhalts überlegen, ob er zusätzlich zum „vorsorglichen" Widerruf der Vollmacht bei erster Gegenwehr ein betreuungsgerichtliches Verfahren gem. § 1820 BGB veranlasst.[19]

Wenn der Mitbevollmächtigte keine Widerrufsmöglichkeit hat, bleibt die Möglichkeit einer einstweiligen Verfügung gegen den Mitbevollmächtigten zu prüfen. 26
Der Antrag auf vorläufige Unterlassung eines Gebrauchs der Vollmacht kann damit begründet werden, dass vor Durchführung eines Bestellungsverfahrens für einen Kontrollbetreuer gem. § 1820 Abs. 3 BGB durch das Betreuungsgericht und dessen nachfolgende Entscheidung zum Widerruf zu einem dauerhaften Rechtsverlust führen würde, wenn der Mitbevollmächtigte weiter in missbräuchlicher Art und Weise von der Vollmacht Gebrauch machen würde.

Jedenfalls sollte der Rechtsanwalt zunächst genau die Vollmacht des widerrufs- 27
willigen Vertreters lesen und den Sachverhalt genau erfragen, bevor ein unwirksamer Widerruf das Verhältnis zwischen mehreren Bevollmächtigten unnötig belastet.

Den sichersten Weg geht ein widerrufswilliger Mitbevollmächtigter, wenn er zumindest zeitgleich oder kurz nach Zurückweisung des Widerrufs eine Kontrollbetreuung gem. § 1820 Abs. 3 BGB anregt und über diesen Weg ein Widerruf erfolgt.

Tipp zur Vorbeugung 28

Stellt ein Bevollmächtigter bei seinem Mitbevollmächtigten Missbrauch fest, kann er das Geldvermögen des Vollmachtgebers schützen, indem er es vollständig abhebt und auf ein eigenes neu einzurichtendes Konto einzahlt und dann treuhänderisch verwaltet. Um nicht selbst dem Vorwurf der Selbstbedienung ausgesetzt zu sein, sollte dies offen gegenüber allen Beteiligten kommuniziert werden. Insbesondere ist mit der Bank zu vereinbaren, dass ein sog. offenes Treuhandkonto geführt wird. Nur so ist klar, dass der Kontoinhaber in seiner Funktion als Treuhänder fremdes Geld verwaltet.

Ein weniger drastisches Mittel ist die Einführung eines „Zwei-Konten-Modells": Ist zu befürchten, dass ein Mitbevollmächtigter der Versuchung, sich an fremden Geldern zu bedienen, nicht widerstehen kann, aber ansonsten

19 Hierzu bedarf es allerdings eines eingehenden Vortrags zur Frage der Gefährdung des Wohls des Vollmachtgebers, Streit unter den Bevollmächtigten alleine reicht nicht aus, vgl. BGH NJW 2011, 2137.

eingebunden sein soll, kann man sich darauf verständigen, dass die Sparanlagen und andere große Werte durch Einrichtung eines Und-Kontos vor dem Zugriff eines Einzelnen geschützt werden. Das laufende Girokonto, von dem der Alltag bestritten wird, kann ohne größere Gefahr weiter in Einzelvertretungsbefugnis geführt werden. Größe Ausgaben oder Anschaffungen können dann nur gemeinschaftlich entschieden werden.

29 Die Einzelvertretungsbefugnis als Erleichterung im Rechtsverkehr kann sich also bei Streitigkeiten ins Gegenteil verkehren. Dann sind divergierende Verpflichtungsgeschäfte nebeneinander wirksam, bei Verfügungsgeschäften gilt hingegen das Prioritätsprinzip. Es kann also leicht zu Schadensersatzansprüchen Dritter bei inkohärentem Verhalten der Bevollmächtigten kommen.

Hinweis

Wenn ein Mitbevollmächtigter feststellt, dass ein anderer Bevollmächtigte die Vollmacht missbraucht, muss er zur Abwendung weiterer Schäden aktiv werden, sonst droht eine Haftung wegen „unterlassener Hilfeleistung", denn auch der Nichtgebrauch der Vorsorgevollmacht kann eine Verletzung der Vertragspflichten gem. § 280 BGB aus dem Auftragsverhältnis darstellen (vgl. § 4 Rdn 43 ff.)

IV. Erben

30 Mit dem Tod des Vollmachtgebers treten die Erben in seine Rechtsposition ein und sind daher grundsätzlich zum Widerruf der Vollmacht berechtigt. Neben dem mangelnden Wissen, wer Bevollmächtigter war, haben die Erben regelmäßig ein Zeitproblem, weil eine Legitimation z.B. in Form eines Erbscheins manchmal erst nach Monaten vorliegt und in dieser Zeit zum Schaden des Nachlasses weiter verfügt werden kann (siehe Rdn 60 ff.). Gleichwohl kann auch schon vor Erteilung des Erbscheins oder einer gleichrangigen Legitimation der Widerruf erklärt werden. Dies gilt insbesondere dann, wenn dem Bevollmächtigten auch ohne besonderen Nachweis die Erbenstellung bekannt ist. Hat beispielsweise ein verwitweter Erblasser nur einen Sohn und kein Testament hinterlassen, wird seine bevollmächtigte Lebensgefährtin in Kenntnis dieser Umstände kaum die Erbenstellung des Sohnes bestreiten können. Wenngleich der BGH[20] die bisherigen AGB der Banken, wonach zur Legitimation der Erben grundsätzlich ein Erbschein verlangt werden konnte, für unwirksam erklärt, sind die Legitimationsanforderungen für einen Erben, der nicht verfügen, sondern „nur" Verfügungen verhindern will, in gleicher Weise gültig. Wer sich noch nicht legitimieren kann, hat das Nachsehen.[21]

20 BGH ZEV 2014, 41.
21 BGH NJW 1995, 250.

Ein allzu früher Widerruf der Vollmacht kann aber dann problematisch sein, wenn es dem Erblasser gerade auf den Fortbestand der Vollmacht über den Tod hinaus ankam, und er deshalb in der letztwilligen Verfügung entsprechende Druckmittel eingebaut hat. Ist in dem Testament z.B. eine auflösende Bedingung enthalten, wonach die Erbeinsetzung im Falle des Widerrufs endet, kann der Berater, der über dieses Risiko nicht vorher aufgeklärt hat, bei Widerruf vor Testamentseröffnung leicht in Erklärungsnöte (und in die Gefahr der Haftung) kommen. 31

1. Widerruf durch Alleinerben/Erbengemeinschaft

Wer als Rechtsanwalt einen Alleinerben oder eine Erbengemeinschaft[22] vertritt, kann für den oder die Erben als Gesamtrechtsnachfolger gem. § 1922 BGB ohne rechtliche Probleme den Widerruf der Vollmacht erklären.[23] 32

Es besteht allerdings das praktische Problem, dass die Erbenstellung meist nicht so schnell nachgewiesen werden kann wie der Erbe sich das wünscht. Gleichwohl kann der Erbe schon versuchen, den Widerruf auszusprechen, wie das nachfolgende Formulierungsbeispiel zeigt. 33

Muster 2.3: Widerruf einer Bankvollmacht gegenüber dem Bevollmächtigten 34

Per Boten

Herrn ___

Widerruf der Vollmacht des Erblassers Herrn ___

Ausweislich beigefügter Vollmacht zeige ich die Vertretung von Herrn ___ an.

Mein Mandant ist Alleinerbe nach Herrn ___, der am ___ verstorben ist.

Seine Erbenstellung ergibt sich aus seinem handschriftlichem Testament vom ___, das in beglaubigter Kopie beigefügt ist. Das Original liegt dem Nachlassgericht ___ zur Eröffnung vor. Sofern Sie die Erbenstellung meines Mandanten anzweifeln, müsste umgehend eine Erbenfeststellungklage eingereicht werden, deren Kosten Sie zu tragen hätten.[24]

Hier ist bekannt geworden, dass der Erblasser Ihnen am ___ eine über sein Konto ___ bei der Sparkasse ___ eine Vollmacht über den Tod hinaus erteilt hat. Namens meines Mandanten, der gem. § 1922 BGB Rechtsnachfolger des Herrn ___ geworden ist,

22 Zur berufsrechtlichen Problematik vgl. *Offermann-Burckart*, ZEV 2007, 151 ff.

23 Vgl. Grünenberg/*Weidlich*, § 1922 Rn 33.

24 Es wird zugrunde gelegt, dass der Erbe bei den Unterlagen des Erblassers neben der Vollmacht auch ein Testament gefunden hat, das er zur Eröffnung beim AG eingereicht hat. Der Rechtsanwalt kann vorher Kopien anfertigen und diese beglaubigen. Einer öffentlichen Beglaubigung bedarf es nicht, da sie gegenüber dem Bevollmächtigten nur der Glaubhaftmachung dienen müssen.

widerrufe

ich hiermit diese und alle anderen eventuell erteilten Vollmachten.

Der Widerruf hat die Wirkung, dass Sie ab sofort keine Verfügungen mehr treffen dürfen, anderenfalls machen Sie sich schadensersatzpflichtig[25] und möglicherweise auch strafbar.

Ich darf Sie auffordern, mir bis zum den Erhalt dieses Schreibens durch datierte Unterzeichnung und Rückgabe des beigefügten Schriftsatzdoppels zu bestätigen.

Rechtsanwalt

2. Widerruf durch einen Miterben

35 Erbengemeinschaften sind häufig Konfliktgemeinschaften, die auch in der Frage des Widerrufs einer Vollmacht zerstritten sein können. Dies gilt umso mehr, wenn ein Mitglied der Erbengemeinschaft Bevollmächtigter ist und sich erwartungsgemäß gegen die Absetzung wehrt.

Die nach wie vor überwiegend vertretene Auffassung[26] seit dem Reichsgericht[27] gibt jedem Miterben ein eigenes Widerrufsrecht mit der Folge, dass der Bevollmächtigte das Recht verliert, allein über Nachlassgegenstände zu verfügen.

Gegenüber den anderen Miterben bleibt die Vertretungsmacht bestehen, so dass der Bevollmächtigte nach Zugang des Widerrufs nur noch mit dem Einverständnis des widerrufenden Miterben handeln kann. Ob diese Rechtspraxis tatsächlich von der obergerichtlichen Rechtsprechung gedeckt ist oder ob es sich um ein über die Jahrzehnte gepflegtes kollektives Missverständnis handelt,[28] wird in der Literatur zunehmend problematisiert.

36 Mit guten Gründen lässt sich argumentieren, dass der Widerruf einer Vollmacht keine Verfügung gem. § 2040 BGB, sondern eine Verwaltungsmaßnahme gem. § 2038 BGB darstellt.[29]

Der Charme dieser Lösung ist die Einladung zu einer differenzierten Betrachtung: Geht es um den Widerruf einer Vorsorgevollmacht, die als Generalvollmacht weitreichende Verfügungen erlaubt, besteht eine Missbrauchsgefahr, die den gesamten Nachlass betreffen kann. Hier kann man argumentieren, dass der Widerruf eine Notverwaltungsmaßnahme gem. § 2038 Abs. 2 S. 2 Hs. 2 BGB ist,

---

25 Dies ist untechnisch gemeint, „bereicherungsrechtlicher Rückabwicklungsanspruch" ist den meisten Laien nicht so eingängig.

26 Grünenberg/*Weidlich*, Vorb. § 2197 Rn 13; OLG Köln ZEV 2022,80 mit dem Hinweis, dass der Widerruf kein Grund für die Anordnung einer Nachlasspflegschaft ist.

27 RG JW 1938, 1892 f., dort allerdings ohne nähere Begründung.

28 *Papenmeier*, Transmortale und postmortale Vollmachten als Gestaltungsmittel, S. 129–133, der Rspr. und Literatur eingehend analysiert.

29 So im Ergebnis *Madaus*, ZEV 2004, 448.

so dass jeder Miterbe einzeln den Widerruf erklären kann und damit gleichzeitig die gesamte Vollmacht beseitigt.

Da die abstrakte Gefahr einer Schädigung der Erbengemeinschaft so groß ist, darf nach Meinung von *Kurze*[30] jeder Miterbe präventiv auch ohne konkrete Missbrauchsgefahr den Widerruf erklären.

Hat der Erblasser hingegen nur eine eingeschränkte Vollmacht erteilt, z.B. nur bezogen auf sein Girokonto, stellt sich die Frage anders. Hier wäre ggf. eine Mehrheitsentscheidung der Erbengemeinschaft herbeizuführen, wobei der bevollmächtigte Miterbe bei der Abstimmung ausgeschlossen ist.[31] **37**

Schließlich kann man die Auffassung vertreten, dass es sich bei dem Widerrufsrecht um einen Nachlassgegenstand handelt, über den die Erbengemeinschaft gem. § 2040 Abs. 1 BGB nur gemeinschaftlich verfügen darf. Unter Berufung auf die allgemeine Definition, wonach Sachen und Rechte Nachlassgegenstände sein können,[32] könnte der Bevollmächtigte sich gegen den Widerruf eines Miterben wehren. Sollte der Miterbe ihm gegenüber behaupten, er widerrufe im Auftrag und für die gesamte Erbengemeinschaft, kann der Bevollmächtigte dies vorsorglich gem. § 174 S. 1 BGB zurückweisen. **38**

Da das Recht der Erbengemeinschaft zuweilen als kompliziert und unübersichtlich angesehen wird, kann man mit dieser Auffassung vielleicht bei einem unbedarften Gegner erfolgreich sein. **39**

Der Miterbe, der für die ganze Erbengemeinschaft widerruft, kann so möglicherweise allein Rückgabe der Vollmachtsurkunde erlangen, die gem. § 2039 BGB grundsätzlich hinterlegt werden müsste.

Andererseits kann der Bevollmächtigte, der mit der Rechtsauffassung, der Widerruf sei eine Verfügung, den Widerruf des Miterben ignoriert, guten Glauben für sich beanspruchen und vorläufig weiter verfügen.[33] Jedoch handelt es sich um eine extreme Mindermeinung.

Nach der Gegenmeinung ist der Widerruf eine Verwaltungsmaßnahme, die gem. § 2038 Abs. 1 S. 1 BGB nur von der ganzen Erbengemeinschaft erklärt werden kann. Für einzelne Vollmachten, insbesondere Kontovollmachten, kann diese Auffassung durchaus dienlich sein, im Bereich der Vorsorgevollmachten wird die Luft dünner. **40**

30 *Kurze*, Vorsorgerecht, § 168 BGB Rn 35; zurückhaltend indes *Madaus*, ZEV 2004, 448 f., der nur wenige Fälle für denkbar hält, bei denen Schaden drohen könnte.

31 So auch *Kurze*, ZErb 2008, 399, 408.

32 Vgl. MüKo/*Gergen*, § 2040 Rn 2.

33 Dies gilt allerdings nur, wenn der Miterbe ohne Verweis auf die rechtlichen Zusammenhänge widerruft.

41 **Hinweis**

Es kann aus taktischen Gründen ratsam sein, nur einen Miterben zum Widerruf „vorzuschicken“, wenn die Erbengemeinschaft auf ein gutes Arbeitsverhältnis mit dem Bevollmächtigten angewiesen ist (oder zu sein glaubt). Nach außen kann man dann alles auf den „Querulanten“ schieben, und hat gleichzeitig die Sicherheit, dass der Bevollmächtigte nicht mehr eigenmächtig handeln kann.

42 Bei Widerruf durch einen Miterben entfällt nach hier vertretener Auffassung die Pflicht des Bevollmächtigten zur Rückgabe der Vollmachtsurkunde. Stattdessen hat der widerrufende Miterbe einen Anspruch auf Aufnahme eines Widerrufsvermerks in der Urkunde.[34] Dies ist insofern konsequent, weil das der Vollmacht zugrunde liegende Rechtsverhältnis, das meist ein Auftrag sein wird, nicht einseitig beendet werden kann, soweit es sich auf Nachlassgegenstände bezieht. Hier gilt das Gebot des ausschließlich gemeinschaftlichen Verfügungsrechts gem. § 2040 Abs. 1 BGB.[35]

43 **Muster 2.4: Widerruf einer Vorsorgevollmacht durch den Miterben**

Per Boten

Herrn

Widerruf der Vollmacht des Erblassers für den Miterben

Ausweislich beigefügter Vollmacht zeige ich die Vertretung von Herrn an.

Mein Mandant ist ausweislich beigefügtem Erbschein Mitglied der Erbengemeinschaft nach Herrn , der am verstorben ist.

Hier ist bekannt geworden, dass der Erblasser Ihnen am eine notarielle Generalvollmacht über den Tod hinaus erteilt hat. Namens meines Mandanten

widerrufe

ich hiermit diese und alle anderen eventuell erteilten Vollmachten.

Der Widerruf hat die Wirkung, dass Sie nicht mehr ohne das Einverständnis meines Mandanten über das Nachlassvermögen verfügen dürfen. Die Bank des Erblassers wurde hierüber informiert.

Da der Miterbe Herr bislang keinen Widerruf erklärt hat, dürfen Sie die Vollmachtsurkunde vorerst behalten, sind jedoch verpflichtet, einen Widerrufsvermerk in die Vollmachtsurkunde aufzunehmen. Ich darf Sie daher auffordern, im Urkundseingang folgenden Text einzutragen und zu unterschreiben:

34 BGH NJW 1990, 507.

35 Vgl. Grünenberg/*Weidlich*, § 2040 Rn 3.

Der Vollmachtgeber ist am ___, verstorben. Sein Sohn Herr ___, legitimiert durch Erbschein des AG ___ vom ___ als Miterbe zu 1/2, hat am ___ die Vollmacht widerrufen.

Zum Nachweis darf ich Sie bitten, mir die Ausfertigung der Vollmachtsurkunde zu übersenden, die sofortige Rückgabe wird zugesichert. Alternativ können Sie mir eine öffentlich beglaubigte Kopie der ergänzten Urkunde einreichen. Zur Erledigung habe ich mir eine Frist auf den ___ notiert.

Den Notar habe ich vom Widerruf ebenfalls unterrichtet und angewiesen, weitere Ausfertigungen der Urkunde nur noch mit diesem Vermerk auszustellen.

Vorsorglich weise ich darauf hin, dass Sie sämtliche Ausfertigungen der Vollmachtsurkunde zurückzugeben haben, falls auch der Miterbe den Widerruf der Vollmacht erklärt.

Rechtsanwalt

V. Nachlassverwalter/Nachlasspfleger

Unstreitig können der Nachlassverwalter[36] und der Nachlasspfleger[37] die Voll- 44
machten des Erblassers widerrufen.

VI. Testamentsvollstrecker

Der Testamentsvollstrecker ist nach Annahme des Amtes im Rahmen seiner 45
allgemeinen Verwaltungsbefugnis gem. § 2205 S. 1 BGB berechtigt, bestehende Vollmachten zu widerrufen, wenn die letztwillige Verfügung dem nicht entgegensteht.[38]

Auf Seiten des Bevollmächtigten ist daher immer genau zu prüfen, ob die Testa- 46
mentsvollstreckung überhaupt das Recht zum Widerruf umfasst. Dies wird z.B. nicht der Fall sein, wenn die Testamentsvollstreckung auf einen Teil des Nachlasses beschränkt ist, der keine Berührungspunkte mit der Vollmacht hat. Ist der Testamentsvollstrecker z.B. nur mit der Verwaltung der Immobilien betraut, kann er Bankvollmachten allenfalls für Hausgeldkonten widerrufen.

Weiterhin kann der Bevollmächtigte einwenden, dass der Testamentsvollstrecker 47
zwar im Interesse des Erblassers für den Nachlass handeln darf, aber umgekehrt der Wille des Erblassers die Grenzen seines Handelns markiere. Wenn der Erblasser durch Erteilung einer trans- bzw. postmortalen Vollmacht die Handlungsfähigkeit des Bevollmächtigten nach dem Tod angeordnet hat, stehen beide – Bevollmächtigter und Testamentsvollstrecker – gleichrangig nebeneinander.

---

36 KG NJW 1971, 566.

37 BGH NJW 1995, 250; vgl. auch Kurzgutachten des DNotI, DNotI-Report 2013, 84, 85.

38 Vgl. *Kurze*, Vorsorgerecht, § 168 BGB Rn 30.

Formal gesehen steht natürlich der Testamentsvollstrecker als „verlängerter Arm“ des Erblassers über dem Bevollmächtigten.[39] Andererseits ist hier das Feld der Auslegung eröffnet über Inhalt des der Vollmacht zugrunde liegenden Rechtsverhältnisses einerseits und die Reichweite des Erblasserwillens bei Anordnung der Testamentsvollstreckung andererseits. Der „wahre“ Wille des Verstorbenen bleibt meist ungeklärt. Widersprüchliches bzw. unbedachtes Handeln ist eine typisch menschliche Eigenschaft, die der Rechtsfindung in solchen Fällen eher hinderlich ist.

C. Erklärung des Widerrufs

48 Die Erklärung des Widerrufs der Vollmacht soll den Bevollmächtigten unschädlich machen und ist deshalb mit aller Sorgfalt vorzunehmen. Leider kommt es hier oft zu Flüchtigkeitsfehlern, die sich der Bevollmächtigte zunutze machen kann. Daher sollen im Folgenden nochmals die Formalien des ordnungsgemäßen Widerrufs aufgezeigt werden.

I. Adressat des Widerrufs

49 Der Widerruf richtet sich gem. § 168 S. 3 BGB danach, wie die Vollmacht gem. § 167 Abs. 1 BGB erteilt wurde, entweder gegenüber dem Bevollmächtigten oder gegenüber dem Dritten, mit dem Geschäfte gemacht werden sollen. In der Praxis wird die zum Widerruf berechtigte Person zunächst gegenüber dem Bevollmächtigten die Vollmacht widerrufen. Das allein ist aber in aller Regel nicht ausreichend. Auch typische Geschäftspartner des Bevollmächtigten sind zu informieren. Bei notariellen Vorsorgevollmachten ist der Widerruf auch gegenüber dem Notar zu erklären, weil der Bevollmächtigte regelmäßig auch befugt ist, weitere Ausfertigungen für sich zu verlangen.

Hat der Vollmachtgeber auch eine Außenvollmacht erteilt, ist zudem gegenüber dem Dritten die Vollmacht gem. § 170 BGB zu widerrufen. Insbesondere bei Bankvollmachten erscheint es geboten, diese auch gegenüber der Bank zu widerrufen.

II. Schriftform

50 Die Schriftform ist grundsätzlich nicht vorgeschrieben, sie sollte sich im Rahmen anwaltlicher Sachbearbeitung jedoch von selbst verstehen. Gegenüber Banken

39 Gerade diese formale Sicht reicht dem gelehrten bzw. wohlkonditionierten Juristen aus, um tiefergehende Gedanken darüber, was vielleicht wirklich vom Erblasser gewollt war, auszublenden.

muss die Vollmacht schon wegen § 172 Abs. 2 BGB schriftlich widerrufen werden, weil sie dort immer schriftlich erteilt wird.[40]

§ 126a BGB, wonach die Schriftform durch die elektronische Form ersetzt werden kann, ist inzwischen auch im Bankgeschäft via Homebanking so etabliert, dass in vielen AGB[41] nicht mehr gesondert auf diese Möglichkeit des Widerrufs hingewiesen wird. 51

Aus Sicherheitsgründen sollte parallel gleichwohl noch schriftlich widerrufen werden.

Ist dem Vollmachtgeber der schriftliche Widerruf aus gesundheitlichen Gründen nicht möglich, sollte trotzdem mündlich widerrufen werden. Dies kann z.B. in einem Telefonat vor Zeugen geschehen oder der Vollmachtgeber erklärt den Widerruf vor einem neutralen Dritten oder seinem Rechtsanwalt, der dann gegenüber dem Bevollmächtigten als Bote des Widerrufs fungiert.

Eine etwaige Schriftformklausel für den Widerruf dürfte nicht wirksam sein, weil sie gerade kranke Vollmachtgeber unangemessen benachteiligt.

III. Zugangsnachweis

Der Rechtsanwalt sollte besonderes Augenmerk auf den Nachweis des Zugangs legen. Ein einfaches Schreiben per Post kann mehr schaden als nutzen, wenn der Bevollmächtigte den Empfang des Widerrufs erfolgreich bestreitet und nach diesem Warnschuss noch schnell die Gelegenheit nutzt, um die Konten zu räumen. 52

Den sichersten Weg geht man mit einer förmlichen Zustellung durch den Gerichtsvollzieher gem. § 132 Abs. 1 BGB i.V.m. § 192 ZPO.

Wer diesen Aufwand scheut, kann den Widerruf kumulativ mit (Einwurf-)Einschreiben, einfacher Post und per Fax versenden.

Problematisch ist das Übergabe-Einschreiben (mit oder ohne Rückschein), weil hier immer die Gefahr besteht, dass die Annahme verweigert wird oder der hinterlegte Brief nicht bei der Post abgeholt wird. 53

40 Die Bank wird schon aus Gründen der Legitimationsprüfung gem. § 154 Abs. 2 AO, das Bestehen einer Vollmacht schriftlich dokumentieren, es sei denn, der Bevollmächtigte ist selbst Kunde der Bank.

41 Vgl. Nr. 4 (1) der AGB der Sparkassen (Fassung September 2021, Formular des Dt. Sparkassenverlag): *„Der Sparkasse bekannt gegebene Vertretungs- oder Verfügungsbefugnisse gelten, bis ihr eine Mitteilung über das Erlöschen oder eine Änderung zugeht, es sei denn, diese Umstände sind der Sparkasse bekannt oder infolge Fahrlässigkeit nicht bekannt. (…).“*

Dem Einwurf-Einschreiben ist daher stets der Vorzug zu geben, nicht nur aus Kostengründen, sondern weil der BGH[42] nun den Zugangsnachweis eines so ordnungsgemäß zugestellten Schreibens – auch im Falle eines Postfachs – im Wege des Anscheinsbeweises (der allerdings erschüttert werden kann) anerkannt hat.

54 Bei Faxschreiben ist der Zugang des Widerrufs an Privatpersonen erst mit dem Ausdruck erfolgt, so dass ein Sendebericht allein kein zuverlässiger Beweis des Zugangs sein kann. Hier sollte der Rechtsanwalt durch sein Personal immer telefonisch nachfragen lassen, ob das Fax angekommen sei und hierüber einen Vermerk fertigen lassen.

55 Wohnt der Bevollmächtigte im Ort, ist auch eine Zustellung per Boten bzw. Übergabe der Widerrufserklärung in Anwesenheit von Zeugen zu erwägen.

56 **Hinweis**

Da auch der Inhalt des versendeten Schreibens notfalls bewiesen werden muss, sollte zur Sicherheit auf der Kopie des Widerrufsschreibens in der Handakte mit Handzeichen der Sekretärin vermerkt werden, wann und wie das Original an den Bevollmächtigten gesendet wurde.

57 Der mit einem Vollmachtsmandat beauftragte Rechtsanwalt darf nach Vorgesagtem nicht ohne weiteres den Angaben seines Mandanten trauen, wenn dieser ihm versichert, dass sämtliche Vollmachten schon widerrufen wurden. Ist insbesondere der Zugang des Widerrufs unsicher, ist eine Wiederholung des Widerrufs durch den Rechtsanwalt sicherlich sinnvoll.

D. Die Wirkung des Widerrufs

58 Mit dem Widerruf der Vollmacht treten zwei Wirkungen ein: Zum einen verliert der Vertreter seine Vertretungsmacht, er darf also nicht mehr verfügen. Schließt er dennoch Geschäfte ab, gelten die Regeln über den Vertragsschluss des Vertreters ohne Vertretungsmacht gem. §§ 177 ff. BGB.

59 Zum anderen hat der Bevollmächtigte dem Vollmachtgeber gem. § 175 BGB die Vollmachtsurkunde zurückzugeben. Wenn nur einer von mehreren Vollmachtgebern den Widerruf erklärt hat, kann er die Vorlage der Urkunde verlangen, um einen entsprechenden Vermerk anzubringen.[43] Für ein Mitglied der Erbengemeinschaft nach dem Vollmachtgeber dürfte dies entsprechend gelten.

42 BGH NJW 2012, 1065; vgl. *Ante*, Der Zugangsnachweis bei Einwurf-Einschreiben, NJW 2020, 3487.

43 BGH NJW 1990, 507.

Erfolgt keine Rückgabe der Urkunde, kann sie der Vollmachtgeber gem. § 176 BGB durch öffentliche Bekanntmachung, die gem. § 186 Abs. 2 ZPO durch Aushang bei Gericht zu erfolgen hat, für kraftlos erklären, was gem. § 172 Abs. 2 BGB der Rückgabe gleichsteht.

E. Exkurs: Sicherungsmaßnahmen zwischen Erbfall und Legitimation

Gerade bei Bankvollmachten besteht das Grundproblem darin, dass der Erbe 60
sich nach dem Erbfall gegenüber der Bank nicht so schnell legitimieren kann wie der Bevollmächtigte die Konten abräumen kann. Grundsätzlich ist die Bank verpflichtet, die Anweisungen des Bevollmächtigten auszuführen.[44]

Dabei kommt es nicht darauf an, ob bei der Bank eine Außenvollmacht erteilt worden ist, auch mit einer „normalen" Vorsorgevollmacht, die nicht unbedingt beglaubigt oder beurkundet sein muss, kann man Bankgeschäfte tätigen.[45]

Auch wenn nach der BGH-Rechtsprechung[46] die Erbscheinsklausel in den AGB 61
der Banken gekippt worden ist und sich der Erbe grundsätzlich auch mit einem Testament und Eröffnungsprotokoll gegenüber der Bank als Rechtsnachfolger legitimieren kann, bleibt genug Zeit, in der der Bevollmächtigte seine vorläufig starke Stellung ausnutzen kann. Zwischen dem Todesfall und der Eröffnung des Testaments und der Zustellung an die Erben können bis zu sechs Monate vergehen.[47]

Daher gibt es nicht viele Sicherungsmaßnahmen, die einen schnellen und wirksa- 62
men Schutz bieten. Das sollte man dem Mandanten auch sagen, bevor man mehr oder weniger kostspielige Maßnahmen einleitet, von denen einige nun vorgestellt werden.

I. Mitteilung an die Bank

Da nach ganz herrschender Meinung der Vertretene das Risiko eines Vollmachts- 63
missbrauchs trägt, trifft die Bank grundsätzlich keine Prüfungspflicht, ob die Ausübung der Vollmacht im Innenverhältnis gedeckt ist. Etwas anderes gilt nach der Rechtsprechung nur, wenn sich bei der Bank bei redlicher Rücksichtnahme auf die Belange des Vollmachtgebers begründete Zweifel an der Treue des Bevoll-

44 BGH NJW 1995, 251.

45 LG Detmold ZEV 2015, 353, LG Memmingen BeckRS 2019, 26944.

46 BGH NJW 2013, 3716.

47 Neben der Überlastung der Nachlassgerichte spielt dabei auch eine Rolle, dass oft erst eröffnet wird, wenn alle Verfügungen und alle Adressen der Beteiligten vorliegen.

mächtigten aufdrängen mussten und ihr Schritte zur Aufklärung zuzumuten waren (vgl. § 4 Rdn 36 ff.).[48]

64 Wenn man die Bank unter Hinweis auf diese Rechtsprechung anschreibt, sollte man zunächst substantiiert vortragen, worauf man seine erbrechtliche Legitimation gründet. Weiterhin sind Ausführungen zur Person und zum Verhalten des Bevollmächtigten angezeigt. Schließlich ist das Verhältnis des Bevollmächtigten zum Vollmachtgeber zu beschreiben und darzulegen, warum der Vollmachtgeber nicht wollte, dass nach seinem Tod noch unkontrolliert weiter verfügt werden könne.

Die Interessenlage muss so klar herausgestellt werden, dass die Bank bereit ist, die Vollmacht nicht mehr zu beachten. Dies wird natürlich umso schwieriger, je besser der Bevollmächtigte bei der Bank bekannt ist (es sei denn, er ist dort selbst Kunde und hoch verschuldet).

65 **Hinweis**

Weil der schnellste und effektivste Schutz darin besteht, die Bank bösgläubig zu machen, sollte man sich nicht auf ein feuriges Schreiben beschränken, sondern als Rechtsanwalt zunächst telefonisch Kontakt mit der Bank aufnehmen. Im Gespräch kann man auch erfahren, welche Ansprüche an die Darlegung eines Vollmachtsmissbrauchs gestellt werden. Während manche Institute schon auf Zuruf die Konten schließen, lassen sich andere Banken auch durch die Androhung von Schadensersatzklagen nicht beeindrucken.

II. Antrag auf Nachlasssicherung durch Kontensperrung

66 Bis feststeht, wer Erbe geworden ist, kann das Nachlassgericht im Wege der Nachlasssicherung gem. § 1960 Abs. 1 BGB einzelne Nachlassgegenstände vor dem Zugriff Dritter sichern.[49] Weil das Nachlassgericht insoweit von Amts wegen rechtspolizeiliche Aufgaben wahrnimmt, reicht im Prinzip eine Anregung aus.

Bei der chronischen Überlastung der meisten Nachlassgerichte sollte man einen entsprechenden Antrag telefonisch ankündigen und die Eilbedürftigkeit darlegen.

67 **Muster 2.5: Antrag auf Kontensperrung beim Nachlassgericht**

An das

Amtsgericht

– Nachlassgericht –

Nachlasssache ______, AZ ______

48 BGH NJW 1969, 1245; BGH WM 1994, 2190.

49 Vgl. KG v. 29.1.1982 – 1 W 2023/81, Rpfleger 1982, 184, wonach Rechte Dritter zu wahren sind.

Wir vertreten Frau ___, die Haushälterin des am ___ verstorbenen ___. Der Verstorbene hatte zu Lebzeiten unserer Mandantin mitgeteilt, dass sie als Alleinerbin vorgesehen sei. Das erwähnte Testament wurde noch nicht aufgefunden, eine eventuell bei einem Nachlassgericht hinterlegte Verfügung von Todes wegen ist noch nicht eröffnet worden. Der oder die Erben sind somit unbekannt.

Der Enkel des Verstorbenen hat eine Bankvollmacht über sämtliche Konten bei der ___-Bank.

Der Enkel des Verstorbenen hat massive finanzielle Probleme, so dass zu befürchten ist, dass er die Vollmacht missbraucht. Er hat zudem die eidesstattliche Versicherung abgegeben, so dass Rückforderungsansprüche nicht realisiert werden könnten.

Wir beantragen daher, die Konten bei der ___-Bank zu sperren.

Rechtsanwalt

Hinweis 68

Die Anordnung einer Kontensperre als Maßnahme der Nachlasssicherung setzt neben einem Sicherungsbedürfnis vor allem voraus, dass der Erbe unklar ist, sei es, weil das Erbe noch nicht angenommen oder der in Frage kommende Personenkreis noch nicht feststeht. Es wäre daher falsch, dem Nachlassgericht mitzuteilen, dass der Antragsteller mit hoher Wahrscheinlichkeit Erbe geworden ist. Damit wäre nämlich das Tatbestandsmerkmal „unbekannter Erbe" nicht erfüllt[50] und das Nachlassgericht würde mit aller Wahrscheinlichkeit die Kontensperrung ablehnen.

III. Antrag auf Nachlassverwaltung

Steht offenkundig fest, wer Erbe geworden ist, kann man allenfalls versuchen, 69
eine Nachlassverwaltung zu beantragen. Die Nachlassverwaltung ist gem. § 1975 BGB eine Sonderform der Nachlasspflegschaft, die zum Zwecke der Befriedigung der Gläubiger angeordnet wird. Antragsberechtigt ist gem. § 1981 Abs. 1 BGB der Erbe. Hierzu muss man also substantiiert vortragen, dass man Erbe ist, der Nachweis durch Erbschein ist allerdings nicht erforderlich.[51]

Eine drohende Überschuldung des Nachlasses muss auch nicht nachgewiesen werden.[52] Da die Nachlassverwaltung in der Praxis ein Schattendasein führt, kann es allerdings nicht schaden, dem Nachlassgericht einen Grund dafür zu benennen. Dieser kann z.B. gegeben sein, wenn die Gefahr besteht, dass der Bevollmächtigte über das gesamte Geldvermögen verfügt und zur Zahlung der Bestattungskosten dann keine Mittel mehr zur Verfügung stehen.

---

50 Vgl. Grünenberg/*Weidlich*, § 1960 Rn 6.

51 Vgl. *Jochum/Pohl*, Rn 1084.

52 Vgl. *Jochum/Pohl*, Rn 1083.

70 **Muster 2.6: Antrag auf Nachlassverwaltung beim Nachlassgericht**

An das

Amtsgericht

– Nachlassgericht –

Nachlasssache , AZ

Ich vertrete Herrn , den einzigen Sohn des am verstorbenen Witwers . Mein Mandant ist aufgrund gesetzlicher Erbfolge Alleinerbe geworden. Ein Erbschein ist beantragt, die Abstammungsurkunde ist zur Nachlassakte gereicht worden.

Das Nachlassvermögen beträgt ca. 10.000 EUR; das Geld befindet auf einem Konto bei der -Bank.

Ein Freund des Verstorbenen hat eine Bankvollmacht über sämtliche Konten bei der -Bank. Dieser Freund hat massive finanzielle Probleme, so dass zu befürchten ist, dass er die Vollmacht missbraucht. Er hat zudem die eidesstattliche Versicherung abgegeben, so dass Rückforderungsansprüche nicht realisiert werden könnten.

Daher steht zu befürchten, dass die Bestattungskosten aus Nachlassmitteln nicht mehr gezahlt werden können. Um Verfügungen bis zur Erbscheinserteilung zu verhindern beantrage ich daher namens meines Mandanten,

die Nachlassverwaltung über den Nachlass des am geborenen und am verstorbenen Herrn , zuletzt wohnhaft , anzuordnen.

Rechtsanwalt

71 **Hinweis**

Die Einsetzung eines Nachlassverwalters löst für den Erben nicht unerhebliche Kosten aus. Sie sollte nur als *ultima ratio* eingesetzt werden, wenn ein besonderes Sicherungsbedürfnis, z.B. bei anzunehmender Zahlungsunfähigkeit des veruntreuenden Bevollmächtigten, besteht. Man schießt mit Kanonen, weil die Nachlassverwaltung den gesamten Nachlass umfasst und der Erbe dann vorerst auch nicht mehr über andere Nachlassgegenstände verfügen kann.

IV. Einstweilige Verfügung gegen den Bevollmächtigten

72 Zeigen sich die Banken unwillig und ist das Nachlassgericht zu langsam oder aus anderen Gründen nicht in der Lage, den Verfügungen des unlauteren Vertreters einen Riegel vorzuschieben, kommt weiter die Möglichkeit in Betracht, gegen den Bevollmächtigten eine einstweilige Verfügung, verbunden mit einer Erbenfeststellungsklage nebst Streitverkündung gegen die Bank, zu beantragen.[53]

53 Vgl. *Ott-Eulberg*, in: Ott-Eulberg/Schebesta/Bartsch, § 10 Rn 56.

Muster 2.7: Antrag auf Erlass einer einstweiligen Verfügung 73

An das

Amtsgericht[54]

Antrag auf Erlass einer einstweiligen Verfügung

des

– Antragsteller –

gegen

– Antragsgegner –

Namens und im Auftrag des Antragstellers beantrage ich wegen der besonderen Dringlichkeit den Erlass folgender einstweiliger Verfügung ohne mündliche Verhandlung:

Dem Antragsgegner wird es untersagt, über das Konto , Kontoinhaber (*Erblasser*) bei der -Bank (Adresse), zu verfügen.

1. Die Kosten des Verfahrens werden dem Antragsgegner auferlegt.

Begründung:

Der Antragsteller ist gesetzlicher Alleinerbe nach dem im Antrag als Kontoinhaber bezeichneten Herrn , der am gestorben ist. Der Antragsteller hat einen Erbschein beantragt, der vermutlich in sechs bis acht Wochen erteilt wird.

Glaubhaftmachung: Eidesstattliche Versicherung des Herrn , Anlage 1

Der Antragsgegner war mit dem Erblasser befreundet und hat eine Bankvollmacht über das Konto bei der -Bank.

Der Antragsgegner hat massive finanzielle Probleme, so dass zu befürchten ist, dass er die Vollmacht missbraucht. Er hat zudem die eidesstattliche Versicherung abgegeben, so dass Rückforderungsansprüche nicht realisiert werden könnten.

Er hat trotz Kenntnis der familiären Verhältnisse und der sich daraus ergebenden Alleinerbenstellung des Antragstellers vor Zeugen erklärt, dass er von der Vollmacht Gebrauch machen werde, um so im Gedenken an seinen lieben Freund „einen ausgiebigen Zug durch die Gemeinde" zu finanzieren.

Glaubhaftmachung: Eidesstattliche Versicherung des Herrn , Anlage 2

Das angekündigte Handeln des Antragsgegners stellt eine Gefährdung des Nachlassvermögens dar, die im Rahmen eines Rückforderungsprozesses nicht wieder rückgängig gemacht werden könnte. Der Antragsteller hat auch nicht die Möglichkeit, die Vollmacht kurzfristig gegenüber der Bank zu widerrufen, weil er sich noch nicht entsprechend den AGB durch Vorlage eines Erbscheins legitimieren kann.

---

54 Die Zuständigkeit ergibt sich aus §§ 942 f. ZPO.

Der Erlass einer einstweiligen Verfügung ist daher zu Sicherung der Ansprüche am Bankguthaben und zur Verhinderung einer eigenmächtigen Verfügung des Antragsgegners erforderlich.

Beglaubigte und einfache Abschrift anbei.

Rechtsanwalt

§ 3 Beschaffung von Informationen

A. Allgemeines

Es ist die herausfordernde Aufgabe des Rechtsanwalts, den Sachverhalt zu ermitteln, auf dessen Grundlage Ansprüche geprüft werden sollen. Dies gilt besonders bei einem vermuteten Vollmachtsmissbrauch, weil Unterlagen nicht oder nur sehr bruchstückhaft vorhanden sind. Gerade Erben ohne besondere Nähe zum Erblasser haben hier regelmäßig ein großes Problem. 1

Informationen, die notfalls auch vor Gericht Bestand haben, werden den Gläubigern in den seltensten Fällen frei Haus geliefert, so dass man mit detektivischem Gespür Auskünften aus verschiedenen Quellen nachgehen muss. Gerade „verdächtige“ Bevollmächtigte sind nicht geneigt, sich über Verfügungen so zu erklären, dass sich daraus ein klares Bild von ihrem Handeln ergibt.

Tipp zur Vorbeugung

Eine Regelung des Innenverhältnisses zwischen Vollmachtgeber und Bevollmächtigtem ist wertlos, wenn es nach dem Tod des Vollmachtgebers unauffindbar ist. Ein Bevollmächtigter hat typischerweise jederzeit Zugang zur Wohnung und zu den Unterlagen des Vollmachtgebers und ist also auch in der Lage, das Original der Vereinbarung, das seinem Handeln Grenzen setzt, verschwinden zu lassen. Daher sollten vorsichtige Vollmachtgeber zumindest eine beglaubigte Kopie bei einer dritten Person/Stelle hinterlegt haben.

Neben tatsächlichen Schwierigkeiten ist auch die Rechtslage alles andere als übersichtlich, zumal das Auskunfts- und Informationsrecht im Zivilrecht nicht sehr systematisch geregelt ist, ein allgemeines Auskunftsrecht besteht nicht.[1] 2

Im Folgenden werden neben den rechtlichen auch die tatsächlichen Möglichkeiten der Informationsgewinnung aufgezeigt, wobei der Inanspruchnahme des Bevollmächtigten zentrale Bedeutung zukommt. Andererseits sollen auch Verteidigungsstrategien gegen unberechtigt erhobene Auskunftsansprüche aufgezeigt werden.

Die Chancen, mit eingeforderten Informationsrechten Zahlungs- bzw. Herausgabeansprüche zu realisieren, werden oft überschätzt. Umso wichtiger ist es für 3

1 Auch der generelle Rückgriff auf § 242 BGB hilft frustrierten Anspruchstellern nicht weiter. Die Grundsätze von Treu und Glauben sind nach gefestigter Rechtsprechung nur anwendbar, wenn die zwischen den Parteien bestehenden Rechtsverhältnisse es mit sich bringen, dass der Berechtigte schuldlos unwissend ist und der Verpflichtete die Auskunft unschwer erteilen kann, vgl. Grüneberg/*Grüneberg*, § 261 Rn 8. Dies kommt in der Praxis der Vollmachtsfälle fast nie vor.

den Rechtsanwalt, hier genau zu arbeiten, dem Mandanten aber gleichzeitig klarzumachen, dass sich möglicherweise nicht jede Unregelmäßigkeit aufklären lässt.

B. Innenverhältnis zwischen Vollmachtgeber und Bevollmächtigtem

4 Das Abstraktionsprinzip gebietet eine Trennung zwischen der Vertretungsmacht auf der einen und dem notwendigerweise zwischen Vertreter und Vertretenem bestehenden Rechtsverhältnis auf der anderen Seite.

Während die Vertretungsmacht nach außen das „Können" bestimmt, regelt das Innenverhältnis das „Dürfen". Letzteres ist in den wenigsten Fällen ausdrücklich zwischen den Parteien geregelt, so dass im Falle einer späteren Überprüfung des Vertreterhandelns zunächst die Frage zu beantworten ist, worauf der Vertretene bzw. dessen Erbe sein Informationsinteresse stützen kann.

5 Wo es an schriftlich Niedergelegtem fehlt, werden typischerweise von äußeren Umständen und dem Handeln der Parteien Rückschlüsse auf das Innenverhältnis gezogen. Dies kann je nach Perspektive zu unterschiedlichen Bewertungen führen. Umso genauer muss der Rechtsanwalt nicht nur den Sachverhalt erfassen, sondern auch die rechtlichen Kriterien kennen, die das jeweilige Innenverhältnis charakterisieren.

I. Auftragsverhältnis

6 Der häufigste Fall eines der Bevollmächtigung zugrunde liegenden Rechtsverhältnisses ist der Auftrag gem. § 662 BGB, wonach sich der Auftragnehmer durch die Annahme eines Auftrages verpflichtet, ein ihm vom Auftraggeber übertragenes Geschäft für diesen unentgeltlich zu besorgen.

Zentrale Rechtsfolge des Auftrags ist neben der hier interessierenden Pflicht zur Auskunft und Rechenschaft gem. § 666 BGB die Pflicht zur Herausgabe des aus der Ausführung des Auftrags Erlangten gem. § 667 BGB.

1. Zustandekommen des Auftragsverhältnisses

7 Voraussetzung für die Annahme eines Auftrags ist aber ein Vertragsschluss, der notfalls bewiesen werden muss. Da Auftragsverhältnisse meist von einer persönlichen Nähe der Parteien geprägt sind und aufgrund der Vertrauensstellung, die der Bevollmächtigte zumindest beim Vertretenen hatte, sind schriftliche Auftragsverträge eine Seltenheit. Auch in den gängigen Formularsammlungen findet sich kaum ein Vorschlag, wie das Innenverhältnis geregelt sein soll.

Also behilft sich die Rechtspraxis mit der Annahme eines konkludent geschlossenen Vertrages. Als Rechtsanwalt des Vertretenen bzw. dessen Erben wäre es nun voreilig, aus Gründen der Bequemlichkeit einfach einen konkludenten Vertrag anzunehmen, nur weil man nichts schriftlich hat und man den Vertreter irgendwie zur Verantwortung ziehen möchte.

Nach objektiven Merkmalen ist das Auftragsverhältnis leicht abzuleiten: Das 8
Vertragsangebot ist regelmäßig in der Vollmachtserteilung bzw. Aushändigung der Vollmachtsurkunde zu sehen.[2] Angenommen wird das Angebot zur Übernahme des Auftrags spätestens mit Beginn des Tätigwerdens.[3]

Die äußeren Umstände sind zwar ein starkes Indiz für das Vorliegen eines Auftrages, aber fraglich ist, ob die Parteien sich damit schon auf eine Leistungspflicht des Bevollmächtigten, die gem. § 241 Abs. 1 BGB jedes Schuldverhältnis ausmacht, verständigt haben. Fehlt ein solcher Rechtsbindungswille, fehlt es auch an einem Auftragsverhältnis, mit der Folge, dass ein Gefälligkeitsverhältnis anzunehmen ist, das gerade keine Auskunftspflichten beinhaltet.

Die Feststellung dieses Rechtsbindungswillens kann im konkreten Fall erhebliche 9
Schwierigkeiten bereiten, weil keine schematische Prüfung möglich ist. Vielmehr ist in einer Gesamtschau aller Umstände aus Sicht des objektiven Betrachters auf den vorhandenen oder fehlenden Rechtsbindungswillen zu schließen.[4] Nach Ansicht des BGH kommt es auf die Art der Gefälligkeit, ihren Grund und Zweck, ihre rechtliche und wirtschaftliche Bedeutung, insbesondere für den Empfänger, die Umstände, unter denen sie erwiesen werden, und die dabei bestehende Interessenlage der Parteien an.[5]

Um diese Generalformel etwas mit Leben zu füllen, bietet sich je nach „Gefechts- 10
lage“ der Rückgriff auf die verschiedenen Stimmen in Literatur und Rechtsprechung, die zur Frage des Rechtsbindungswillens Erhellendes beigetragen haben:

Von zentraler Bedeutung im Bereich des Vollmachtsmissbrauchs sind die wirtschaftlichen Interessen des Auftraggebers. Wenn erhebliche Vermögenswerte auf dem Spiel stehen und der Vollmachtgeber sich auf die Leistungszusage des Bevollmächtigten für diesen erkennbar verlässt, ist immer von einem Rechtsbindungswillen auszugehen.[6] Das OLG Frankfurt[7] hat konkret entschieden, dass mit Rechtsbindungswillen handelt, wer Schecks mit insgesamt fünfstelliger (DM-) Summe in fremdem Auftrag weiterzuleiten hat.

Das OLG Brandenburg[8] sah in der Erteilung einer Kontovollmacht über gut gefüllte Konten des Vollmachtgebers ein starkes Indiz für ein Auftragsverhältnis

2 Vgl. *Bühler*, FamRZ 2001, 1585, 1593.
3 Vgl. BGH NJW 1971, 1404; LG Itzehoe ZErb 1999, 29.
4 Vgl. NK-BGB/*Schwab*, § 662 Rn 11.
5 Vgl. zuletzt BGH NJW 2015, 2880.
6 Vgl. OLG Hamm NJW-RR 2001, 455.
7 Vgl. OLG Frankfurt MDR 2002, 689, 690.
8 OLG Brandenburg, Urt. v. 19.3.2013, 3 U 1/12, Beck RS 2013, 06305.

und erteilte dem Bevollmächtigten, der sein „Kümmern“ als Gefälligkeit gewertet haben wollte, eine klare Abfuhr:

> *„Maßgeblich sind die Umstände des Einzelfalles. Insbesondere kann es entgegen der Auffassung des Beklagten nicht darauf ankommen, in welchem Umfang er von der Vollmacht Gebrauch gemacht hat. Maßgeblich sind vielmehr die Verhältnisse in dem Zeitpunkt, in dem ihm die Vollmacht eingeräumt worden ist. Entscheidend ist, dass der Beklagte von den erheblichen Vermögenswerten wusste, über die er fortan verfügen durfte. Allein die Behauptung, er habe sich um die Erblasserin gekümmert, so dass ein inniges Vertrauensverhältnis entstanden sei, rechtfertigt keine abweichende Beurteilung.“*

11 Je nach Vermögenssituation des Vertretenen kann aber auch schon die Verantwortung für kleinere Summen ein erhebliches wirtschaftliches Interesse begründen, z.B. der (in der Praxis nicht seltene) Auftrag, die gesamten Rentenbezüge bar abzuheben. Insofern kann man argumentieren, dass beim Durchschnittsbürger schon mit einer Vollmacht über das Gehaltskonto erhebliche Vermögenswerte auf dem Spiel stehen, weil der Bevollmächtigte ohne weiteres über das gesamte Einkommen verfügen kann.

Justizia, die Göttin des Rechts, trägt eine Augenbinde, weil sie ohne Ansehen der Person richtet. Wer sich mit der Rechtsprechung zum Auftragsrecht bei erteilten Vollmachten auseinandersetzt, stellt fest, dass die Justiz in Ansehen der handelnden Personen teilweise blind ist, wenn es um den sensiblen Umgang mit dem Vermögen anderer Menschen geht. Obwohl der BGH[9] jeglicher Analogie außerhalb der Ehe eine Absage erteilt hat, gibt es eine starke Tendenz in der Rechtsprechung, sich bei Vollmachten, die in persönlichen Beziehungen erteilt werden, für unzuständig zu erklären.

12 Für einen Rechtsbindungswillen spricht auch, wenn sich der Auftraggeber auf die Entfaltung der Tätigkeit des Auftragnehmers verlässt.[10] Gerade bei einer aktuell werdenden Vorsorgevollmacht ist klar, dass der Vollmachtgeber sich schon deshalb auf den Bevollmächtigten verlässt, weil er eine Betreuung mit den damit verbundenen Einschränkungen verhindern will. Deswegen ist es grundsätzlich nicht denkbar, dass eine Vertretung im Rahmen einer Vorsorgevollmacht nur aus Gefälligkeit übernommen wird. Der Bevollmächtigte übernimmt eine besondere Verantwortung, der er auch in rechtlicher Hinsicht gerecht werden muss.

Daran ändert auch die Tatsache nichts, dass Verwandte oder Freunde eine solche Tätigkeit in umgangssprachlicher Weise „aus Gefälligkeit“ übernommen haben, weil die Unentgeltlichkeit nun einmal das Auftragsverhältnis ausmacht. Dabei ist nicht zu verkennen, dass es im Einzelfall zu erheblichen Schieflagen kommen kann, wenn ein Bevollmächtigter die Vermögensverwaltung und sonstige Aufga-

9 BGH ZErb 2009, 99 f., Beck RS 2008, 17519.

10 Vgl. OLG Hamm NJW-RR 1997, 1007.

ben für einen Freund übernimmt, dafür mit seinem gesamten Vermögen haftet und nach dessen Tod noch Auskunfts- und Rechenschaftsansprüche zu gewärtigen hat. *Kurze*[11] spricht hier zutreffend von einer „Vollmachtsfalle". Bevollmächtigte können sich wegen Untreue strafbar machen, wenn sie ihren eingeräumten Handlungsrahmen überschreiten.[12] Insoweit ist auch die Familie kein rechtsfreier Raum. Bevollmächtigte Kinder übersehen dies oft und fallen aus allen Wolken, wenn sie über die Auskunftspflichten gegenüber den miterbenden Geschwistern[13] aufgeklärt werden.

2. Auftragsrecht bei Eheleuten

Unter Eheleuten darf man hingegen nicht ohne weiteres Auftragsrecht annehmen, wie der BGH ausführt: 13

> *„Eheleute müssen während des Zusammenlebens Ausgaben nicht mit der gleichen Genauigkeit abrechnen wie Vertragspartner, die nicht in einer ehelichen Lebensgemeinschaft verbunden sind. Verschwenderische oder unbelegte Ausgaben durch den wirtschaftenden Ehegatten können den anderen zwar veranlassen, Bankvollmachten zu entziehen (…). Sie begründen jedoch keinen eigenständigen familienrechtlichen Anspruch auf Rückzahlung. Die Regelung des § 667 ist auf die Verwendung von Mitteln weder unmittelbar noch entsprechend anwendbar."*[14]

Nur in extrem seltenen Fällen kann unter Ehegatten Auftragsrecht anzunehmen sein; nämlich dann, wenn ein Ehegatte dem anderen die Vermögensverwaltung überlässt, worauf im Familienrecht lediglich die Norm des § 1413 BGB verweist. Der BGH stellt daran indes hohe Anforderungen: 14

> *„Die Erteilung einer Vollmacht – auch einer Generalvollmacht – genügt nicht, da sie nur Dritten gegenüber eine Vertretungsbefugnis schafft. Ebenso wenig reicht es aus, wenn ein Ehegatte im Rahmen der ehelichen Lebensgemeinschaft aus Gefälligkeit gegenüber dem anderen, oder weil dieser sich um die finanziellen Angelegenheiten nicht kümmert, dessen Vermögensangelegenheiten miterledigt. Für eine Vermögensverwaltung würde es dagegen sprechen, wenn der Vermögensinhaber während der Verwaltungsdauer nicht selbst Vermögensverfügungen treffen könnte."*[15]

---

11 *Kurze*, Vorsorgerecht, § 662 Rn 14.
12 Vgl. OLG Koblenz, Beschl. v. 14.7.2011 – 2 Ss 80/11, NJW-Spezial 2011, 601.
13 Vgl. OLG München ZEV 2018, 149.
14 BGH NJW 1986, 1870, 1872 = FamRZ 1986, 558, siehe auch BGH FamRZ 1988, 42, 43.
15 BGH NJW 1986, 1870, 1871.

15 *Kurze* nimmt diesen Gedanken auf und leitet daraus eine Verantwortlichkeit des Ehegatten ab, der im Rahmen einer Vorsorgevollmacht für den anderen Ehegatten tätig wird:

> „*Gerade dies (die Unfähigkeit selbst Vermögensverfügungen zu treffen) ist bei einer Tätigkeit auf der Grundlage einer Vorsorgevollmacht regelmäßig der Fall: Der eine Ehegatte kann (…) nicht mehr selbst handeln. (…) Muss sich der Ehegatte dann bei Vermögensangelegenheiten der Vorsorgevollmacht bedienen, erweitert er seine ehelichen Befugnisse erheblich.(…) Es wird abzugrenzen sein: Handelt der bevollmächtigte Ehegatte in einem Rahmen (…) ehelicher Lebensgestaltung, kommt ein Auftrag nicht in Betracht. Gehört aber etwa einem Ehegatten ein Miethaus und übernimmt nach einem Schlaganfall der andere (…) die Verwaltung, ist m.E. eine Vermögensverwaltung i.S.d. § 1413 BGB entstanden.*“[16]

16 Diese gut nachvollziehbare Argumentation sollte sich der Rechtsanwalt zu eigen machen, der beispielsweise Abkömmlinge in einer Erbengemeinschaft mit einem überlebenden Ehegatten vertritt, der im Verdacht steht, Vermögenswerte des Erblassers beiseite geschafft zu haben. Gerade in späten Zweitehen, in denen die Eheleute weniger eine Erwerbsgemeinschaft als eine Konsumgemeinschaft bilden, spricht vieles dafür, den verfügenden Ehegatten zumindest dann in die Pflicht zu nehmen, wenn neben den alltäglichen Geschäften, die aus laufendem Einkommen bestritten werden, in großem Umfang über Familienvermögen verfügt wird.

17 Obwohl hierzu noch keine Rechtsprechung vorliegt, dürften die gleichen Grundsätze für die gleichgeschlechtliche Lebenspartnerschaft gelten, weil nach §§ 2 ff. LPartG die Wirkungen der Lebenspartnerschaft im vermögensrechtlichen Bereich denen der Ehe angenähert wurden.[17]

3. Auftragsrecht bei unverheirateten Paaren

18 Ob die Ausnahmen vom Auftragsrecht für Eheleute auch bei unverheirateten Paaren gelten, ist umstritten.

Das OLG Düsseldorf[18] hat in Abänderung des untergerichtlichen Urteils entschieden, dass auch in einer nichtehelichen Lebensgemeinschaft die gleichen Grundsätze wie für Eheleute anwendbar seien und deshalb kein Auftrag im Rechtssinne bestünde. Zumindest im konkreten Fall wurde der rechtsgeschäftliche Bindungswille verneint mit der Folge, dass keine Auskunftsrechte bestanden. Das Bestehen einer langen, intensiven Beziehung reicht zur Begründung hier aus:

---

16 *Kurze*, Vorsorgerecht, § 662 Rn 17f.

17 So auch *Muscheler*, Urteilsanmerkung zu OLG Düsseldorf, Urt. v. 28.3.2006 – I-4 U 102/05, ZEV 2007, 186.

18 OLG Düsseldorf ZEV 2007, 185.

„Zwischen der Beklagten und dem Erblasser bestand jedoch kein Auftragsverhältnis im Sinne des § 662 BGB. Aus diesem Grunde ist die Beklagte dem Kläger, der als Erbe mit dessen Tod in sämtliche Rechte und Pflichten eingetreten ist, nicht nach § 666 BGB zur Auskunft verpflichtet. Ein vertragliches Auftragsverhältnis bestand zwischen dem Erblasser und der Beklagten nicht. Denn dazu fehlt es jedenfalls an dem erforderlichen Rechtsbindungswillen der Beklagten. Entscheidend für die Frage, ob eine Kontovollmacht mit Rechtsbindungswillen erteilt wird, ist, ob anhand objektiver Kriterien festgestellt werden kann, dass sich die Parteien rechtsgeschäftlich binden wollten. Insoweit ist zu berücksichtigen, ob die Erteilung einer Kontovollmacht aufgrund eines besonderen Vertrauens erfolgt. Im Rahmen eines solchen besonderen Vertrauensverhältnisses wird in der Regel keine Auskunft oder Rechenschaft verlangt. Der andere soll grundsätzlich nicht im Nachhinein dem einseitigen Risiko ausgesetzt werden, Ausgaben genauer anzugeben und zu belegen. Es müssen vielmehr objektive Kriterien hinzutreten, die den Rückschluss auf einen rechtsgeschäftlichen Bindungswillen zulassen. Diese sind vorliegend nicht ersichtlich.
Unstreitig war die Beklagte war die Beklagte über einen Zeitraum von ungefähr 20 Jahren die Lebensgefährtin des Erblassers. Darüber hinaus bestand (unbestritten) ein besonderes Vertrauensverhältnis. Konkrete Anhaltspunkte dafür, dass der Erblasser selbst wollte oder auch nur davon ausging, dass die Beklagte Rechenschaft ablegen muss und für die Gefahren einer fehlerhaften Kontoführung einzustehen hat, hat der Kläger nicht dargelegt.“[19]

Ob dieses Urteil auf alle nichtehelichen Gemeinschaften zu übertragen ist,[20] 19
erscheint mehr als fraglich, nachdem der BGH[21] mit Nichtannahmebeschluss vom 26.6.2008 nochmals Folgendes klargestellt hat:

„Die Rechtsprechung des Bundesgerichtshofs, nach der zwischen Eheleuten ein Auftragsverhältnis im Sinne der §§ 662 ff. BGB selbst dann nicht besteht, wenn sie überein gekommen sind, während ihres Zusammenlebens die Aufgabenbereiche in der Weise zu regeln, dass einer von ihnen die Wirtschaftsführung allein übernimmt und die verfügbaren Mittel im Wesentlichen aus den Einkünften oder dem Vermögen des anderen Ehegatten zufließen (BGH NJW 2000, 3199; NJW 1986, 1870) ist auf Fallgestaltungen mit sonstigem familiären oder personalen Einschlag nicht übertragbar.“

Das OLG Köln hat in einer jüngeren Entscheidung indes zu erkennen gegeben, dass es die strenge Linie des BGH nicht teilt, sondern – wie zuvor das OLG

19 OLG Düsseldorf ZEV 2007, 185.

20 Das meint zumindest *Muscheler*, Urteilsanmerkung zu OLG Düsseldorf, Urt. v. 28.3.2006 – I-4 U 102/05, ZEV 2007, 186.

21 BGH ZErb 2009, 99 f.

Düsseldorf – unverheirateten Paaren einen wirtschaftlichen Intimbereich, der keinen Dritten etwas angeht, zubilligen will.[22]

20 Nicht nur die „Wirtschaftsführung“ im Ganzen, die typischerweise aufgrund einer Vorsorgevollmacht erfolgt, sondern schon die Erteilung einer Kontovollmacht hat wegen des ihr innewohnenden Missbrauchspotenzials eine so große wirtschaftliche Bedeutung, dass es einmal mehr verwundert, dass auch manche Obergerichte keinen Rechtsbindungswillen sehen wollen. Mit der „juristischen Krücke“ des Gefälligkeitsverhältnisses wird durch die Hintertür doch eine Analogie zu der auftragsfreien Zone, die zwischen Eheleuten besteht, hergestellt. Obwohl der BGH einer Nivellierung der Unterschiede eine eindeutige Absage erteilt, darf man als Vertreter eines bevollmächtigten Lebensgefährten unter Berufung auf die OLG-Rechtsprechung die Grundsätze der Analogie zum ehelichen Wirtschaften herausarbeiten.[23]

21 Eine analoge Anwendung setzt vergleichbare Verhältnisse voraus, die bei unverheirateten Paaren nicht ohne weiteres vorliegen müssen. Die ehelichen Rechte und Pflichten gegenseitiger Unterstützung sind bei der nichtehelichen Lebensgemeinschaft gerade nicht vorhanden, sondern müssen durch Vereinbarung hergestellt werden. Im Notfall ist der Vollmachtgeber darauf angewiesen, sich auf seinen Partner zu verlassen, was eher für einen Rechtsbindungswillen spricht. Dennoch ist auch das Schrifttum mit der Annahme eines Auftragsverhältnisses zurückhaltend. Ein Auftrag sei nur anzunehmen, wo die Leistung in keinem unmittelbaren Zusammenhang mit der Lebensgemeinschaft steht, sondern vornehmlich dem Auftraggeber allein zugutekommt.[24]

22 **Hinweis**

Einem auskunftsunwilligen Lebensgefährten ist nicht gedient, wenn er behauptet, alle Verfügungen für den Partner seien selbstlos und ohne eigenes wirtschaftliches Interesse vorgenommen worden. Mit diesem Vortrag verlässt man den Schutzbereich „Beziehung“, den man auch unverheirateten Paaren zubilligt, und wird unweigerlich zur Auskunftspflicht „verdonnert“. Wer den Erben eines Vollmachtgebers vertritt, sollte zur Vorbereitung einer Auskunftsklage versuchen, der Gegenseite einen entsprechenden Vortrag zu entlocken.

4. Auftragsrecht zwischen Großeltern und Enkeln

23 Obwohl das Auftragsverhältnis nur bei Ehegatten auszuschließen ist, gibt es bedauerliche Ausreißer, in denen die Analogie sogar auf Lebensgemeinschaften

22 OLG Köln, Urt. v. 19.9.2012 – 16 U 196/11, BeckRS 2013, 01040, unter Verweis auf OLG Düsseldorf ZEV 2007, 185.

23 In der Beratung von unverheirateten Rheinländern dürfte die divergierende Rspr. zwischen Köln und Düsseldorf sicher keinen Einfluss auf die Wahl des Wohnorts haben.

24 *Hausmann/Hohloch*, S. 259 m.w.N.

erweitert wird, die alles andere als eheähnlich sind. Ein Beispiel ist eine Entscheidung des OLG Naumburg[25] zum angeblich fehlenden Auftragsverhältnis des für seine Großmutter wirtschaftenden Enkels.

Nach Ausführungen zur billigen Rechenschaftspflicht eines Ehegatten, der während des Zusammenlebens der Ehegatten die Wirtschaftsführung übernommen hat, kommt das OLG zu folgendem Schluss:

> *„Nach der Auffassung des Senats ist das Verhältnis zwischen Großmutter und Enkel, der sie in sein Haus aufgenommen hat, vergleichbar, da in dieser Situation die Besonderheiten der ehelichen Lebensgemeinschaft keine Rolle spielen.*
> *Denn auch hier bestand zwischen Großmutter und Enkel eine Form des Zusammenlebens, die nicht in erster Linie auf wirtschaftlichen Erwägungen beruhte. Die Großmutter räumte dem Enkel Kontovollmachten nicht deshalb ein, weil er etwa ein ausgebildeter Vermögensverwalter wäre und deshalb über besondere Sachkenntnis verfügt, entscheidend war vielmehr das personale Vertrauen, das sie in ihn setzte. Im Übrigen begründen die erteilten Vollmachten nur eine Vertretungsmacht Dritten gegenüber. Sie lassen daher für sich genommen keine verlässlichen Schlüsse auf einem Verhältnis der Parteien zueinander bestehenden Rechtsbindungswillen zu. Für die Annahme einer Auftragsvermögensverwaltung reicht es jedenfalls nicht aus, dass der Beklagte finanzielle Angelegenheiten der Erblasserin mit erledigt hat.“*

Rechtsprechung wie diese kann Vertreter von Bevollmächtigten nur ermutigen, gegen den Rechtsbindungswillen, damit gegen den Auftrag und gegen den Auskunftsanspruch dem Grunde nach zu argumentieren. Je nach Bildungsgrad der Richter ist es ein mehr oder weniger schweres Pfund, mit dem man auch in Vergleichsverhandlungen wuchern kann. Kenner der Materie[26] lehnen diese Auffassung als zu weitgehend ab.

5. Auftragsrecht zwischen Eltern und Kindern

Nach einer Scheidung durch Trennung oder Tod ist oft zu beobachten, dass **24**
Kinder dem überlebenden Elternteil als Partnerersatz dienen, auch zur Regelung wirtschaftlicher Belange. Rechtfertigt dieses „besondere Vertrauensverhältnis“ eine Privilegierung des Kindes, das bevollmächtigt wird? Die bisherige klare Linie der Rechtsprechung hat dies stets verneint. Daher gibt es auch kaum veröffentlichte Urteile,[27] weil diese so spannend wären, als würde der BGH neuerdings verkünden, dass der Käufer einen Kaufpreis schulde. Leider leben wir in unsiche-

25 OLG Naumburg, Urt. v. 6.7.2007 – 10 U 27/07, Beck RS 2008, 11185.
26 Vgl. z.B. *Horn*, Nachfolgerecht, Kap 22 Rn 61.
27 Z.B. LG Kleve Beck RS 2013, 16370.

ren Zeiten, denn das OLG Köln[28] spielt in richterlicher Rechtsfortbildung das Auftragsverhältnis zwischen Tochter und Mutter gegen das „Vertrauensverhältnis“ als Rechtsgrund für die Haftungsfreistellung aus. Unter Verweis auf die bevollmächtigtenfreundliche Rechtsprechung der OLGs Düsseldorf und Naumburg zu unverheirateten Paaren stellt es fest:

> „*Auch in dem hier zu beurteilenden Sachverhalt liegt ein solches besonderes Vertrauensverhältnis vor: Die Beklagte als Tochter der Erblasserin hat sich nach unstreitigem Vortrag um ihre Mutter, die Erblasserin, gekümmert. Die Beklagte wohnte in unmittelbarer Nachbarschaft zur Erblasserin und war letztlich für deren Versorgung neben den Pflegekräften zuständig. In dieser Situation, in der sich ein Kind in gesteigertem Maße um die Mutter kümmert und nicht lediglich über eine Bankvollmacht verfügt, liegt ein besonderes Vertrauensverhältnis vor.*
> *Zwar gilt auch in einem solchen Vertrauensverhältnis, dass auch hier eine Auskunftspflicht zumindest dann wieder entstehen kann, wenn Tatsachen feststehen, die zu Zweifeln an der Zuverlässigkeit des Beauftragten und seiner Geschäftsführung Anlass geben. Anhaltspunkte für derartige Zweifel an der Zuverlässigkeit der Beklagten hat der Kläger jedoch nicht hinreichend dargetan.*“

25 Nach dieser Rechtsgeschäftslehre entscheiden nicht Angebot und Annahme, sondern Nachbarschaft und Kümmern über die Frage, ob ein Auftragsverhältnis besteht oder nicht, frei nach der Devise: Muttis Liebling kann nichts passieren[29] – ein fatales Signal. Rechtsanwälten von zu Unrecht verfolgten Bevollmächtigten kann dieses Urteil immerhin eine wertvolle Argumentationshilfe geben. Es steht aber zu hoffen, dass der erkennende Senat des OLG Köln nicht mit Arzthaftungssachen befasst war. Oder sollte mein langjähriger Hausarzt mein blindes Vertrauen in ihn als Argument gegen seine Haftung verwenden dürfen, obwohl er das falsche Medikament verordnet hat, an dem ich dann tatsächlich erblindet bin?

26 Etwas zurückhaltender und im Ergebnis verneinend prüft das OLG Braunschweig[30] das Eltern-Kind-Verhältnis

> „*Der Grundsatz, wonach Ehegatten regelmäßig kein Auftragsverhältnis untereinander begründen, gilt wegen des die Ehe prägenden besonderen Vertrauensverhältnisses nicht pauschal für andere Angehörigenbeziehungen. Daraus folgt für das Verhältnis der Mutter zu dem von ihr bevollmächtigten Sohn indes auch nicht umgekehrt bereits „automatisch“ ein Auftragsverhältnis*

28 OLG Köln Beck RS 2013, 01040; openJur 2013, 27743.

29 Besonders bemerkenswert in diesem Fall war der Umstand, dass die Tochter mit einer ausdrücklich so bezeichneten notariellen „Vorsorgevollmacht und Auftrag“ ausgestattet war.

30 OLG Braunschweig ZEV 2021, 474.

(nebst Rechnungslegungspflicht). Entscheidend sind vielmehr alle Umstände des Einzelfalles.
Einigt sich eine Mutter mit ihrem erwachsenen, mit ihr nicht im selben Haushalt lebenden Sohn darauf, dass, falls sie irgendwann durch Krankheit oder Behinderung vorübergehend oder dauerhaft selbst nicht mehr dazu in der Lage sein sollte, ihre rechtlichen Angelegenheiten zu regeln und ihren Willen zu äußern, der Sohn sich um die Regelung ihrer rechtlichen Angelegenheiten kümmern soll, und wird ihm im Zusammenhang mit dieser Einigung von der Mutter eine ausdrücklich nur unter denselben Voraussetzungen geltende Vorsorgevollmacht erteilt, ist regelmäßig von einem zum Eintritt der entsprechenden Hilfsbedürftigkeit der Mutter wirksam werdenden Auftragsverhältnis auszugehen; ein solches Auftragsverhältnis verpflichtet den Sohn i.d.R. dann auch zur Rechnungslegung.“

In gleicher Weise sah auch das OLG Karlsruhe[31] die Tochter in der Pflicht, ihrem Bruder als Erben der verstorbenen Mutter Auskunft über die Verwendung von abgehobenen Geldern zu geben.

Als Faustregel mag gelten: Die Prüfung im Einzelfall kommt im Regelfall zum Ergebnis, dass zwischen Eltern und Kindern ein Auftragsverhältnis besteht.

6. Auftragsrecht zwischen Schwiegereltern und Schwiegerkindern

Schließlich hatte sich die Rechtsprechung mit der Frage zu beschäftigen, inwieweit bei Schwiegerkindern Auftragsrecht anzunehmen ist. Das OLG Brandenburg[32] hatte über folgende Fallkonstellation zu entscheiden: 27

Fall

Die Vollmachtgeberin lebte seit 1984 im Haus ihres 1999 verstorbenen Sohnes und wurde von ihrer Schwiegertochter versorgt. Die Schwiegertochter wurde 2002 mit einer Vollmacht über das Girokonto ausgestattet, in 2005 erhielt sie zusätzlich eine Vorsorgevollmacht. 2009 starb die Vollmachtgeberin, ihre Erben verlangten die Rückzahlung von insgesamt abgehobenen 145.000 EUR, von denen 55.000 EUR vor Erteilung der Vorsorgevollmacht abgehoben wurden, größtenteils in Teilbeträgen von 1.000 EUR bis 2.000 EUR.

Das Gericht hat letztlich nur einen Betrag i.H.v. 60.000 EUR zugesprochen. In der lesenswerten Entscheidung hat das OLG Brandenburg neben überzeugenden Ausführungen zur Darlegungslast über die Verwendung abgehobener Barbeträge eine interessante Differenzierung vorgenommen: Die Erteilung der Vollmacht über das Girokonto sei noch eine Gefälligkeit gewesen, erst mit der Erteilung

31 OLG Karlsruhe ErbR 2017, 570.

32 OLG Brandenburg, Urt. v. 20.11.2013, Az. 4 U 130/12, Beck RS 2013, 21257, openjur 2013, 44904.

der Vorsorgevollmacht sei ein Auftragsverhältnis mit allen Rechten und Pflichten zustande gekommen.

So nützlich die Differenzierung als Argument im Einzelfall sein mag, überzeugend ist sie nicht. Der formale Blick auf den schriftlichen Inhalt der Vollmacht lenkt nur ab vom eigentlichen Problem, das hier deutlich zutage tritt: Schon mit einer „einfachen" Kontovollmacht können im Ameisenwege große Summen bewegt werden. Deren Verbleib nicht einmal hinterfragen zu dürfen, hinterlässt einen schalen Nachgeschmack.

II. Geschäftsbesorgungsvertrag

28 Wer gegen Bezahlung Geschäfte für den Vollmachtgeber ausführt, hat in aller Regel mit diesem einen Geschäftsbesorgungsvertrag gem. § 675 Abs. 1 BGB geschlossen. Aufgrund der weitgehenden Verweisung auf das Auftragsrecht sind die Auskunftspflichten zumindest identisch, wenn sie nicht durch Individualvereinbarung abgeändert wurden.

Liegt ein schriftlicher Geschäftsbesorgungsvertrag vor, hat sich der Bevollmächtigte an die darin enthaltenen Informationspflichten auch gegenüber dem Erben zu halten. Sofern Auskunftspflichten beschränkt oder gar ausgeschlossen werden (siehe Rdn 172 ff.), ist zu fragen, ob dies zulässig ist, auch im Hinblick auf eventuell berufsrechtliche Verpflichtungen z.B. eines anwaltlichen Vorsorgebevollmächtigten.[33]

29 Ist ein Rechtsanwalt als Bevollmächtigter berufen, ist zunächst zu fragen, ob die Vergütungsvereinbarung nach den Maßstäben des RVG wirksam geschlossen wurde. Hier ist insbesondere beachtlich, dass gem. § 3a Abs. 1 S. 2 RVG die Vergütungsvereinbarung getrennt oder zumindest gesondert hervorgehoben von übrigen Vertragsinhalt des Geschäftsbesorgungsvertrages steht.

30 Sofern kein mündlicher Geschäftsbesorgungsvertrag vorliegt, sind im Rahmen der Auskunftspflicht insbesondere Darlegungen über die Höhe der Vergütung und der dafür erbrachten Leistungen einzufordern. Ist eine Abrechnung nach tatsächlichem Zeitaufwand vorgesehen, müssen die Zeiten ordnungsgemäß dokumentiert und nachgewiesen werden. Sonst besteht mangels Fälligkeit ein Rückforderungsanspruch.

31 Die Höhe der Vergütung ist frei auszuhandeln, Grenzen der Vertragsfreiheit zieht aber § 138 BGB. Im Bereich der Vollmachtserteilung durch ältere Menschen wird man in einigen Fällen prüfen müssen, ob eine unverhältnismäßig hohe Vergütung für Dienste versprochen wurde, weil jemand z.B.
- unter Ausnutzung einer Zwangslage („… sonst bringen wir dich ins Heim"),

33 Vgl. § 11 Berufsordnung der Rechtsanwälte, wonach der Rechtsanwalt seinen Mandanten unverzüglich zu unterrichten hat.

- aus Unerfahrenheit, des Mangels an Urteilsvermögen („Ich dachte, dass 300 EUR pro Stunde für einen pensionierten Lehrer als bevollmächtigter Helfer in allen Lebenslagen schon in Ordnung sind, schließlich hat der Mann studiert.“) oder
- aufgrund einer erheblichen Willensschwäche (hierunter fallen extreme geistige Beschränktheit, aber auch eine verminderte psychische Widerstandsfähigkeit (z.B. bedingt durch Medikation), die noch nicht die Schwelle der Geschäftsunfähigkeit erreicht hat)

den Tatbestand des Wuchers gem. § 138 Abs. 2 BGB verwirklicht hat.

Ist klar, dass der Bevollmächtigte nicht ehrenamtlich tätig werden sollte, aber gleichwohl keine Vergütung vereinbart wurde, gilt gem. § 612 Abs. 2 BGB, dass die „übliche Vergütung“ zu zahlen ist. Hier gibt es verschiedene Anknüpfungspunkte, z.B. durch analoge Anwendung der Vorschriften über die Vergütung von Betreuern.[34] 32

Hinweis 33

Eine beliebte Taktik von sich selbst bedienenden Bevollmächtigten besteht darin, eigenmächtige Verfügungen als „vereinbarte“ Vergütung für die Verwaltertätigkeit zu deklarieren. Abgesehen davon, dass eine Rückforderung bei nicht nachgewiesener Rechtsgrundlage möglich ist, kann man gerade bei familienfremden Bevollmächtigten nachfragen, ob diese Einkünfte denn auch ordnungsgemäß versteuert wurden. Die unterschwellige Androhung einer Anzeige an das Finanzamt kann die Kooperationsbereitschaft durchaus fördern.

Im Übrigen kann der Hinweis auf den Erlaubnisvorbehalt des § 3 RDG nicht schaden, um dem Bevollmächtigten zu verdeutlichen, dass er sich auf dünnem Eis befindet.

Ist ein Rechtsanwalt mit der Übernahme der Bevollmächtigung beauftragt, wird – Sorgfalt in eigenen Angelegenheiten vorausgesetzt –, eine Vergütungsvereinbarung bestehen, die den Maßstäben des § 4 RVG und der hierzu bestehenden Judikatur entsprechen muss. Spezielle Rechtsprechung zur Frage, was ein Rechtsanwalt als Vorsorgebevollmächtigter zulässigerweise verdienen darf, besteht nur punktuell. Das Landgericht Bonn[35] hat z.B. einen Stundensatz von 200 EUR (zzgl. Umsatzsteuer) anerkannt. Der Verein Vorsorgeanwalt hat Vergütungsempfehlungen für die anwaltliche Übernahme einer Vorsorgebevollmächtigung veröffentlicht,[36] in der eine Stundenvergütung von 100 bis 300 EUR (zzgl. Umsatzsteuer) empfohlen wird. 34

34 Vgl. *Zimmermann*, FamRZ 2013, 1535, Überblick bei *Kurze*, Vorsorgerecht, § 675 Rn 8 ff.

35 LG Bonn, Urt. v. 25.4.2008 – 18 O 16/05, nur online unter:https://www.justiz.nrw.de/nrwe/lgs/bonn/lg_bonn/j2008/18_O_60_05urteil20080425.html.

36 Vollständig abgedr. in ZErb 2011, 300 ff.

35 Von der Vergütung zu unterscheiden ist der Aufwendungsersatz gem. § 670 BGB, der auch dem Auftragnehmer zusteht. Dieser ist gesondert nachzuweisen.

III. Geschäftsführung ohne Auftrag

36 Wenn der Bevollmächtigte mit dem Willen, aber ohne ausdrücklichen Auftrag des Erblassers handelt, ist dies gem. § 677 BGB eine Geschäftsführung ohne Auftrag. Über die Verweisung in § 681 S. 2 BGB hat der Bevollmächtigte auch hier die Auskunftsverpflichtung gem. § 666 BGB.

37 **Beispiel**

Der Bevollmächtigte B hat eine allgemeine Bankvollmacht, mit der er für den Vollmachtgeber V nach dessen Weisung nur über das Girokonto verfügt. Ohne Wissen des V löst er zu Beginn einer Börsenkrise auf Anraten des Bankangestellten das Depot auf, um Kursverluste zu verhindern. Gegenüber dem Bevollmächtigten bzw. dessen Erben muss B Auskunft über sein Handeln geben.

IV. Ungerechtfertigte Bereicherung

38 Soweit keine der vorstehenden Rechtsverhältnisse einschlägig sind, z.B. weil der Bevollmächtigte den Nachweis für ein Auftragsverhältnis schuldig bleibt, steht dem Vollmachtgeber § 812 BGB als Auffangtatbestand zur Seite. Auch wenn die Vollmacht ohne das Grundgeschäft ausgeübt wird, sei es, weil das Grundgeschäft (i.d.R. der Auftrag) die Handlung nicht erlaubt oder das Grundgeschäft nichtig ist, bleibt wegen des Abstraktionsprinzips die Vollmacht bestehen.[37]

Hinweis

In Ausnahmefällen kann das Abstraktionsprinzip durchbrochen werden, z.B. bei arglistiger Täuschung oder wenn das Grundgeschäft und die Vollmacht ein einheitliches Rechtsgeschäft i.S.d. § 139 BGB bilden. Es ist aber bei nichtigem Grundgeschäft auch eine isolierte Vollmacht denkbar.[38]

39 Gerade bei Missbrauchsfällen kann dies relevant werden. Die Abhebung von einem Konto durch einen Bevollmächtigten stellt immer eine Eingriffskondiktion gem. § 812 Abs. 1. S. 1 Alt. 1 BGB dar, weil die Bereicherung auf einer Handlung des Bereicherten beruht.

Über den Weg der prozessualen Darlegungslast ist es dann auch Aufgabe des Bevollmächtigten als Bereicherungsschuldner den rechtlichen Grund darzulegen,

---

37 Vgl. Grüneberg/*Ellenberger*, § 167 Rn 4 m.w.N.
38 BGH NJW 1990, 1722.

mithin Auskunft zu erteilen. Insbesondere hat er für eine behauptete Schenkung die Beweislast.[39]

V. Unerlaubte Handlung

Ein Anspruch aus unerlaubter Handlung ist zu prüfen, wenn dem Bevollmächtigten die vorsätzliche oder fahrlässige Schädigung eines in § 823 BGB geschützten Rechtes nachzuweisen ist. 40

Ein rechtliches Plus im Vergleich zu den vorgenannten Anspruchsgrundlagen bietet die unerlaubte Handlung, wenn ein Vollmachtsmissbrauch so krass ist, dass eine auch strafrechtliche Verantwortlichkeit wegen Untreue gem. § 823 Abs. 2 BGB i.V.m. § 266 StGB in Frage kommt. Dann nämlich kann man zusätzlich zu den eigenen Ermittlungen die Staatsanwaltschaft an den Recherchen beteiligen.[40]

Der so in Verdacht geratene Bevollmächtigte kann sich übrigens nicht darauf berufen, dass er sich mit einer Auskunft über die Verfügung möglicherweise selbst belasten würde und niemand zur Selbstanzeige gezwungen sei. Nach der Rechtsprechung ist die Anspruchsgrundlage § 666 BGB, weil der Informationsanspruch nicht dort aufhören dürfe, wo wegen schwerer Verstöße die Auskünfte für den Berechtigten besonders interessant seien.[41] 41

Problematisch ist allerdings, dass an die tatbestandlichen Voraussetzungen einer strafbaren Untreue sehr hohe Anforderungen gestellt werden. Weil natürlich nicht jede Vollmachtsüberschreitung die Einleitung eines Strafverfahrens rechtfertigen kann, stellt die Rechtsprechung wegen der Weite des objektiven Tatbestandes maßgeblich auf den Vorsatz, die Rechtsmacht zu missbrauchen, ab.[42] 42

VI. Auskunftspflicht des Erbschaftsbesitzers

Sofern der Bevollmächtigte im Besitz von Sachen des verstorbenen Vollmachtgebers ist oder war, trifft ihn zusätzlich die Auskunftspflicht[43] nach § 2027 Abs. 1 BGB, die gem. § 260 Abs. 1 BGB auch die Erstellung eines Bestandsverzeichnisses beinhaltet. 43

39 Vgl. BGH ZErb 2007, 301 ff. mit der überaus lesenswerten Anmerkung von *Klessinger*, s. auch BGH NJW 2014, 2275.

40 Vgl. zur Strafbarkeit wg. Untreue: OLG Koblenz NJW Spezial 2011, 601.

41 BGH WM 1964, 795; BGH NJW 1990, 510.

42 BGH NJW 1991, 990.

43 Hierzu ausführlich *Krug*, in: Krug/Rudolf/Kroiß/Bittler, Anwaltformulare Erbrecht, § 9 Rn 339 ff.

Beispiele

- Der Bevollmächtigte lebte beim Erblasser und lebt weiter in den gemeinschaftlich bewohnten Räumen bzw. der Bevollmächtigte hat die gemeinschaftlich bewohnte Wohnung geräumt und ist im Besitz aller Sachen und Unterlagen.
- Der Erblasser wohnte beim Bevollmächtigten, der nach dem Tod noch immer im Besitz der Unterlagen und Gegenstände ist.
- Bevollmächtigter und Erblasser wohnten nicht zusammen, aber der Bevollmächtigte hat sämtliche Unterlagen und evtl. noch weitere Gegenstände an sich genommen.

44 Die Auskunftspflicht des Erbschaftsbesitzers gem. § 2027 Abs. 1 BGB trifft auch den Miterben, der ein über seinen Erbteil hinausgehendes Erbrecht für sich beansprucht[44] (vgl. Rdn 50).

Das gleiche Recht steht gem. § 2027 Abs. 2 BGB dem Erben gegen denjenigen zu, der eine Sache aus dem Nachlass in Besitz nimmt, bevor der Erbe den Besitz tatsächlich ergriffen hat. Dies ist immer der Fall, wenn der Bevollmächtigte die Unterlagen des Erblassers „sicherheitshalber“ erst einmal an sich nimmt.

Inhalt der Auskunftspflicht ist es, den Bestand der Erbschaft mitzuteilen, also auch Bankguthaben, die dem Erbschaftsbesitzer bekannt ist. Daneben ist er verpflichtet, über den Verbleib von Nachlassgegenständen zu berichten.

Verfügt der Bevollmächtigte über Gegenstände, dürfte insoweit Anspruchskonkurrenz mit dem Auskunftsanspruch nach § 666 BGB bestehen.

VII. Auskunftspflicht des Hausgenossen

45 Lebten der Bevollmächtigte und der Erblasser in häuslicher Gemeinschaft, hat der Erbe zusätzlich Auskunft über die erbschaftlichen Geschäfte zu erhalten, die nicht selten auf einer transmortalen bzw. postmortalen Vollmacht beruhen dürften. Als Hausgenosse kann insbesondere ein Lebensgefährte[45] gelten, aber auch Familienmitglieder, die zwar nicht mit dem Erblasser zusammenlebten, die aber aufgrund seiner letzten Krankheit für eine längere Zeit zu Besuch waren.[46]

Die Auskunft erstreckt sich nur auf die Führung erbschaftlicher Geschäfte, die im Zusammenhang mit dem Nachlass erfolgen; für sie kann auch die Auskunftspflicht nach §§ 681, 666 BGB eingreifen.[47]

---

44 Vgl. Grüneberg/*Weidlich*, § 2027 Rn 4 m.w.N.
45 LG Berlin FamRZ 1979, 503.
46 RGZ 80, 285.
47 Grüneberg/*Weidlich*, § 2028 Rn 2.

Tipp zur Vorbeugung

In der Praxis wird man allzu oft mit dem Satz: „Da war nichts vorhanden" konfrontiert, wenn man Hausgenossen, insbesondere Lebenspartner befragt. Dem kann man nur substanziiert begegnen, wenn man als Angehöriger in „Friedenszeiten" in der Wohnung des Vollmachtgebers Gegenstände und Dokumente fotografisch sichert, dessen Einverständnis vorausgesetzt.

Im Übrigen dürfte es sinnvoll sein, bei Eintritt der Pflegebedürftigkeit Wertsachen in Sicherheit zu bringen, da gerade bei Einsatz ambulanter Pflegedienste niemals genau nachvollzogen werden kann, ob und wer etwas hat verschwinden lassen.

VIII. Auskunftspflicht aus Treu und Glauben?

Sofern sich kein anderer Anhaltspunkt für eine Auskunftspflicht ergibt, könnte man aus den §§ 242, 259 BGB eine Auskunftspflicht aus Treu und Glauben ableiten. Voraussetzung hierfür wäre aber, dass es die Rechtsbeziehungen der Parteien mit sich bringen, dass der Berechtigten in entschuldbarer Weise über Bestehen oder Umfang eines Rechts im Ungewissen ist und der Verpflichtete die zur Beseitigung der Ungewissheit erforderliche Auskunft unschwer geben kann.[48] Es ist somit nicht ausreichend, dass der eine über Informationen verfügt, die der andere benötigt, vielmehr ist eine Sonderverbindung zwischen den Parteien erforderlich,[49] zu der übrigens die Mitgliedschaft in der gleichen Erbengemeinschaft nicht ausreicht. Der Anspruch scheidet aus, wenn sich der Berechtigte die Informationen selbst auf zumutbare Weise beschaffen kann.[50] 46

Bezogen auf die Kontoauszüge bedarf es keines Rückgriffs auf Treu und Glauben, hier kann der Erbe des Vollmachtgebers schon aufgrund seines Eigentumsrechts an den Papieren eine Herausgabe verlangen, im Übrigen kann der Erbe selbst eine Kontenauskunft bei der Bank erlangen. 47

Der Rechtsanwalt sollte im Rahmen einer streitigen Auseinandersetzung zunächst versuchen, den Auskunftsanspruch auf das Auftragsrecht zu begründen, die Berufung auf Treu und Glauben wird eher als Hilfsargument (oder gar als Zeichen der Hilflosigkeit) wahrgenommen.

Auch inhaltlich dürfte der auf Treu und Glauben gestützte Auskunftsanspruch deutlich weniger hergeben, weil vom Auskunftsschuldner wesentlich weniger eigene Nachforschungen verlangt werden können als nach § 666 BGB. *Pamp*[51] schließt daraus, dass sich die Erfüllung des Anspruchs auf das aktuell vorhandene Wissen erstreckt.

---

48 BGH NJW 1995, 387, st. Rechtsprechung.

49 BGH NJW 1980, 2463.

50 BGH NJW 1998, 2969.

51 *Pamp*, ErbR 2013, 194, 206.

Eine viel größere Rolle spielt der Aspekt von Treu und Glauben in der Abwehr von Auskunftsansprüchen.

IX. Auskunftspflicht aus Einsichtsrecht gem. §§ 809 f. BGB?

48 Wer ein rechtliches Interesse daran hat, eine in fremdem Besitz befindliche Urkunde einzusehen, kann dies gem. § 810 BGB verlangen, z.B. wenn darin ein zwischen ihm und dem anderen bestehendes Rechtsverhältnis beurkundet ist. In Vollmachtsfällen ist dieser Anspruch allenfalls subsidiär,[52] denkbar wäre das Verlangen eines Miterben, Einsicht in die Vollmachtsurkunde zu erhalten, wenn eine Herausgabe gem. § 2039 BGB nur über den Umweg der Hinterlegung möglich wäre.

C. Zur Geltendmachung berechtigter Personenkreis

I. Allgemeines

49 Den Auskunftsanspruch dürfen die gleichen Personen geltend machen, die auch zum Widerruf der Vollmacht berechtigt sind, insoweit kann auf die Ausführungen in § 2 verwiesen werden (siehe § 2 Rdn 7 ff.).

II. Besonderheiten bei der Erbengemeinschaft

50 Wie beim Widerruf der Vollmacht gelten auch für die Geltendmachung von Auskunftsansprüchen durch Miterben einige Besonderheiten.

1. Gemeinschaftliche Geltendmachung von Auskunftsansprüchen

51 Ausgehend von der gesamthänderischen Bindung des Nachlasses in der Erbengemeinschaft sollten die Auskünfte grundsätzlich von allen Miterben geltend gemacht werden.

52 **Hinweis**

Es kann vorkommen, dass nach Erteilung von Auskünften die Mitglieder der Erbengemeinschaft sich nicht mehr über das weitere Vorgehen einigen können. Ursache hierfür können z.B. Erkenntnisse über auszugleichende Bevorzugungen von Miterben sein. Auch kann es Differenzen darüber geben, ob und in welcher Höhe Ansprüche gegen Dritte geltend gemacht werden sollen. Um nicht wegen Interessenkollision das Mandat zu verlieren, sollte der Rechtsanwalt zunächst nur einen Miterben vertreten, der seinerseits von den

52 In diesem Sinne auch *Pamp*, ErbR 2013, 206.

anderen Miterben beauftragt wurde, Auskunftsansprüche mit anwaltlicher Hilfe einzuholen.

Bei harmonierenden Erbengemeinschaften, die ausschließlich Auskunftsansprüche gegenüber Dritten als „gemeinsamen Feind" geltend machen, kann der Rechtsanwalt gemeinschaftlich beauftragt werden. Sind mehrere Rechtsanwälte beauftragt, an unterschiedlichen „Fronten" zu kämpfen, sollte untereinander abgestimmt werden, wer wo welche Auskünfte einholt, um Überschneidungen und unnötigen Aufwand zu vermeiden. 53

Je nach Umfang der zu erwartenden Informationen ist es zudem ratsam, innerhalb der Erbengemeinschaft einen Miterben zum Empfangsbevollmächtigten zu erklären, der dann den Miterben die Einsicht in die Unterlagen ermöglicht.

2. Berechtigung des Miterben

Ungeachtet des Grundsatzes der gemeinschaftlichen Verwaltung kann der Miterbe gem. § 2039 S. 2 BGB auch alleine Nachlassforderungen beitreiben. Die Leistung muss jedoch für alle Miterben durch Hinterlegung erfolgen. 54

Da unter § 2039 BGB Nachlassforderungen aller Art fallen,[53] kann selbstverständlich auch ein Informationsanspruch der Erbengemeinschaft auf diesem Wege geltend gemacht werden.[54] Ein Alleingang ist vor allem angezeigt, wenn – was häufig vorkommt – ein Miterbe Bevollmächtigter war oder die Miterben kein Interesse an der Aufklärung des Sachverhalts haben.

Die Erfüllung des Informationsanspruchs an alle kann in der Praxis so erfolgen, dass der Anspruchsteller gegenüber dem Auskunftsverpflichteten erklärt, dass er den Miterben die Informationen zur Verfügung stellen werde. Dies ist der einfachste, aber juristisch zweifelhafteste Weg, den man nur bei einem unbedarften Gegenüber gehen sollte. 55

Soweit Banken Auskünfte erteilen, gehen sie in der Praxis dazu über, die Informationen in mehrfacher Ausfertigung jedem Miterben zuzustellen. Probleme gibt es dann, wenn ein Miterbe unbekannt ist. Hier stellt sich die Frage, ob es seitens der Bank rechtsmissbräuchlich wäre, wegen Unmöglichkeit der Zustellung an einen Miterben die Auskunft im Ganzen zu verweigern. Hier wird als Alternative vorgeschlagen, dass die Bank die Informationen beim Amtsgericht hinterlegt. 56

Hinweis 57

Wer als Miterbe gegenüber der Bank Auskunftsrechte geltend macht, muss wissen, dass durch die simultane Information bei den Miterben Aufklärungsbedarf entstehen kann. Steht ein Miterbe im Verdacht, unbefugte Verfügungen

53 MüKo/*Heldrich*, § 2039 Rn 3.

54 BGH NJW 1965, 396.

vorgenommen zu haben, ist dieser spätestens mit Übersendung der Bankunterlagen gewarnt, dass man ihm „auf der Spur ist". Er sollte dann auch zügig zur Auskunft und Rechenschaft aufgefordert werden.

58 Es kann vorkommen, dass eine Bank Auskünfte mit Hinweis auf das Bankgeheimnis, von dem die Erben die Bank nur gemeinschaftlich entbinden könnten, verweigert.

Wer dieser Auffassung folgt, muss bei den Miterben zuerst eine Entbindung vom Bankgeheimnis anfordern bzw. notfalls einklagen. So wird vorgeschlagen, dass die Bank sich aus Streitereien unter den Miterben heraushalten sollte, indem sie die Unterlagen beim Amtsgericht hinterlegt.[55]

Obwohl die Ansicht nicht sehr überzeugt und in der Konsequenz auf eine zeit- und kostenintensive Förmelei hinausläuft, an deren Ende dann doch die Erteilung der Auskunft stehen muss, kann man übereifrigen Miterben unter Berufung auf das Bankgeheimnis ohne großen Aufwand Steine in den Weg legen. Vielleicht trifft man auch auf ein Amtsgericht, das die Herausgabe von hinterlegten Bankunterlagen verweigert, weil sich daraus auch Erkenntnisse über das Privatleben des Erblassers gewinnen lassen.[56]

59 Näher an der Lebenswirklichkeit dürfte ein Urteil des Amtsgerichts Goslar[57] sein, das der Idee, mit dem Bankgeheimnis Auskunftsansprüche zu verzögern, eine klare Absage erteilt. In den Gründen heißt es:

> *„Dem Auskunftsanspruch steht auch das „Bankgeheimnis" nicht entgegen. Die Verschwiegenheitspflicht der Beklagten besteht, da es sich um eine Erbengemeinschaft handelt, nicht gegenüber jedem einzelnen Miterben gesondert, sondern vielmehr gegenüber der Erbengemeinschaft in ihrer Gesamtheit. Da der Kläger auf Auskunftserteilung an alle Miterben klagt, ist es der Beklagten verwehrt, sich darauf zu berufen, einer der Miterben sei an einer Auskunft nicht interessiert. Anderenfalls würde die Norm des § 2039 BGB ins Leere gehen. Diese soll es gerade ermöglichen, dass jeder Miterbe die der Erbengemeinschaft durch Nachlässigkeit einzelner Miterben drohenden Nachteile durch Klageerhebung etc. abwenden kann, ohne selbst einen unberechtigten Sachvorteil zu erlangen. Anderenfalls könnte die Weigerung eines Miterben die Durchsetzung jeglicher Ansprüche verhindern. Gerade dies will § 2039 BGB verhindern."*

60 Die obergerichtliche Rechtsprechung, die noch keinen Fall dazu entscheiden musste, tendiert auch nicht unbedingt dazu, das Bankgeheimnis unter streitenden Miterben zu hoch zu hängen. Der BGH hat bei der Prüfung der Kollision des

---

55 *Schebesta*, in: Ott-Eulberg/Schebesta/Bartsch, S. 232; *Sarres*, Auskunftsansprüche, S. 95 f.

56 So AG Rheinberg ZEV 1995, 315.

57 Urt. v. 18.6.2003 – 2 C 29/03, n.v.

Auskunftsinteresses mit dem Bankgeheimnis zweimal zugunsten des Auskunftsinteresses entschieden:

Zum einen wurde der Besitzerin eines Sparbuchs, die das Erblassersparguthaben für sich beanspruchte, ein Auskunftsanspruch zugestanden, obwohl keine Erben feststanden.[58] Zum anderen hat der BGH im Falle einer lebzeitigen Zuwendung entschieden, dass die Bank diese offenbaren müsse, auch wenn die Miterben hierzu kein Einverständnis erteilt haben.[59]

Im vergleichbaren Fall einer Miteigentümergemeinschaft an einem Grundstück, die gem. § 432 Abs. 1 BGB grundsätzlich auch nur Auskunft des Verwalters an alle Miteigentümer verlangen kann, hat der BGH ebenfalls eine Ausnahme gemacht, wenn ein schutzwürdiges und berechtigtes Individualinteresse an der Rechnungslegung besteht.[60]

Hinweis 61

Wer einen auskunftsinteressierten Miterben vertritt, sollte nicht in vorauseilendem Gehorsam Entbindungserklärungen einsammeln, sondern zunächst die Bank unter Hinweis auf § 2039 BGB zur Auskunftserteilung auffordern. Blockierende Miterben werden sonst vielleicht erst auf die Idee gebracht, Widerstand zu leisten. Sofern die Bank sich weigert, sollte sie auf die auskunftsfreundliche BGH-Rechtsprechung hingewiesen werden. Ein Hinweis auf die einhellige Literaturmeinung[61] wird vielleicht auch Eindruck machen.

Hinweis 62

Wer einen bevollmächtigten Miterben vertritt, sollte gegenüber der Bank frühzeitig vortragen, dass wegen des Bankgeheimnisses, von dem nicht entbunden werde, keine Auskünfte gegeben werden dürften, anderenfalls müsse die Bankenaufsicht[62] benachrichtigt werden.

Wird der sich weigernde Miterbe verklagt, kann er Gründe vortragen, die aus seiner Sicht im konkreten Fall gegen eine Aufgabe des Bankgeheimnisses sprechen. In diesem Zusammenhang kann man dann auf den Schutz der Persönlichkeit verweisen, die der Erblasser verdient.

---

58 BGH WM 1982, 706.

59 BGH NJW 1989, 1601. In dieser Entscheidung ging es um die Erfüllung eines Auskunftsanspruchs eines Pflichtteilsergänzungsberechtigten, der erfüllt werden musste. Es ist nicht ersichtlich, weshalb das Informationsinteresse eines Miterben, der möglicherweise gleichartige Ansprüche geltend machen kann, anders zu gewichten wäre.

60 BGH NJW 1996, 656 f.

61 Am besten unter Beifügung einer Kopie der Fundstellen BGH WM 1982, 706; BGH NJW 1989, 1601; BGH NJW 1996, 656 f.

62 Vgl. *www.bafin.de.*

D. Inhalt des Auskunftsanspruchs

I. Gesetzliche Grundlagen

63 Die zentrale Anspruchsgrundlage für die Geltendmachung von Informationsrechten gegenüber dem Bevollmächtigten fasst § 666 BGB in einem Satz zusammen:

> *„Der Beauftragte ist verpflichtet, dem Auftraggeber die erforderlichen Nachrichten zu geben, auf Verlangen über den Stand des Geschäfts Auskunft zu erteilen und nach der Ausführung des Auftrags Rechenschaft abzulegen.“*

Den Bevollmächtigten treffen somit genau genommen drei Informationspflichten mit unterschiedlichem Inhalt (siehe Rdn 64 ff., 70 ff., 75 ff.).

1. Benachrichtigungspflicht

64 Die Benachrichtigungspflicht umfasst einzelne Informationen, die u.U. schon vor Tätigwerden des Bevollmächtigten für den Vollmachtgeber von Bedeutung sein können. Ist der Bevollmächtigte z.B. vorübergehend oder dauerhaft nicht in der Lage, für den Vollmachtgeber tätig zu werden, obwohl dieser sich darauf verlässt, ist dies eine „erforderliche Nachricht“, deren unterlassene Mitteilung möglicherweise Schadensersatzansprüche gem. § 280 Abs. 1 BGB auslösen kann.[63] Der Vollmachtgeber muss dann nämlich die Möglichkeit haben, eine anderweitige Vertretung zu organisieren.

65 **Hinweis**

Bei Untätigkeit des Bevollmächtigten können die Erben Schadensersatzansprüche prüfen, wenn dadurch Kosten entstehen, die sonst nicht entstanden wären. Wird z.B. ein Betreuer bestellt, sind dessen Kosten in Form der Betreuervergütung ein vermeidbarer Schaden für das Vermögen des Betreuten. Auch Ertragsverluste, die durch die Auflösung und Umwandlung von rentablen Kapitalanlagen in Mündelkonten entstehen, könnten als Schadenspositionen geltend gemacht werden.

66 Ebenso hat der Bevollmächtigte den Vollmachtgeber zu benachrichtigen, wenn er von einer zuvor erteilten Weisung abweichen will. Relevant wird dies z.B. bei Veräußerungsgeschäften, in denen der Bevollmächtigte einen ursprünglich vorgegebenen Preis nicht erzielen kann. Entscheidet sich der Bevollmächtigte dann zum Verkauf unter dem vorgegebenen Wert, macht er sich schadensersatzpflichtig, wenn der erzielte Preis unter dem Verkehrswert liegt.[64]

---

63 Vgl. NK-BGB/*Schwab*, § 666 Rn 3; Grüneberg/*Grüneberg*, § 666 Rn 1.

64 Vgl. *Sarres*, Auskunftsansprüche, S. 67, der auch auf die gleichgelagerte Schadensersatzpflicht des Testamentsvollstreckers hinweist.

Schließlich hat der Bevollmächtigte auch eine Hinweispflicht, wenn er sieht bzw. sehen muss, dass die Weisungen des Vollmachtgebers für diesen nachteilig sind. Insoweit gilt auch § 665 Abs. 2 BGB, wonach eine Anzeige- und Wartepflicht des Auftragnehmers besteht, wenn er sieht, dass eine Abweichung von den Weisungen im Sinne des Auftraggebers sein müsste.[65] 67

Die Benachrichtigungspflicht entsteht mit Abschluss des Auftragsverhältnisses, es bedarf keiner besonderen Aufforderung durch den Vollmachtgeber. 68

Da die Frage, wann den Bevollmächtigten eine Benachrichtigungspflicht trifft, je nach den Umständen des Einzelfalls zu beurteilen ist, ist auch die Beweislast nicht einfach zu bestimmen. Der BGH differenziert: Der Vollmachtgeber muss beweisen, dass eine Situation vorlag, die dem Bevollmächtigten Anlass zur Benachrichtigung gegeben hätte; der Bevollmächtigte muss sodann beweisen, dass er die geschuldete Mitteilung veranlasst hat.[66]

Das KG Berlin[67] hatte über einen Fall zu entscheiden, in dem der verstorbene Erblasser einen Rechtsanwalt über den Tod hinaus bevollmächtigt hatte. Dieser klagte erfolgreich Gebühren ein, die durch seine Tätigkeit nach dem Tod entstanden waren, obwohl zwischen Erbfall und gebührenpflichtiger Tätigkeit einige Zeit verstrichen war. Eine Benachrichtigungspflicht der Erben wurde nur insoweit bejaht, dass der Bevollmächtigte den Erben die Tatsache seiner Beauftragung mitteilen muss, wenn er davon ausgehen muss, dass diese den Erben unbekannt ist. 69

2. Auskunftspflicht in Form eines Bestandsverzeichnisses

Die Auskunftspflicht über den Stand des Geschäfts besteht nur auf Verlangen des Vollmachtgebers. Die Auskunft ist definiert als „die Mitteilung von Tatsachen nach vorheriger Aufforderung". Der Vollmachtgeber kann also in diesem Rahmen einen Tätigkeitsbericht verlangen, in dem auch Informationen enthalten sind, die nicht in einem Rechenschaftsbericht, der sich im Wesentlichen auf Ein- und Ausgaben beschränkt, enthalten sind. Beispielsweise kann der Vollmachtgeber Informationen darüber verlangen, welche Anstrengungen der Bevollmächtigte unternommen hat, eine Immobilie zu verkaufen. Die Auskunftspflicht geht insoweit über die Rechenschaftspflicht hinaus.[68] 70

In formaler Hinsicht war es lange Zeit umstritten, ob der Auskunftspflichtige persönlich das Bestandsverzeichnis unterzeichnen muss. Der BGH hat nun klargestellt, dass auch der anwaltliche Vertreter diese Erklärung abgeben kann, sofern 71

65 Vgl. NK-BGB/*Schwab*, § 666 Rn 3.

66 BGH NJW 2002, 2703, wobei es ausreichen soll, dass der Auftragnehmer die Absendung der Information beweisen kann, ein Zugangsnachweis ist nicht nötig.

67 KG Berlin ZErb 2004, 294, 296.

68 OLG München ZEV 2018, 149.

die Auskunft dem Verpflichteten zurechenbar ist.[69] Die Formulierung: „Die Partei erteilt die Auskunft wie folgt“, wurde als ausreichend angesehen.

72 Im Bereich der Vorsorgevollmacht handelt der Bevollmächtigte regelmäßig als Vermögensverwalter des Vollmachtgebers. Das gesamte Vermögen stellt einen „Inbegriff von Gegenständen“ gem. § 260 Abs. 1 BGB dar, so dass der Bevollmächtigte über diese Sachen[70] und Rechte ein Bestandsverzeichnis vorlegen muss. Weiterhin muss der Bevollmächtigte verpflichtet sein, die Gegenstände herauszugeben; sei es aufgrund des Auftrages gem. § 675 BGB oder aufgrund einer ungerechtfertigten Bereicherung.

Wie das Bestandsverzeichnis auszusehen hat, kann im Einzelfall höchst streitig sein. Die Rechtsprechung hat folgende Maßstäbe gefunden, die hier nach Interessenlage sortiert werden.

a) Rechtsprechung zugunsten des Vollmachtgebers

73
- Das Bestandsverzeichnis ist grundsätzlich schriftlich zu erteilen, nur bei einfachen Sachverhalten reicht ausnahmsweise die mündliche Erklärung aus.[71]
- Das Bestandsverzeichnis muss alle notwendigen Informationen enthalten, um Bestand, Inhalt und Umfang des Hauptanspruchs prüfen zu können.[72]
- Es muss eine übersichtliche Gegenüberstellung von Aktiva und Passiva enthalten.[73]
- Die Richtigkeit der Angaben muss überprüfbar sein.[74]
- Die Gefahr, eine strafbare Handlung offenbaren zu müssen, entbindet nicht von der Auskunftspflicht.[75]
- Die Störung des Erinnerungsvermögens ist unbeachtlich, wenn der Bevollmächtigte dieses durch andere Erkenntnisquellen auffrischen kann.[76]

b) Rechtsprechung zugunsten des Bevollmächtigten

74
- Wenn es der Wahrheit entspricht, kann der Verpflichtete auch angeben, dass er keine Auskunft geben kann („Ich weiß, dass ich nichts weiß.“).[77]

---

69 BGH FamRZ 2008, 600.

70 Zur Sachgesamtheit vgl. Grüneberg/*Grüneberg*, Überbl. vor § 90 Rn 5.

71 OLG München FamRZ 1995, 737.

72 BGHZ 126, 109, 116.

73 BGH NJW 1962, 245, 246.

74 OLG Schleswig NJW-RR 2000, 229.

75 BGHZ 14 318, 321.

76 BGH NJW 1990, 510, 511, hierzu gehört insbesondere die Beschaffung von Umsatzübersichten bei Banken nach dem Tod des Vollmachtgebers, vgl. OLG München, ZEV 2018, 149.

77 BGH NJW 1959, 1219; BGH WM 1971, 443. Eine Nichtauskunft ist aber nicht mit dem Bestreiten des Auskunftsanspruchs zu verwechseln.

- Ein Bestandsverzeichnis kommt im Unterschied zum Rechenschaftsbericht auch ohne Vorlage von Belegen aus.[78]
- Dem Bevollmächtigten darf die Auskunftserteilung nicht unzumutbar sein (siehe auch Rdn 183 ff.).[79]
- Der Bevollmächtigte darf sich dann auf sein gestörtes Erinnerungsvermögen berufen, wenn er Unterlagen, die ihm auf die Sprünge helfen würden, nicht beschaffen kann.[80]

3. Rechenschaftspflicht durch Ein- und Ausgabenrechnung

Die Rechenschaftspflicht beinhaltet gem. § 259 Abs. 1 BGB die Verpflichtung, dem Berechtigten eine die geordnete Zusammenstellung der Einnahmen oder der Ausgaben enthaltende Rechnung mitzuteilen und, soweit Belege erteilt zu werden pflegen, Belege vorzulegen. 75

Damit ist die Rechenschaftspflicht als spezieller Unterfall der Auskunftspflicht anzusehen, dessen Gegenstand die finanziellen Geschäfte des Bevollmächtigten sind. Dementsprechend ähneln die Anforderungen an den Rechenschaftsbericht, dessen wesentliches Element die Rechnungslegung ist, denen, die an das Bestandsverzeichnis gem. § 260 Abs. 1 BGB gestellt werden. Auch hier gibt es Rechtsprechung, die den Umfang der Berichtspflichten definiert.

a) Rechtsprechung zugunsten des Vollmachtgebers

- Die Rechenschaftslegung erfordert eine übersichtliche und in sich verständliche schriftliche Zusammenstellung der Ein- und Ausgaben.[81] 76
- Es reicht nicht aus, den Vermögensstand zum Stichtag darzulegen, es muss auch die Entwicklung im Einzelnen nachvollzogen werden können.[82]
- Die Angaben müssen so detailliert und verständlich sein, dass der Vollmachtgeber in der Lage ist, ohne fremde Hilfe seine Ansprüche bzw. die gegen ihn gerichteten Ansprüche zu überprüfen.[83] Das Angebot, die Belege mündlich zu erläutern, reicht nicht aus.[84]
- Die Gefahr eine strafbare Handlung offenbaren zu müssen, entbindet nicht von der Rechenschaftspflicht.[85]
- Die Störung des Erinnerungsvermögens ist unbeachtlich, wenn der Bevollmächtigte dieses durch andere Erkenntnisquellen auffrischen kann.[86]

---

78 BGH NJW 1983, 687.
79 BGHZ 70, 86, 91: ein weites Feld!
80 BGH NJW 2000, 2276, 2277.
81 BGH NJW 1985, 2699.
82 OLG Köln NJW-RR 1989, 528.
83 BGH NJW 1982, 573.
84 BGHZ 39, 995.
85 BGHZ 14, 318, 321.
86 BGH NJW 1990, 510, 511, OLG München ZEV 2018, 149.

- An Dritte weg gegebene Unterlagen muss der Bevollmächtigte zurückfordern und vorbereitend zur Rechenschaftslegung notfalls selbst Auskünfte gegenüber Dritten geltend machen.[87]

b) Rechtsprechung zugunsten des Bevollmächtigten

77 – Dem Bevollmächtigten darf die Rechenschaftslegung nicht unzumutbar sein (siehe Rdn 183 ff.).[88]
- Es besteht kein Anspruch auf Überprüfung der Rechnungslegung durch einen Sachverständigen.[89]
- Kann der Vollmachtgeber auf andere Weise Grund und Höhe seiner Ansprüche prüfen, entfällt die Rechenschaftspflicht.[90]
- Der Anspruch ist auch dann erfüllt, wenn einzelne Angaben unvollständig oder unrichtig sind. Dann besteht allenfalls ein Anspruch auf Abgabe der eidesstattlichen Versicherung. Ergänzung kann nur verlangt werden, wenn zu einem abgrenzbaren Teilbereich Angaben völlig fehlen.[91]

78 Die Belege sind an den Vollmachtgeber gem. § 675 BGB im Original herauszugeben.[92] Können keine Belege beigebracht werden, ist dieser Umstand vom Bevollmächtigten substantiiert darzulegen und zu beweisen. Wenn Belege über Einnahmen fehlen, können diese geschätzt werden, wobei allerdings über die Schätzungsgrundlagen genau Rechenschaft abzulegen ist. Fehlende Angaben sind aus dem Gedächtnis zu ergänzen.[93]

79 Die Qualität der Rechnungslegung und die damit verbundene Aussicht auf Rückabwicklung steht und fällt mit der Person des Bevollmächtigten einerseits und den eigenen Recherchemöglichkeiten andererseits. Die Empörung über die Nachlässigkeit, mit der manche Auskünfte erteilt werden, wird der beratende Rechtsanwalt oft zu hören bekommen. Ob es die mangelnde Bereitschaft, die fehlende Kompetenz oder beides ist: Fest steht, dass sich im Nachhinein viele Verfügungen und Geldflüsse nicht mehr aufklären lassen. In vielen Fällen hat sich der Vollmachtgeber dies insofern selbst zuzuschreiben, als er die Sorgfalt bzw. die Vertrauenswürdigkeit des Bevollmächtigten falsch eingeschätzt hat. Ob man dies dem Mandanten so klar sagen darf, ist eine Frage des Fingerspitzengefühls.

---

87 OLG Saarbrücken NJW-RR 2000, 229; BGHZ 107, 104.
88 BGHZ 70, 86, 91: ein weites Feld!
89 BGHZ 92, 64.
90 OLG Köln NJW-RR 1989, 528 mit der Begründung, dass die Rechenschaftspflicht nur der Vorbereitung des Hauptanspruchs dient und keine anderen Ziele verfolgen darf.
91 BGH NJW 1983, 2244.
92 Dies ist auch notwendig, um evtl. steuerlichen Nachweispflichten zu entsprechen.
93 BGHZ 39, 87, 94.

4. Eidesstattliche Versicherung gem. § 259 Abs. 2 BGB

Ein stumpfes Schwert im Kampf gegen unbefriedigende Antworten auf angeforderte Bestandsverzeichnisse und Rechenschaftsberichte ist die Abgabe der eidesstattlichen Versicherung gem. § 259 Abs. 2 BGB. Die Drohung mit strafrechtlichen Konsequenzen bei Falschangaben macht vielleicht Eindruck beim Mandanten. Der anwaltlich beratene Bevollmächtigte wird wissen, dass die Gefahr einer strafrechtlichen Verfolgung wegen Abgabe einer falschen eidesstattlichen Versicherung gering ist. 80

Zunächst muss man allerdings die Voraussetzung erfüllt und nachgewiesen haben, dass Grund zu der Annahme besteht, dass die Angaben zu dem Vermögensbestand und zu den Einnahmen[94] nicht mit der erforderlichen Sorgfalt gemacht wurden. Mangelnde Sorgfalt wird von der Rechtsprechung (erst) angenommen, wenn die Angaben mehrfach berichtigt wurden oder der Bevollmächtigte versucht hat, sich den Angaben zu entziehen bzw. diese bestreitet.[95]

Dagegen reicht es nicht aus, wenn die Angaben unvollständig sind, hier kann allenfalls Ergänzung verlangt werden.[96] Schließlich kommt gem. § 259 Abs. 3 BGB eine eidesstattliche Versicherung nicht bei geringfügigen Angelegenheiten in Betracht.

Hinweis 81

Als Vertreter des Vollmachtgebers sollte man die eidesstattliche Versicherung nur beantragen, wenn man deren wissentliche Unrichtigkeit beweisen kann und auch bereit ist, eine entsprechende Strafanzeige zu stellen.

Hinweis 82

Als Vertreter des Bevollmächtigten kann man in Absprache mit dem Mandanten mit der Auskunft anbieten, die Richtigkeit eidesstattlich zu versichern. Das nimmt gleich den Wind aus den Segeln. Anderenfalls lässt man den Mandanten die eidesstattliche Versicherung abgeben. Der Rechtsanwalt der Gegenseite wird seinem Mandanten dann hoffentlich die Kostenfolge des § 263 Abs. 3 BGB erklärt haben, wonach derjenige die Kosten der eidesstattlichen Versicherung übernimmt, der sie verlangt.

---

94 Nach dem Wortlaut des Gesetzes geben unsorgfältige Angaben über Ausgaben keinen Anlass zur eidesstattlichen Versicherung. Gerade hier besteht bei alten Menschen, die nicht mehr am Erwerbsleben teilnehmen, ein großes Aufklärungsbedürfnis. Somit erweist sich das Rechtsinstitut der eidesstattlichen Versicherung einmal mehr als wenig tauglich, Vollmachtsmissbrauch zu begegnen.

95 BGH MDR 2004, 1444.

96 BGHZ 89, 137, 139.

II. Vertragliche Grundlagen

83 Neben den gesetzlichen Grundlagen ist zusätzlich zu prüfen, ob zwischen Vollmachtgeber und Bevollmächtigtem die Informationspflichten in irgendeiner Weise abgeändert wurden. Regelmäßig ist dies nicht der Fall, aber es kann immer wieder vorkommen, dass Informationspflichten verschärft oder gemildert werden. Zum vertraglichen Verzicht auf Auskünfte weiter unten (siehe Rdn 172 ff.).

III. Konkrete Auskunftsansprüche bei typischen Verfügungsgeschäften

84 Nachdem zuvor die Grundzüge der Auskunftserteilung dargestellt wurden, stellt sich nun die Frage, welche konkreten Anforderungen an die Informationen über das Vertreterhandeln zu stellen sind. Was ist einem Bevollmächtigten „zumutbar"? Welche „erforderliche Sorgfalt" darf man voraussetzen? Wie sieht eine „geordnete Darstellung" von Ein- und Ausgaben aus?

85 Wenngleich es immer auf die individuellen Verhältnisse ankommen wird, soll nachfolgend der Versuch unternommen werden, Mindestanforderungen für die Dokumentation typischer Vertretergeschäfte zu formulieren. Dabei soll den vorzulegenden Unterlagen besonderes Augenmerk zukommen. Neben dem Auskunftsanspruch gem. § 666 BGB steht dem Anspruchsteller zusätzlich der Herausgabeanspruch gem. § 667 BGB zur Seite, der sich auch auf die Urkunden bezieht. Wenn für Rechtsanwälte selbstverständlich gilt, dass sie den gesamten Schriftverkehr an den Mandanten „als erlangt" herauszugeben haben,[97] sind für einen Bevollmächtigten aufgrund der gleichen Rechtsgrundlage keine geringeren Maßstäbe anzulegen.

86 **Hinweis**

Als Vertreter des Vollmachtgebers bzw. dessen Erben sollte man nicht nur allgemein den Auskunftsanspruch formulieren, sondern dem Anspruchsgegner so genau wie möglich sagen, welche Unterlagen man in welcher Aufbereitung erwartet. Dies erleichtert dem Verpflichteten die Arbeit und fördert die Bereitschaft zur Kooperation.

87 In Einzelfällen hat man es auf Seiten des Auskunftsverpflichteten mit strukturellen Analphabeten zu tun, deren Schreibkünste sich im Wesentlichen auf das Ausfüllen von Schecks und Überweisungsträgern beschränken. Hier könnte es sich als taktischen Fehler erweisen, solche Bevollmächtigte im ersten geharnischten Schreiben in die Arme eines Kollegen zu treiben, der zur „richtigen" Auskunft rät. Je nach Lage des Falles bietet es sich auch an, den Gegner zum Gespräch zu laden, in dem er die Kontoauszüge und andere Unterlagen mitbringt und erläutert. Es kann sein, dass sich dann mancher Verdacht legt – oder aber verstärkt. Im letztgenannten Fall wird sich der Bevollmächtigte möglicherweise „um

97 BGHZ 109, 260, 264 f.

Kopf und Kragen" reden. Insbesondere bei hohen Barabhebungen wird dann gerne behauptet, man habe alles dem Vollmachtgeber übergeben. Dies gilt es dann schriftlich zusammen zu fassen und sich gegenzeichnen zu lassen. Damit hat man dem Bevollmächtigten vordergründig Arbeit abgenommen, in Wahrheit aber Beweissicherung betrieben, weil die Übergabe des Geldes an den Vollmachtgeber nicht bewiesen werden kann und die spätere Behauptung einer Schenkung nachträglich wenig glaubwürdig sein wird.

1. Bankgeschäfte

Die Bankgeschäfte des Vertreters sind ab Beginn seiner Bevollmächtigung nachvollziehbar darzustellen. 88

Idealerweise legt der Bevollmächtigte die gesammelten Kontoauszüge vor und markiert dort die von ihm veranlassten Verfügungen. In einer separaten Aufstellung wird dann der Rechtsgrund der jeweiligen Verfügung dargelegt, jeweils unter Beifügung der Originalbelege.

Wenn der Bevollmächtigte keine Kontoauszüge (mehr) hat, könnte man ihn 89 zwar auffordern, diese Unterlagen bei der Bank anzufordern. Zeitsparender und unkomplizierter ist es aber, dies selbst zu erledigen und dem Bevollmächtigten Kopien zu übersenden, die er als Grundlage für seinen Rechenschaftsbericht verwenden soll.

Sind danach noch Fragen offen, können bei der Bank Einzelbelege angefordert werden, die wiederum dem Bevollmächtigten zur Stellungnahme übersendet werden.

Falls der Bevollmächtigte auch Anlagegeschäfte getätigt hat, muss er darlegen, 90 dass er zu den jeweiligen Verfügungen berechtigt war. Insbesondere bei spekulativen Anlagen kann es sehr zweifelhaft sein, ob der Vollmachtgeber hiermit einverstanden war. Wenn ein bevollmächtigter Sohn im Spekulationsfieber das Sparguthaben seiner Mutter in Aktien des Neuen Marktes umwandelt, wird er in Beweisnöte kommen und für den eventuellen Verlust haften müssen.

2. Grundstücksgeschäfte

Bei Verfügungen über Grundstücke ist selbstverständlich eine Ausfertigung des 91 notariellen Vertrages vorzulegen.

Oft werden von Bevollmächtigten Grundstücke verkauft, deren Wert man vielleicht höher als den erzielten Kaufpreis eingeschätzt hätte. Um dies überprüfen zu können, darf der Auskunftsberechtigte vom Bevollmächtigten auch Informationen über die wertbildenden Faktoren beim Kaufpreis verlangen.

In erster Linie wird man nach einem Verkehrswertgutachten fragen. Fehlt dies, wird man den Maklervertrag und zusätzlich einen Bericht über die entfalteten Verkaufsaktivitäten anfordern.

92 Der Auskunftsberechtigte muss sich auch ein Bild von den Umständen des Verkaufs machen können. Insbesondere kann es interessant sein, die Person des Käufers zu überprüfen. Möglicherweise handelt es sich um einen Menschen, dem der Bevollmächtigte nahesteht und dem er deswegen einen Freundschaftspreis gewähren wollte. Natürlich kann auch der Sachverständige einschlägig „abgeklopft" werden.

93 **Hinweis**

Es kann manchmal lohnend sein, Erkundigungen über die Vertragspartner von Grundstücksgeschäften anzustellen. Eine einfache Möglichkeit besteht darin, die beide Namen gemeinsam im Internet zu recherchieren (z.B. über www.google.de), um berufliche oder vereinsbezogene Berührungspunkte zu finden. In der Datenbank www.xing.com lassen sich Kontakte nachvollziehen. Eine besondere persönliche Nähe kann (muss aber nicht) ein Indiz für ein Geschäft zum Nachteil des Vollmachtgebers sein.

3. Bargeschäfte

94 Hat der Bevollmächtigte über das Barvermögen verfügt, sollte er grundsätzlich im eigenen Interesse dokumentieren, woher das Geld kommt und wohin es fließt.

Der überwiegende Teil des Bargeldes wird vom Konto kommen, auf dem sich die Einkünfte des Vollmachtgebers zuvor gesammelt haben. Dennoch kann es auch noch weitere Quellen für Bargeld geben, z.B.:

- Der Vollmachtgeber verfügt über Sachen, die vom Bevollmächtigten bar verkauft werden. Insbesondere die Erlöse von einem nicht mehr benötigten Pkw, aber auch Sammlungen oder anderen Wertobjekten fließen dem vom Bevollmächtigten verwalteten Vermögen zu.
- Schuldner des Vollmachtgebers kommen ihren Verpflichtungen durch Barzahlung nach. Insbesondere Pachtzahlungen in der Landwirtschaft werden häufig so beglichen.
- Der Vollmachtgeber verfügt über größere Bargeldvorräte, die der Bevollmächtigte übernimmt.

95 Es wäre daher voreilig und wenig ratsam, dem Bevollmächtigten nur Auskunft über abgehobene Barbeträge abzuverlangen.

Die Verwendung des Geldes ist durch Belege nachzuweisen, soweit solche erteilt zu werden pflegen, wie es das Gesetz in § 259 Abs. 1 BGB etwas umständlich ausdrückt. Eine verallgemeinerungsfähige Rechtsprechung über die Verkehrssitte bei der Belegerteilung von Bevollmächtigten fehlt. Es wird im Einzelfall drauf ankommen, was für das Verhältnis zwischen Vollmachtgeber und Bevollmächtigtem typischerweise als sozialadäquat angesehen werden kann. Je nach Vermögenslage und persönlicher Nähe wird man nicht über jeden Lebensmitteleinkauf einen Beleg erwarten dürfen. Auf der Auskunftsebene hat man ohnehin keine Handhabe, die Vorlage fehlender Belege einzuklagen. Letztlich ist es das Risiko des Bevollmächtigten, die Verwendung von Geldern nicht beweisen zu können.

4. Wohnungskündigung/Haushaltsauflösung

Wenn der Vollmachtgeber altersbedingt umzieht und seine Wohnung aufgeben 96
muss, haben dessen Erben je nach Wert des Inventars ein berechtigtes Interesse, den Verbleib der Einrichtungsgegenstände nachzuvollziehen.

Meistens wird von Seiten des Bevollmächtigten argumentiert, dass der „wertlose Krempel" entsorgt werden musste und natürlich keine Inventarliste erstellt wurde. Dies wird auch bei vielen Haushalten überflüssig sein. Der Erbe hat dann aber immer das Problem, den Nachweis zu führen, dass wertvolle Gegenstände unter der Verfügungsmacht des Bevollmächtigten verschwunden sind.

Wenn der Bevollmächtigte keine Auskünfte über die Gegenstände als solche 97
geben kann, kann man allenfalls eigene Ermittlungen anstellen.

Ein Ansatz ist die Anforderung der Police der Hausratsversicherung. Über die Versicherungssumme lässt sich schließen, ob besonders wertvolle Gegenstände zum Hausrat gehörten. Eine Befragung des Versicherungsvertreters kann darauf abzielen, ob die Versicherung über Unterlagen von Wertgegenständen verfügt, die im Rahmen der Risikobewertung dokumentiert wurden.

Weiterhin kann man vom Bevollmächtigten die Rechnung vom Umzugsunternehmen oder dem Haushaltsauflöser anfordern, um darüber Kontakt aufzunehmen. Im günstigsten Fall sind die Mitarbeiter gesprächsfreudig und berichten, welche Gegenstände sie gesehen haben und wo sie möglicherweise geblieben sind.

5. Verfügung über den Pkw

Hat der Bevollmächtigte den Pkw des Vollmachtgebers verkauft, kann der Erbe 98
die Vorlage des Kaufvertrages verlangen. Da in den seltensten Fällen eine offizielle Schätzung des Wertes vorliegt, kann der Erbe anhand der Fahrzeugdaten im Kaufvertrag auch noch nachträglich über einen Sachverständigen feststellen lassen, ob der Kaufpreis im Rahmen des Angemessenen liegt. Auch die Person des Käufers kann von Interesse sein, wenn der Verdacht besteht, dass das Fahrzeug unter Preis verkauft wurde.

E. Nutzung weiterer Informationsquellen

99 Der Auskunftsanspruch gegenüber dem Bevollmächtigten scheitert oft an rechtlichen und tatsächlichen Hürden und gibt den Erben des Vollmachtgebers nur ein bruchstückhaftes Bild von den Verfügungen. Diese Defizite kann man teilweise kompensieren, indem man weitere Erkenntnisquellen zu erschließen versucht.

Im Verhältnis zwischen Rechtsanwalt und Mandant ist dabei zu klären, ob diese Arbeit zumindest z.T. auch vom Mandanten geleistet werden kann. Jedenfalls muss hier auch die Vergütungsfrage angesprochen werden, zumal Recherchetätigkeiten sehr zeitintensiv sein können.

I. Banken

100 Die Banken haben den Erben umfassend Auskunft über die Kontenbewegungen zu erteilen, so lange sie hierzu in der Lage sind. Die reguläre Aufbewahrungsfrist für Kontenbelege beträgt gem. § 257 Abs. 4 HGB sechs Jahre. Da das Kreditinstitut in aller Regel die Unterlagen über einen längeren Zeitraum (meist über zehn Jahre) aufbewahrt, ist es auch über diesen Zeitraum hinaus zu Auskünften verpflichtet.[98] Den Erfüllungseinwand können die Banken nicht erheben, wenn der Kunde bzw. dessen Erbe glaubhaft macht, dass die erteilten Informationen verloren gegangen sind und eine erneute Auskunftserteilung noch möglich ist.[99]

Neben Kontoumsätzen können auch Kopien von Einzelbelegen angefordert werden, z.B. eingereichte Schecks, Überweisungsträger und Barauszahlungsanweisungen.

Hatte der Vollmachtgeber ein Schließfach, kann man zudem bei der Bank Informationen darüber anfordern, ob und ggf. wann der Bevollmächtigte den Schließfachraum betreten hat. Regelmäßig wird hierüber Buch geführt.

101 Wenn zusätzlich Bankauskünfte eingeholt werden sollen, ist zu beachten, dass diese Auskünfte fast immer Geld kosten. Der Kunde bzw. dessen Erbe hat wenig Einfluss auf die Höhe der Kosten, weil entweder für diese Leistungen ein Regelsatz im Preisaushang gilt oder ein Verweis auf die AGB erfolgt, die nach den Muster-AGB der Sparkassen und Banken folgende Formulierung enthalten:

> *„Für Leistungen, die nicht Gegenstand einer Vereinbarung oder im Preisaushang (...) aufgeführt sind und die im Auftrag des Kunden oder in dessen mutmaßlichem Interesse erbracht werden und die, nach den Umständen zu urteilen, nur gegen eine Vergütung zu erwarten sind, kann die Sparkasse ein*

98 BGH NJW 2001, 1486; zu allem: *Bartsch*, ZErb 1999, 20 ff.
99 BGH NJW 1989, 1601, 1602.

nach Maßgabe der gesetzlichen Bestimmungen angemessenes Entgelt erwarten.“[100]

Je nach Institut sind Stundensätze zwischen 20 EUR und 50 EUR üblich, manche Banken haben auch Festpreise für bestimmte Buchungszeiträume. Wenn Bankauskünfte deshalb erforderlich werden, weil der Bevollmächtigte die Unterlagen vernichtet hat, sind diese Kosten ggf. als Schadensersatz geltend zu machen. 102

Im Einzelnen kann der Vertreter des Bevollmächtigten bzw. dessen Erben folgende Informationen abfragen:
- sämtliche Konten und Gemeinschaftskonten,
- bestehende Daueraufträge und Lastschriften,
- Wertpapierdepots,
- Existenz eines Bankschließfachs,
- Verträge zugunsten Dritter auf den Todesfall,
- Darlehensverpflichtungen,
- eingegangene Bürgschaften,
- andere Bankverbindungen,
- und im Erbfall: die Anzeige gem. § 33 ErbStG.

In der Praxis ist zu beobachten, dass Banken zuweilen sehr zurückhaltend mit der Erteilung von Auskünften sind. Dies gilt insbesondere dann, wenn der Bevollmächtigte selbst Kunde der Bank ist und die Bank diesen „Loyalitätskonflikt“ recht einseitig löst. Neben beharrlichem Auftreten und telefonischem Nachfragen wird auch der Verweis auf die Rechtsprechung des BGH[101] helfen, der zum Umfang der Auskunfts- und Rechenschaftspflicht der Bank gem. §§ 675, 666, 259 BGB; § 355 HGB Folgendes ausführt: 103

„Inhalt und Umfang der Auskunfts- und Rechenschaftspflicht richten sich aber, wenn besondere Vereinbarungen fehlen, nach Treu und Glauben, der Verkehrssitte (§ 242 BGB) und den Umständen des Einzelfalls. Das muss auch und besonders für den Girovertrag als ein bankrechtliches Institut gelten, dem die Praxis und ihre Bedürfnisse ein eigenes Gepräge gegeben haben.
Wenn der Kunde mit der Begründung, ihm lägen einzelne Tagesauszüge oder Saldenmitteilungen nicht vor, die Hilfe des Kreditinstituts bei der Ergänzung seiner Kontounterlagen erstrebt, kann sich das Kreditinstitut nach Treu und Glauben diesem Verlangen grundsätzlich selbst dann nicht widersetzen, wenn die betreffenden Schriftstücke nach Nr. 6 der AGB als zugegangen gelten und der Kunde nur glaubhaft macht, er habe sie tatsächlich aber nicht erhalten, oder sogar nur, sie seien ihm später verloren gegangen.
Der Kunde kann darüber hinaus ergänzende Auskünfte verlangen. Soweit sich Bedeutung und Berechnung einzelner Buchungen aus den Kontoauszügen und eventuell mit übersandten Belegen nicht eindeutig ergeben, ist das Kredit-

100 Vgl. Nr. 12 Nr. 2 Muster AGB der Sparkassen, Stand 21.3.2016.
101 BGH NJW 1985, 2699 f.

institut zu weiteren Erläuterungen verpflichtet, soweit es selbst dazu noch in der Lage ist.“

104 Eine angeordnete Testamentsvollstreckung nehmen Banken oft als Grund, dem Erben eines Vollmachtgebers Auskünfte über das Konto zu verweigern. Sich hier auf den Auskunftsanspruch gegenüber dem Testamentsvollstrecker gem. §§ 2218, 666 BGB verweisen zu lassen, wird der Erbe insbesondere dann als Hohn empfinden, wenn es sich bei dem Testamentsvollstrecker um den vormaligen Bevollmächtigten handelt, der in seiner neuen Rolle sein fragwürdiges Handeln fortsetzt und sein Handeln als Bevollmächtigter eher verdunkeln als offenbaren wird. Das AG Kaiserslautern[102] sieht erfreulicherweise unter Anwendung der Maßstäbe des BGH die Bank auch in diesem Fall zur Auskunft verurteilt, und zwar mit guten Gründen:

„Auch soweit die Beklagte argumentiert, dass aufgrund der eingerichteten Testamentsvollstreckung keine Auskunft an den Erben erteilt werden kann, so ist diese Ansicht nicht überzeugend. Zwar ist bei einer angeordneten Testamentsvollstreckung gem. § 2211 BGB dem Erbe das Verfügungsrecht entzogen. Die Erteilung einer Auskunft ist jedoch gerade keine Verfügung über den Nachlass: Der BGH hat zumindest für die erbrechtliche Parallelvorschrift des § 2040 BGB, in der ebenfalls eine Verfügungsbeschränkung geregelt ist, ausdrücklich festgehalten, dass der Verfügungsbegriff auch im Erbrecht dem allgemeinen Verfügungsbegriff entspricht. Nach diesem Verfügungsbegriff sind Verfügungen nur solche Rechtsgeschäfte, durch die bestehende Rechte mit unmittelbarer Wirkung aufgehoben, übertragen, belastet oder inhaltlich verändert werden (BGH NJW 2007, 150 ff.). Der Auskunftsanspruch stellt demgemäß gerade keine Verfügung über ein Recht dar. Durch die Auskunft wird das bestehende Recht z.B. aus einem Girovertragsverhältnis weder aufgehoben, übertragen, belastet oder inhaltlich verändert. Insofern stellt eine einfache Auskunft über den Kontostand, den Verlauf von Kontobewegungen oder das Gesamtengagement keine Verfügung dar.“

105 Nach einer neuen Entscheidung des OLG Koblenz[103] sind die prozessvorbereitenden Kosten für das Einholen und Anfertigen von Kontoauszügen erstattungsfähig, da sie gem. § 91 Abs. 1 S. 1 ZPO als prozessual notwendig anzusehen sind. Für die Auswertung der Kontoauszüge gilt dies nach vorgenanntem Beschluss hingegen nicht. Das bloße Zusammenstellen der Beträge, die zurückgefordert werden, muss der Mandant entweder selbst übernehmen oder hierfür seinen Berater beauftragen. Im entschiedenen Fall hatte der beauftragte Steuerberater eine Rechnung i.H.v. 8.600 EUR gestellt.[104]

102 AG Kaiserslautern ZEV 2011, 585.

103 OLG Koblenz, Beschl. v. 29.3.2012 – 14 W 167/12, ErbR 2013, 52 m. Anm. v. *Schneider.*

104 Dieser Betrag zeugt entweder von der Komplexität der Materie oder vom Geschick des Steuerberaters beim Aushandeln seiner Vergütung.

Nur, wenn der Anspruchsteller aufgrund tatsächlicher oder rechtlicher Probleme auf fachliche Hilfe angewiesen ist, können solche Kosten erstattungsfähig sein.[105]

Hinweis

Als Vertreter des Vollmachtgebers bzw. dessen Erben sollte man seine Mandanten darauf hinweisen, dass die gerichtliche Geltendmachung von Auswertungskosten zweifelhaft ist. Neben rechtlichen Aspekten kann sich der Neidfaktor des Richters ungünstig auswirken, wenn nicht nur der Grund, sondern auch die Höhe des Stundensatzes bar jeder wirtschaftlicher Kenntnisse erörtert werden.

II. Ermittlungen bei Notaren

Auch Notare können um Auskünfte ersucht werden. Es ist allerdings immer 106
damit zu rechnen, dass der Notar unter Berufung auf sein Dienstgeheimnis Auskünfte verweigert und eine Befreiung aller Beteiligter von seiner Verschwiegenheitspflicht verlangt.[106] Dies kann gerade bei Erbengemeinschaften ein Hindernis darstellen. So bleibt nur die Möglichkeit, von den Miterben die Entbindung von der Schweigepflicht zu verlangen bzw. den Notar zu bitten, er möge sich anstelle des Verstorbenen gem. § 18 Abs. 2 BNotO von seiner Aufsichtsbehörde befreien lassen.[107]

III. Befragung des persönlichen Umfelds

Die Erben eines verstorbenen Vollmachtgebers stehen manchmal vor der Situa- 107
tion, dass sie keine oder nur geringe Informationen über dessen Lebensumstände verfügen. Daher sind Freunde, Nachbarn, Pflegepersonal, Ärzte und andere Personen wichtige Informationsquellen.

Dabei sind es nicht nur Hinweise zu einzelnen Vermögensgegenständen oder 108
Geschäften des Erblassers, die von Wert sein können. Auch Berichte über Angewohnheiten und Charaktereigenschaften des Vollmachtgebers können Anlass geben, weitere Ermittlungen anzustellen. So können häufige Kurzreisen in einschlägig bekannte Nachbarländer ein Indiz für Auslandskonten sein, über die ebenfalls Vollmachten erteilt wurden. Andererseits können Hinweise auf ein misstrauisches Wesen darauf schließen lassen, dass der Bevollmächtigte ausreichend kontrolliert wurde und sich weitere Nachforschungen erübrigen.

105 OLG Brandenburg AGS 2011, 356; KG FamRZ 2008, 1200.
106 Vgl. BGH NJW 1990, 510, 512.
107 Vgl. BGH NJW RR 2009, 991.

IV. Einschaltung von Staatsanwaltschaft/Polizei

109 Ob die Polizei „Dein Freund und Helfer“ bei der Aufklärung krimineller Machenschaften im Rahmen von Vollmachtsmissbrauchsfällen hilfreich sein kann, ist fraglich. Die meisten Versuche, mit Hilfe der Staatsgewalt an Informationen zu kommen, die sonst nicht frei zugänglich sind, scheitern an dem mangelnden Interesse der Ermittlungsbehörden. Selbst bei krassen Fällen gibt es Staatsanwälte, die keinen hinreichenden Tatverdacht sehen und die Einstellung mit dem Hinweis schließen, dass man über den Zivilrechtsweg sein Recht suchen möge. Jedenfalls bedarf es eines ausgiebigen Vortrags, bevor sich hier etwas tut.

110 Anders mag der Fall liegen, wenn der verdächtige Bevollmächtigte schon einschlägig in Erscheinung getreten ist oder besondere Umstände des Falles offenkundig auf eine Straftat schließen lassen.

111 In weniger eindeutigen Fällen sollte man mit der Strafanzeige aus taktischen Gründen zurückhaltend sein. Sonst besteht die Gefahr, dass die Erben des Vollmachtgebers ihrerseits eine Strafanzeige wegen falscher Verdächtigung zu erwarten haben.

V. Einschaltung von Auskunfteien/Detekteien

112 Im Einzelfall mag man die Einschaltung von professionellen Detekteien in Betracht ziehen, z.B. wenn bedeutsame Werte verschwunden sind und man dem Bevollmächtigten mit herkömmlichen Erkenntnisquellen nichts nachweisen kann.

Manche Privatermittler haben Wege der Informationsbeschaffung, die Rechtsanwälte nicht gehen können. Wenn auf diesem Weg auffällige Vermögenszuwächse bei Bevollmächtigten aufgedeckt werden können, kann man den Anfangsverdacht einer strafbaren Untreue darlegen und dies zur Anzeige bringen.

F. Geltendmachung und gerichtliche Durchsetzung des Auskunftsanspruchs

I. Außergerichtliches Vorgehen

113 Wenn das Wissen über den rechten Gebrauch der Vollmacht fehlt, bedarf es der unverzüglichen Aufklärung durch den beauftragten Rechtsanwalt. Insoweit wird das Auskunftsverlangen regelmäßig kurz nach oder zusammen mit dem Widerruf der Vollmacht an den Bevollmächtigten zu richten sein. Insofern gilt das oben Gesagte (siehe § 2 Rdn 1). Nur in Ausnahmefällen wird man das Auskunftsersuchen zurückstellen, z.B. wenn in der Person des Bevollmächtigten keine großen

Zweifel[108] bestehen und es im Interesse des Vollmachtgebers bzw. seinen Erben liegt, die laufenden Geschäfte noch abzuwickeln. Auch mag der Auskunftsberechtigte entscheiden, ob er die Beziehung zum Bevollmächtigten durch eine frühzeitige Geltendmachung belasten will oder er zunächst auf die Initiative der Gegenseite wartet. So kann es für die Auskunftsbereitschaft kontraproduktiv sein, wenn der Bevollmächtigte am Abend der Beerdigung ein anwaltliches Auskunftsersuchen seiner Miterben mit zweiwöchiger Fristsetzung und Klageandrohung im Briefkasten findet.

Es ist gleichwohl die Pflicht des Rechtsanwalts, seine Mandanten darauf hinzu- 114
weisen, dass ein Zuwarten mit Risiken und dauerhaftem Rechtsverlust verbunden sein kann. Dies sollte auch schriftlich dokumentiert werden, damit spätere Reklamationen ausgeschlossen sind. Manche Mandanten neigen dazu, ihren Rechtsanwalt für ihre zögerliche Haltung verantwortlich zu machen.

Hinweis

Da Vollmachten üblicherweise engen Bezugspersonen erteilt werden und die Einschaltung eines Rechtsanwalts in vielen Familien tabuisiert ist, wird es in Einzelfällen sinnvoll sein, den Mandanten zu unterstützen, ohne dabei selbst in Erscheinung zu treten.[109] Ob dies in Form einer eingehenden Beratung vor der Familienkonferenz oder in der Vorformulierung eines Schreibens an den Bevollmächtigten geschieht, ist im Einzelfall zu entscheiden.

Steht fest, dass der Bevollmächtigte keine freiwilligen Auskünfte in dem ge- 115
wünschten Umfang erteilen wird, sollte ihm der Ernst der Lage durch ein anwaltliches Aufforderungsschreiben klar gemacht werden. Das nachfolgende Formulierungsbeispiel beinhaltet den typischen Fall, dass ein Miterbe mit einer Vorsorgevollmacht bedacht wurde.

Muster 3.1: Aufforderung zur Auskunft- und Rechenschaftslegung 116

Per Boten

Frau

Auskunft und Rechenschaft über Verfügungen mit der Vollmacht Ihres Vaters

Ausweislich beigefügter Vollmacht zeige ich die Vertretung Ihres Bruders Herrn an. In Ermangelung eines Testaments sind Sie – gemeinsam mit Ihrem Bruder – Erben nach Ihrem verwitweten Vater, der am gestorben ist, geworden.

---

108 Die Zweifel können sich sowohl auf die Lauterkeit als auch auf die Finanzkraft beziehen. Auch ein „redlicher" Bevollmächtigter kann in finanziellen Schwierigkeiten sein, die eine Realisierung von Schadensersatzansprüchen wegen unbeabsichtigten nachteiligen Verfügungen erschweren.

109 Perfektioniert hatte diese Methode die „Super-Nanny" in der gleichnamigen RTL-Serie, die mit versteckter Kamera und Funkverbindung verzweifelten Müttern half, ihre Kinder ins Bett zu bringen.

Der Erblasser hat Ihnen am eine notarielle Vorsorgevollmacht über den Tod hinaus erteilt, die bereits von meinem Mandanten am widerrufen worden ist.[110]

Namens und im Auftrag meines Mandanten fordere ich Sie auf,

1. Auskunft über das von Ihnen verwaltete Nachlassvermögen[111] durch Vorlage eines Bestandsverzeichnisses zum Stichtag [112] zu erteilen,
2. Rechenschaft über die von Ihnen während der Dauer der Bevollmächtigung getätigten Geschäfte abzulegen,
3. sämtliche Belege und Unterlagen, die Sie vom Erblasser im Zusammenhang mit Ihrer Bevollmächtigung erhalten haben, zu meinen Händen herauszugeben.[113]

In rechtlicher Hinsicht erlaube ich mir den Hinweis, dass Ihr Bruder, der gem. § 1922 BGB Rechtsnachfolger nach Ihrem Vater geworden ist, Ihnen gegenüber das Recht zur Auskunft und Rechenschaft aus den §§ 666, 259, 260 BGB ableiten kann.

Konkret haben Sie ein nach Aktiva und Passiva unterteiltes Vermögensverzeichnis und davon getrennt eine Aufstellung der von Ihnen vereinnahmten und verausgabten Geldmittel vorzulegen. Außerdem haben Sie sich über die Veräußerung weiterer Vermögensgegenstände zu erklären, wozu konkret der Pkw und die Kunstsammlung Ihres Vaters gehören.

Ihre Angaben müssen nach Maßgabe der einschlägigen Rechtsprechung vollständig, richtig, überprüfbar und übersichtlich sein. Belege sind vorzulegen, bzw. durch Sie nachträglich beizubringen.

Ich habe mir zur Erledigung eine Frist notiert auf den .

Sollten Sie bis dahin den Anspruch nicht erfüllt haben, werde ich ohne weitere Ankündigung Klage erheben. Dies vor allem vor dem Hintergrund, dass Sie einen entsprechenden Auskunftswunsch meines Mandanten prinzipiell abgelehnt haben.

Auch darf ich darauf hinweisen, dass Sie erforderlichenfalls die Richtigkeit und Vollständigkeit Ihrer Angaben eidesstattlich versichern müssen und die Abgabe einer falschen eidesstattlichen Versicherung strafbar ist.

Rechtsanwalt

117 Wenngleich das Formulierungsbeispiel alle möglichen Informationsansprüche einschließlich der Androhung der zwangsweisen Durchsetzung enthält, sei vor einer standardisierten Verwendung gewarnt. Je nach Fallgestaltung kann eine

---

110 Der Widerruf wird meist zusammen mit dem Auskunftsanspruch erklärt, vgl. Formulierungsbeispiel in § 2 Rdn 43. Aus Gründen der Übersicht wird dies hier getrennt dargestellt.

111 Wegen der umfassenden Vorsorgevollmacht ist hier der gesamte Nachlassbestand anzugeben. Bezieht sich die Vollmacht nur auf einen Teil des Vermögens, z.B. die Bankkonten, sind nur die dortigen Bestände anzugeben.

112 Als Bemessungszeitpunkt ist hier der Tag zu wählen, an dem der Widerruf der Vollmacht wirksam wurde, ansonsten der Tag der Beendigung der Bevollmächtigung. Dauert die Bevollmächtigung an, ist ein aktuelles Bestandsverzeichnis zu fordern.

113 Bei Miterben besteht beim Herausgabeanspruch immer das Problem der gemeinschaftlichen Verwaltung, vgl. § 2039 BGB.

geringere Kontrolltiefe und vor allem ein anderer Ton gewählt werden. Es muss nicht immer die Drohgebärde sein, die zum Ziel führt.

Aus der Position des Bevollmächtigten wird die Aufforderung zur Rechen- 118
schaftslegung nicht selten als Affront empfunden. Wenn z.B. eine Tochter uneigennützig über Jahre die Privatsekretärin gespielt hat und dafür von ihrem Bruder, der sich seit langem von der Familie gelöst hat, kriminalisiert wird, schadet dies beiden Seiten. Der Rechtsanwalt des Auskunftsberechtigten sollte eine gewisse kritische Distanz gegenüber Berichten von raffgierigen Geschwistern einnehmen, solange hierfür keine eindeutigen Anhaltspunkte vorliegen. Die Erfahrung lehrt, dass die Rollen vom guten Erben und bösen Bevollmächtigten auch umgekehrt verteilt sein können. Es wäre daher kontraproduktiv im ersten Anschreiben den Bevollmächtigten mit der Verwerflichkeit seines Vertreterhandelns zu konfrontieren.

Fraglich ist auch, ob der Bevollmächtigte schon wissen soll, welche Erkenntnisse 119
man gewonnen hat. Ist der Auskunftsberechtigte im Besitz von Bankauszügen, wird es sinnvoll sein, diese dem Bevollmächtigten in Kopie zu überlassen, damit er seine daraus ersichtlichen Verfügungen in den Rechenschaftsbericht einfließen lässt. So kann der Bevollmächtigte sich nicht auf die Unmöglichkeit der Leistung berufen.[114]

Muster 3.2: Angebot der Überlassung von Unterlagen 120

Mein Mandant ist im Besitz von folgenden Unterlagen:

Sofern Sie die darin enthaltenen Informationen zur Erstellung Ihres Rechenschaftsberichtes benötigen, bitte ich um Rückmeldung. Sie erhalten dann entsprechende Kopien.[115]

Andererseits kann es taktisch klug sein, erst einmal abzuwarten, was der Bevoll- 121
mächtigte freiwillig preisgibt. Werden z.B. größere Barverfügungen, an die man sich auch ohne Vorlage von Bankauszügen erinnern müsste, erst auf Vorhalt preisgegeben, ist dies ein Indiz für unredliches Verhalten.

Eine weitere Möglichkeit, das Ziel umfassender Information zeitnah zu erreichen, 122
besteht darin, dem Bevollmächtigten Arbeit abzunehmen und ihm die Unterstützung durch eine Buchhaltung anzubieten:

114 So auch Saarl. OLG NJW-RR 2000, 229.
115 Alternativ kann man die Kopien auch gleich dem Anspruchsschreiben beifügen.

123 **Muster 3.3: Angebot der Unterstützung durch eine Buchhaltung**

Mein Mandant weiß, dass die Erfüllung der vorstehenden Pflichten für Sie einerseits mit einem erheblichen organisatorischen Aufwand verbunden sein wird. Da Sie andererseits Verständnis dafür haben werden, dass mein Mandant die Möglichkeit der Überprüfung haben muss, darf ich Ihnen folgendes vorschlagen:

Bitte setzen Sie sich mit Frau (*Name, Adresse, Telefonnummer*) in Verbindung und überlassen Sie ihr sämtliche in Ihrem Besitz befindlichen Unterlagen. Frau ist als gelernte Buchhalterin in der Lage, ein Bestandsverzeichnis und die Rechnungslegung nach Ihren Angaben zu fertigen. Dieses Entgegenkommen beruht nicht zuletzt darauf, dass mein Mandant das, was Sie für den Erblasser geleistet haben, bereit ist anzuerkennen.[116] Kosten entstehen Ihnen dadurch keine.

124 Die Einschaltung einer scheinbar neutralen Person bietet zwei Vorteile: Zum einen darf man eine übersichtliche Darstellung erwarten, die zeitnah erfolgt, weil der Bevollmächtigte froh sein wird, sich der vielleicht unangenehmen und arbeitsintensiven Aufgabe zu entledigen. Zum anderen kann der Bevollmächtigte bei fragwürdigen Verfügungen gegenüber einem Dritten Äußerungen machen, die ihm später vorgehalten werden können. Die Buchhalterin sollte insofern auf ihre Aufgabe vorbereitet und angewiesen werden, einschlägige Äußerungen des Bevollmächtigten getrennt zu notieren und in einem Aktenvermerk niederzulegen.

125 Die unvollständige Rechnungslegung stellt ein großes praktisches und rechtliches Problem dar. Viele Bevollmächtigte sind nicht in der Lage, die formalen Anforderungen (hierzu gehört in erster Linie, dass die Angaben vollständig, übersichtlich und überprüfbar sind, siehe § 3 Rdn 75 ff.). einer Rechnungslegung zu erfüllen. Was also tun, wenn der Rechenschaftspflichtige einen lückenhaften Bericht ohne Belege abliefert und anbietet, er sei bereit eidesstattlich zu versichern, dass alles stimme und er mehr nicht leisten könne?

Ein großer Fehler wäre es, dem Angebot der eidesstattlichen Versicherung vorschnell nachzugeben. Die eidesstattliche Versicherung setzt voraus, dass vorher überhaupt Rechenschaft abgelegt wurde.[117] Das Verlangen der eidesstattlichen Versicherung durch den Berechtigten impliziert daher, dass dieser den Anspruch als erfüllt betrachtet und insofern der Einwand der Unrichtigkeit und Unvollständigkeit nicht mehr erhoben werden kann.

116 Diese Formulierung stößt natürlich an die Grenzen anwaltlicher Wahrheitspflicht, wenn vorher schon klar ist, dass erhebliche Rückforderungen geltend gemacht werden können.

117 Vgl. NK-BGB/*Knöpfler*, § 259 Rn 18.

Stattdessen ist im Zweifel die Ergänzung der Rechnungslegung zu verlangen, die notfalls auch klageweise durchgesetzt werden kann.

Der BGH erteilt den Bevollmächtigten eine Absage, die meinen, sich mit einer 126
Flucht in die eidesstattliche Versicherung ihren Auskunftspflichten entziehen zu können. Im Zusammenhang mit einer weitgehend auf Schätzung beruhenden Rechnungslegung entschied er, dass wegen der Schwäche des Druckmittels der Abgabe der eidesstattlichen Versicherung dem Berechtigten vorrangig eine Ergänzung der gelegten Rechnung zusteht.[118]

Am Ende des nachfolgenden Formulierungsbeispiels wird der Bevollmächtigte 127
zur Zahlung aufgefordert, was ungewöhnlich erscheint. Die dort explizit zitierte Rechtsprechung dient jedoch den Interessen des Vollmachtgebers, der sonst bei einem trödelnden Bevollmächtigten zusätzlich durch einen Zinsverlust bestraft wäre. In einem späteren Klageantrag auf Zahlung kann dann Zinszahlung ab dem frühen Verzugsdatum verlangt werden.[119]

Muster 3.4: Anspruchsschreiben zur Ergänzung der Rechnungslegung 128

Frau

(*Adresse*)

Ihre Aufstellung vom , mit der Sie Auskunft und Rechenschaft über Ihre Tätigkeit als Bevollmächtigte erteilen, habe ich erhalten. Nach Durchsicht und Rücksprache mit meinem Mandanten habe ich folgende Beanstandungen mitzuteilen:

Über den Zeitraum vom bis zum haben Sie keine Angaben gemacht.

Für folgende Verfügungen haben Sie keine Belege vorgelegt.

Zur Barabhebung von 5.000 EUR am haben Sie sich nicht erklärt.

Zum Verbleib der Kunst- und Antiquitätensammlung des Erblassers nach dessen Umzug in das Seniorenheim erklären Sie „Verkauf sämtlicher Bilder und sonstiger Sachen an verschiedene Personen für insgesamt ca. 15.000 EUR.“ Hier haben Sie darzulegen, an wen Sie welche Gegenstände für welchen Preis verkauft haben und auf welchen Grundlagen der Kaufpreis ermittelt wurde. Nach den Unterlagen der Hausratversicherung betrug die Versicherungssumme für den Hausrat 150.000 EUR. Außerdem ist hier bekannt, dass sich drei Ölgemälde aus dem Besitz Ihres Vaters in Ihrer Wohnung befinden.

Damit entsprechen Ihre Auskünfte nicht den gesetzlichen Anforderungen an die Vollständigkeit, Richtigkeit und Überprüfbarkeit Ihrer Angaben. Nach höchstrichterlicher Rechtsprechung ist anerkannt, dass fehlerhafte und unvollständige Rechenschaftslegungen ergänzt werden müssen (BGH NJW 1984, 2822). Ihr Angebot zur Abgabe der eidesstattlichen Versicherung ändert

118 BGH NJW 1984, 2822: Anlass der Auskunftsklage war eine Patentverletzung.

119 BGH NJW 1981, 1729. Zu Einzelheiten sei auf den auch sonst lesenswerten Beitrag von *Rißmann*, ZErb 2002, 181, verwiesen.

daran nichts. Ich habe Sie daher aufzufordern, den vorgenannten Beanstandungen Rechnung zu tragen, indem Sie Ihre Angaben bis zum ergänzen und Belege vorlegen.

Sollten bis dahin die vorgenannten Sachverhalte nicht geklärt sein, wird mein Mandant ohne weitere Ankündigung Klage erheben.

Weiterhin fordere ich Sie auf, den sich nach der Erteilung obiger Informationen zu beziffernden Zahlungsanspruch bis zum auf das Konto meines Mandanten Nr. bei der -Bank (*BLZ*) einzuzahlen. Bis zum gleichen Datum haben Sie auch die in Ihrem Besitz noch befindlichen Gegenstände herauszugeben, mein Mandant steht nach telefonischer Aufforderung kurzfristig zur Abholung der Sachen zur Verfügung.

Vorsorglich darf ich in diesem Zusammenhang auf die Entscheidung des Bundesgerichtshofs (abgedr. in NJW 1981, 1729) verweisen, wonach der auskunftspflichtige Schuldner auch durch eine unbezifferte, einem zulässigen Antrag in einer Stufenklage entsprechenden Mahnung grundsätzlich in Verzug gerät.

Rechtsanwalt

129 Zusammenfassend bleibt festzuhalten, dass verschiedene Wege zum Informationsziel führen können und in jedem Einzelfall geprüft werden müssen. Es dürfte aber auch klar sein, dass die juristischen Möglichkeiten, von einem unkooperativen Bevollmächtigten die gewünschten Informationen zu erhalten, begrenzt sind. Daher sollten neben der Inanspruchnahme des Bevollmächtigten stets die weiteren Informationsquellen bedacht werden.

II. Taktische Überlegungen vor Klageerhebung

130 Wird der Auskunftsanspruch nicht oder nicht vollständig erfüllt, kann der Berechtigte eine Auskunftsklage anstrengen. Weil aber mit der Erteilung der Auskunft nicht nur ein Erkenntnisgewinn verbunden sein soll, sondern vor allem die Durchsetzung von Zahlungs- und Herausgabeansprüchen vorbereitet wird, ist zunächst zu entscheiden, ob statt einer reinen Auskunftsklage nicht gleich eine Stufenklage gem. § 254 ZPO erhoben werden soll.

131 Vom Prinzip her gilt, dass eine Auskunftsklage schonender, preiswerter, aber auch risikoreicher als eine Stufenklage ist. Risikoreicher ist sie deshalb, weil die rechtshängig gemachte Auskunftsklage nicht die Verjährung des Hauptanspruchs unterbricht, auch nicht, wenn schon mit der Klage Zahlungsanträge angekündigt werden.[120]

132 **Hinweis**

Wer einen Bevollmächtigten vertritt, kann im Rahmen einer Auskunftsklage versuchen, auf Zeit zu spielen. Neben den meist nicht durchgreifenden, aber

120 OLG Celle FamRZ 1996, 678.

Gerichtsverfahren in die Länge ziehenden, Einwendungen gegen den Auskunftsanspruch dem Grunde nach, ist der Einwand der Erfüllung lohnend.

Wenn keine Verjährung droht, kann die isolierte Auskunftsklage in folgenden Fallkonstellationen in Betracht kommen: 133

- Wenn nicht sicher ist, ob nach Auskunftserteilung überhaupt ein Anspruch in der Hauptsache besteht, braucht man nicht das Kostenrisiko einer auf halbem Wege „stecken gebliebenen" Stufenklage einzugehen.
- Wenn zu erwarten ist, dass der Bevollmächtigte nach Auskunftserteilung freiwillig zahlen wird bzw. Vergleichsverhandlungen aussichtsreich erscheinen, braucht man mit der Stufenklage keine unnötigen Kosten zu provozieren.
- Wenn der Berechtigte aus finanziellen Gründen das Prozessrisiko scheut, ist die Auskunftsklage ein kostengünstiger Testballon.

In aller Regel wird man allerdings die Stufenklage schon wegen der Verjährungshemmung[121] als sichersten Weg wählen, auch wenn die Stufenklage aufgrund des höheren Streitwertes Mehrkosten auslöst. 134

Hinweis 135

Wer den Vollmachtgeber vertritt, kann in den häufigen Fällen, in denen nach teilweise erlangten Informationen schon eindeutige Zahlungsansprüche gegen den Bevollmächtigten feststehen, auch schon eine Teilklage mit der Stufenklage verbinden.[122] Wenn man schon mal die „Spitze des Eisbergs" rechtshängig macht, wird das Gericht für das Fehlverhalten der Gegenseite sensibilisiert. Außerdem kann man mit einem vollstreckbaren Teilurteil Druck auf den Bevollmächtigten ausüben.

III. Auskunftsklage

Wird die Auskunft verweigert oder nur unzureichend erteilt, sollte zügig Klage erhoben werden. Bei allen Risiken des Auskunftsanspruchs birgt jede zeitliche Verzögerung das zusätzliche Risiko einer ungenauen oder gar unmöglichen Information. Hier spielen insbesondere die handelsrechtlichen Aufbewahrungsfristen eine Rolle. Wenn z.B. Buchungsunterlagen und Bankbelege nicht mehr beizubringen sind, kann der Auskunftsschuldner sich auf diese Unmöglichkeit zurückziehen. 136

Wer eine Auskunftsklage erhebt, sollte auf die genaue Formulierung der Klageanträge achten. Das nachfolgende Formulierungsbeispiel (siehe Rdn 136) enthält eine sehr differenzierte Antragstellung, die vielleicht nicht in jedem Fall möglich bzw. notwendig sein wird.

---

121 Zuletzt BGH NJW 1999, 1101.
122 BGH NJW 1989, 2821.

137 Allgemein ist zu beachten, dass Auskunftsklagen nicht zum Alltagsgeschäft der Gerichte gehören und viele Richter eine Neigung verspüren, Auskünfte[123] vorschnell als erfüllt anzusehen. In der Tat ist es oft schwierig die Grenze zu ziehen zwischen mangelnder Erfüllung, weil trotz zumutbarer Anstrengungen der Bevollmächtigte eine unvollständige Auskunft erteilt hat, und vollständiger Erfüllung, weil die Lückenhaftigkeit der Auskunft den rechtlichen und tatsächlichen Möglichkeiten des Auskunftsverpflichteten entspricht. Im letzteren Fall spricht man von der formell ordnungsgemäßen Auskunft.

138 Der Kläger ist daher gut beraten, schon in der Klagebegründung die Rechtsgrundlagen der einzelnen Auskunftsansprüche für das Gericht wie auch für die Beklagtenseite darzulegen. So erleichtert man dem Gericht die Einschätzung der Rechtslage bevor die Beklagtenseite erwidert. Wird die Rechtslage erst später im Prozess erläutert und dargelegt, wie die (oft unkritisch aus dem Prozessformularbuch übernommenen) Klageanträge gemeint sind, verspielt man bei Gericht leicht Kredit mit der Folge, dass man als Erbsenzähler angesehen wird. Auch kann es nicht schaden anzudeuten, auf welche Ansprüche man in der Hauptsache gehen wird.

139 Als Vertreter des Beklagten hat man verschiedene Möglichkeiten auf eine Auskunftsklage zu reagieren. Hat der Bevollmächtigte zuvor keine Auskunft erteilt, wird der Auskunftsanspruch entweder anerkannt oder dem Grunde nach bestritten. Bei einem sofortigen Anerkenntnis kann der Beklagte bei vorherigem Schweigen allerdings nicht die Kostenfolge des § 93 ZPO für sich beanspruchen.[124]

140 Eine Auskunftspflicht besteht nicht, wenn
- das Grundverhältnis keine Rechtsgrundlage beinhaltet (siehe Rdn 6 ff.),
- der Auskunftsanspruch wirksam ausgeschlossen wurde (siehe Rdn 172 ff.),
- die Berufung auf die Auskunftspflicht treuwidrig wäre (siehe Rdn 183 ff.) oder
- der Auskunftsanspruch verjährt ist (siehe Rdn 200 ff.).

141 Wenn der Bevollmächtigte hingegen schon einige Auskünfte geleistet hat, ist regelmäßig mit dem Einwand der Erfüllung zu rechnen (siehe Rdn 170 ff.). Dann ist Beklagtenseits dem Gericht darzulegen, in welchem Umfang man der Auskunft nachgekommen ist, soweit die Klägerseite dies nicht schon vorgetragen hat. Ist der Umfang der Auskunft unstreitig, ist zu begründen, weshalb mehr nicht verlangt werden kann.

142 Mit dem Auskunftsanspruch wird üblicherweise der Klageantrag auf eidesstattliche Versicherung verbunden, allerdings immer unter dem Vorbehalt, dass die Voraussetzungen hierfür vorliegen (siehe Rdn 145, 152). Ein solcher Klageantrag

---

123 Der Begriff „Auskunft" ist in diesem Zusammenhang untechnisch zu verstehen, die Rechenschaftslegung und etwaige andere Informationsansprüche sind stets mitgemeint.

124 Vgl. Zöller/*Herget*, § 93 Rn 6; OLG Nürnberg MDR 2003, 287.

kann allerdings auch noch nach Erteilung der Auskünfte im Laufe des Prozesses gestellt werden.

Hat der Bevollmächtigte schon vor Klageerhebung oder vor der mündlichen 143
Verhandlung abschließend – also formell ordnungsgemäß – Auskünfte erteilt, die nach Auffassung des Klägers falsch und unvollständig sind, kann der Kläger den Klageantrag nicht mehr stellen bzw. muss ihn für erledigt erklären.[125] Inhaltliche Beanstandungen sind dann nur noch mit dem Antrag auf Abgabe der eidesstattlichen Versicherung zu verbinden und dort unter dem Tatbestandsmerkmal „mangelnde Sorgfalt“ zu subsumieren.

Viele Auskunftsklagen werden erhoben, um passive Bevollmächtigte, die sich 144
dann erstmals in anwaltliche Beratung begeben, wachzurütteln. Dann ist es sinnvoll, außergerichtlich zu verhandeln und bei Signalen für einen ernsthaften Leistungswillen von der Anberaumung eines frühen ersten Termins abzusehen.

Muster 3.5: Auskunftsklage gegen den Bevollmächtigten 145

An das Landgericht

Auskunftsklage

des gegen die

wegen Auskunft und Rechenschaft,

vorläufiger Streitwert:

Im Namen des Klägers erhebe ich Klage und werde in der mündlichen Verhandlung beantragen wie folgt zu erkennen:

1. Die Beklagte wird verurteilt,
   a) dem Kläger ein Bestandsverzeichnis über den Nachlass des am verstorbenen zum Stichtag vorzulegen,
   b) dem Kläger Auskunft über den Stand der Rechtsgeschäfte zu erteilen, die sie in Ausübung der Vorsorgevollmacht des verstorbenen vom getätigt hat,
   c) dem Kläger eine geordnete und vollständige Zusammenstellung der Einnahmen und Ausgaben vorzulegen, die in Ausübung der mit dieser Vorsorgevollmacht getätigten Verfügungen erfolgt sind, und
   d) dem Kläger sämtliche hierzu bestehenden Belege und Urkunden in Form von Verträgen, Rechnungen, Auftragsbestätigungen, Kontoauszügen des Girokontos Nr. bei der -Bank in geordneter Form herauszugeben.[126]
2. Die Beklagte wird für den Fall, dass sie die Auskünfte in den Klageanträgen 1a) bis c) nicht mit der erforderlichen Sorgfalt erteilt, oder die im Antrag 1c) bezeichneten Unterlagen unvollständig herausgibt, verurteilt, die Richtigkeit und Vollständigkeit ihrer Angaben an Eides Statt zu versichern.

---

125 Vgl. Zöller/*Greger*, § 254 Rn 10.

126 Die üblicherweise erteilten Belege und Urkunden müssen so genau wie möglich angegeben werden, um eine etwaige Vollstreckung zu ermöglichen, vgl. BGH NJW 1983, 1056.

3. Die Beklagte wird verurteilt, dem Kläger die Ausfertigung der notariellen Vollmachtsurkunde zu Urkunden-Nr. des Notars in herauszugeben.[127]

(*Kosten-/Verfahrensanträge*)

Begründung:

Der Kläger ist Alleinerbe des am verstorbenen . Die Beklagte war die Lebensgefährtin des Erblassers, der sie mit der im Klageantrag zu 3. bezeichneten notariellen Vorsorgevollmacht ausgestattet hat. Dies ist unstreitig.

Die Beklagte hat im Namen des bettlägerigen Erblassers in den letzten zwei Jahren vor seinem Tod zahlreiche Verfügungen über dessen Vermögen getroffen. So hat sie neben den Geldgeschäften auch die Eigentumswohnung des Erblassers verkauft, weil dieser in ein Pflegeheim umgezogen ist.

Nach dem Tod des Erblassers hat der Kläger gegenüber der Beklagten den Widerruf der Vorsorgevollmacht erklärt und gleichzeitig zur Auskunft und Rechenschaftslegung aufgefordert.

Beweis: Anwaltliches Aufforderungsschreiben vom , per Einschreiben zugegangen am .

Die Beklagte hat darauf erklärt, sie sei nicht verpflichtet, irgendeine Rechenschaft abzulegen. Mit Schreiben vom hat sie jegliche Informationen verweigert und überdies die Rückgabe der Vollmachtsurkunde verweigert.

Beweis: Schreiben der Beklagten vom

In rechtlicher Hinsicht gilt Folgendes:

Das der Vollmacht zugrunde liegende Rechtsgeschäft war ein Auftragsverhältnis gem. § 662 BGB. Gegenstand des Auftrages war die Besorgung aller Geschäfte für den Erblasser, soweit er diese nicht mehr selbst vornehmen konnte. Gemäß §§ 666, 259, 260 BGB ist der Auftragnehmer gegenüber dem Auftraggeber zur Auskunfts- und Rechenschaftslegung verpflichtet. Der Kläger macht als Gesamtrechtsnachfolger gem. § 1922 BGB diese Rechte nun geltend.

Der Klageantrag zu 1a) beruht auf § 666 BGB, wonach über den Stand des Geschäfts Auskunft zu erteilen ist. „Geschäft" im rechtlichen Sinne war die Verwaltung des gesamten Vermögens des Erblassers, weil dieser sich selbst um gar nichts mehr kümmern konnte und die Beklagte durch die Vorsorgevollmacht umfänglich beauftragt wurde. Gemäß § 260 Abs. 1 Alt. 2 BGB ist ein Bestandsverzeichnis vorzulegen. Dieses hat sich hier auf den gesamten Nachlass einschließlich der Nachlassverbindlichkeiten, die in Form der Beerdigungskosten auch von der Beklagten gezahlt wurden, zu beziehen.

Der Klageantrag zu 1b) beinhaltet das weitere Informationsrecht des Klägers über den Inhalt und die Umstände der von der Beklagten getätigten Geschäfte informiert zu werden. Diese Auskunftspflicht geht über den Anspruch auf Rechenschaftslegung hinaus, vgl. BGB-Grüneberg

127 Mit der Aufnahme der Herausgabe der Vollmachtsurkunde ins Rubrum ist es eigentlich keine reine Auskunftsklage mehr. Gleichwohl wurde dieser Antrag aufgenommen, damit die Rückforderung der Urkunde nicht vergessen wird.

Sprau, § 666 Rn 3. Hierzu gehören z.B. Angaben der Beklagten über die Käufer von Gegenständen, die sie veräußert hat. Auch kann der Kläger Informationen verlangen, welche Aktivitäten zum Verkauf der Immobilie, die die Beklagte an ihren Bruder verkauft hat, entfaltet wurden und welche Umstände zur Kaufpreisfindung beitrugen. Schließlich hat sich die Beklagte über laufende bzw. noch nicht abgeschlossene Rechtsgeschäfte zu erklären. Diese Informationen benötigt der Kläger, um eventuelle Schadensersatzansprüche gegen die Beklagte zu prüfen.[128]

Die Klageanträge zu 1c) und d) beinhalten die Pflicht zur Rechnungslegung gem. §§ 666, 259 Abs. 1 BGB. Da die Beklagte gelernte Buchhalterin ist, dürfe es ihr keine Mühen bereiten, eine vollständige und übersichtliche Darstellung nebst Belegen zu erstellen.

Der Klageantrag zu 2. bleibt vorbehalten für den Fall, dass die Beklagte die Auskünfte nicht mit der erforderlichen Sorgfalt erteilt. Vorsorglich werden hiermit insbesondere zur Information der Beklagten die Sorgfaltsanforderungen der Rechtsprechung an Umfang und Qualität der Informationserteilung mitgeteilt:

Das Bestandsverzeichnis ist schriftlich zu erteilen und muss alle notwendigen Informationen enthalten, um Bestand, Inhalt und Umfang des Hauptanspruchs prüfen zu können, vgl. BGHZ 126, 109, 116. Es muss eine übersichtliche Gegenüberstellung von Aktiva und Passiva enthalten, vgl. BGH NJW 1962, 245.

Die Rechenschaftslegung erfordert eine übersichtliche und in sich verständliche schriftliche Zusammenstellung der Ein- und Ausgaben, vgl. BGH NJW 1985, 2699. Es reicht nicht aus, den Vermögensstand zum Stichtag darzulegen, es muss auch die Entwicklung im Einzelnen nachvollzogen werden können, vgl. OLG Köln NJW-RR 1989, 528. Die Angaben müssen so detailliert und verständlich sein, dass der Berechtigte in der Lage ist, ohne fremde Hilfe seine Ansprüche zu überprüfen, vgl. BGH NJW 1982, 573. Das Angebot, die Belege mündlich zu erläutern, reicht nicht aus, vgl. BGHZ 39, 995.

Die Richtigkeit der Angaben muss überprüfbar sein, vgl. OLG Schleswig NJW-RR 2000, 229. Die Gefahr, eine strafbare Handlung offenbaren zu müssen, entbindet nicht von der Auskunftspflicht, vgl. BGHZ 14 318, 321. Die Störung des Erinnerungsvermögens ist unbeachtlich, wenn der Bevollmächtigte dieses durch andere Erkenntnisquellen auffrischen kann, vgl. BGH NJW 1990, 510, 511. Die Gefahr, eine strafbare Handlung offenbaren zu müssen, entbindet nicht von der Rechenschaftspflicht, vgl. BGHZ 14 318, 321.

An Dritte weg gegebene Unterlagen muss der Bevollmächtigte zurückfordern und vorbereitend zur Rechenschaftslegung notfalls selbst Auskünfte gegenüber Dritten geltend machen, vgl. OLG Saarbrücken NJW-RR 2000, 229; BGHZ 107, 104.

Der Klageantrag zu 3. beruht auf § 175 BGB, wonach der Vollmachtgeber nach Widerruf der Vollmacht vom Bevollmächtigten die Rückgabe der Vollmachtsurkunde verlangen darf.

---

128 Die Aufführung von Beispielen ist sinnvoll, um dem Gericht, aber auch dem Beklagten klarzumachen, worauf man hinaus will. Allzu leicht gerät man sonst in den Verdacht, man wolle den Beklagten schikanieren.

Der dieser Klage zugrunde gelegte Streitwert beruht auf folgenden den Wert bestimmenden Umständen:

Um baldige Streitwertfestsetzung wird gebeten.

Rechtsanwalt

IV. Stufenklage

146 Die Erhebung einer Stufenklage ist dem im Erbrecht tätigen Rechtsanwalt nicht fremd. So werden z.B. Herausgabeklagen gegen den Erbschaftsbesitzer gem. § 2027 BGB und Pflichtteilsansprüche häufig auf diesem Wege geltend gemacht. Sie weist einige prozessuale Besonderheiten auf, die zu beachten sind.

Die Stufenklage erfolgt regelmäßig in drei Stufen:
- 1. Stufe: Klage auf Auskunft und Rechnungslegung
- 2. Stufe: Klage auf eidesstattliche Versicherung
- 3. Stufe: Klage auf Zahlung und/oder Herausgabe.

147 Mit Zustellung der Stufenklage werden alle darin gemachten Ansprüche rechtshängig. Daraus wird zuweilen geschlossen, dass in der mündlichen Verhandlung auch alle Klageanträge gestellt werden müssen, was mit der üblichen Floskel: „Der Klägervertreter stellt die Anträge aus der Klageschrift“, unter dem Kopfnicken des Rechtsanwalts vom Richter in das Protokoll diktiert wird.

148 Das ist nicht ungefährlich! Auch wenn viele Gerichte mangels Kenntnis des Verfahrensablaufs aus Routine so verfahren, würde sich der Rechtsanwalt gegenüber seinem Mandanten möglicherweise schadensersatzpflichtig machen (siehe auch Rdn 161 ff.), wenn die dritte Stufe mangels Zahlungsanspruchs unbegründet ist. Richtigerweise ist über jeden Antrag der Stufenklage gesondert zu verhandeln und durch Teilurteile, Teilendurteile,[129] und in der letzten Stufe durch Schlussurteil zu entscheiden. Die Zwischensätze im Antragsrubrum des nachfolgenden Formulierungsbeispiels (siehe Rdn 152) sollen dies nochmals verdeutlichen.

149 Da der Abschluss der einen Stufe den Eintritt in die nächste Stufe bedingt, ist vor allem darauf zu achten, dass der Auskunftsanspruch nicht nur rechtskräftig tituliert ist, sondern auch erfüllt ist. Wichtig ist auch, dass ein Termin zur Verhandlung über die nächste Stufe nur auf Antrag einer Partei bestimmt wird.[130] Dies ist notwendig, da gem. § 128 Abs. 1 ZPO Klageanträge mündlich gestellt werden müssen.

---

129 Ein Teilendurteil ist dann erforderlich, wenn innerhalb einer Stufe zuvor eine Teilentscheidung getroffen wurde.

130 OLG Karlsruhe FamRZ 1997, 1224.

Zu lange darf man mit der Fortsetzung der Stufenklage nicht warten, weil gem. 150
§ 204 Abs. 2 BGB die Hemmung der Verjährung endet, sofern das Verfahren nicht binnen sechs Monaten nach Erledigung der vorangegangenen Stufe endet.

Andererseits ist es dem Kläger unbenommen eine Stufe zu überspringen, z.B. weil er durch anderweitige Informationsquellen in der Lage ist, auch ohne die Auskunft einen Zahlungsantrag zu stellen. Gemäß § 264 Nr. 2 ZPO ist darin keine Klageänderung zu sehen.

Hinweis 151

Wenn der Klägervertreter neue verwertbare Erkenntnisse hat, kann er mit einer Teilklage auf der dritten Stufe einen Überraschungsangriff verbuchen, der den Beklagten möglicherweise in Bedrängnis – auch wegen des Auskunftsanspruchs – bringen wird. Es ist dabei aber klarzustellen, dass der Auskunftsanspruch im Übrigen aufrechterhalten bleibt.

Muster 3.6: Anträge in der Stufenklage gegen den Bevollmächtigten 152

An das Landgericht …

Stufenklage

des … gegen die …

Wegen Auskunft, Rechenschaft und Zahlung

Im Namen des Klägers erhebe ich Klage und werde in der mündlichen Verhandlung beantragen wie folgt zu erkennen:

1. Die Beklagte wird verurteilt,
   a) dem Kläger ein Bestandsverzeichnis über den Nachlass des am … verstorbenen … zum Stichtag … vorzulegen,
   b) dem Kläger Auskunft über den Stand der Rechtsgeschäfte zu erteilen, die sie in Ausübung der Vorsorgevollmacht des verstorbenen … vom … getätigt hat,
   c) dem Kläger eine geordnete und vollständige Zusammenstellung der Einnahmen und Ausgaben vorzulegen, die in Ausübung der mit dieser Vorsorgevollmacht getätigten Verfügungen erfolgt sind und
   d) dem Kläger sämtliche hierzu bestehenden Belege und Urkunden in Form von Verträgen, Rechnungen, Auftragsbestätigungen, Kontoauszügen des Girokontos Nr. … bei der …-Bank in geordneter Form herauszugeben.[131]

Nach Erledigung dieses Antrags behalte ich mir folgenden Antrag vor:

2. Die Beklagte wird für den Fall, dass sie die Auskünfte in den Klageanträgen 1a) bis c) nicht mit der erforderlichen Sorgfalt erteilt, verurteilt, die Richtigkeit und Vollständigkeit ihrer Angaben an Eides Statt zu versichern.

---

131 Die üblicherweise erteilten Belege und Urkunden müssen so genau wie möglich angegeben werden, um eine etwaige Vollstreckung zu ermöglichen, vgl. BGH NJW 1983, 1056.

Schließlich werde ich nach Erledigung Klageanträge zu 1. und 2. beantragen:

3. Die Beklagte wird verurteilt,
   a) an den Kläger einen noch zu beziffernden Betrag nebst Zinsen seit dem zu zahlen sowie
   b) an den Kläger die noch zu bestimmenden Gegenstände herausgeben.

(*Kosten-/Verfahrensanträge*)

Begründung:

(*Für die Begründung der Stufenklage kann hinsichtlich der ersten beiden Stufen auf das Formulierungsbeispiel für die Auskunftsklage verwiesen werden* (*siehe* Rdn 145).

Die Klagebegründung der dritten Stufe erfolgt dann im Wesentlichen durch den Tatsachenvortrag, der sich aus den gewonnenen Informationen ergibt.)

V. Streitwert

153 Für die Streitwertfestsetzung im Rahmen einer Auskunfts- bzw. Stufenklage gelten folgende Grundsätze:

Der Streitwert für die Auskunftsklage steht gem. § 3 ZPO im Ermessen des Gerichts, das sich zunächst an dem Informationsinteresse des Klägers im Zeitpunkt der Klageeinreichung[132] orientieren muss. Die Gerichte setzen hier – regional unterschiedlich – zwischen $1/10$ und $1/4$ des Wertes des zu erwartenden Leistungsanspruchs an. Als Faustregel gilt: je geringer die Kenntnis des Klägers über die zur Bezifferung des Anspruchs ist, desto höher ist die Quote anzusetzen.

154 Will hingegen der Beklagte gegen eine Verurteilung zur Auskunft Berufung einlegen, gilt für ihn ein anderer Streitwert, weil er nicht ein Angriffs-, sondern ein Verteidigungsinteresse hat.[133] Dieses bemisst sich nach dem Aufwand an Zeit und Kosten, der für ihn mit der Auskunftslegung verbunden ist.[134] Die Kosten für Hilfspersonen sind zu berücksichtigen, wenn deren Zuziehung notwendig war.[135] Das wird man bei umfangreichen Rechenschaftsberichten oder Bestandsverzeichnissen eines Bevollmächtigten, der sich im Rahmen eines Auftragsverhältnisses bewegt, annehmen dürfen. Der unentgeltlichen Tätigkeit steht insoweit ein weit auszulegender Erstattungsanspruch hinsichtlich der notwendigen Aufwendungen gem. § 670 BGB zur Seite. Allerdings scheitert die Berufung gegen ein zusprechendes Auskunftsurteil nicht selten an der nicht erreichten Berufungssumme, die gem. § 511 Abs. 2 Nr. 1 ZPO nur 600 EUR beträgt.

---

132 OLG Köln NJW 1960, 2295.

133 Vgl. Zöller/*Herget*, § 3 Rn 16 „Auskunft".

134 BGH FamRZ 1989, 730.

135 BGH FamRZ 1991, 317.

Hierzu hat der BGH[136] im Zusammenhang mit einer Auskunftspflicht des Testamentsvollstreckers jüngst klargestellt:

„Für die Bemessung des Wertes des Beschwerdegegenstandes ist das Interesse des Auskunftsverpflichteten maßgebend, die Auskunft erteilen und keine Rechnung legen zu müssen. Es kommt auf den Aufwand und die Zeit und Kosten an, den die Erteilung der geschuldeten Auskunft und Rechnungslegung erfordert. Kosten für die Hinzuziehung von sachkundigen Hilfspersonen können nur in Ausnahmefällen berücksichtigt werden."

Hinweis 155

Um die Berufungssumme zu begründen, sollte man konkret vortragen, welche Maßnahmen und Arbeiten der Auskunftsverpflichtete zu gewärtigen hätte, sollte er die ausgeurteilte Verpflichtung erfüllen müssen. Unstreitige Vorarbeiten sind nicht mehr einzuberechnen. Allzu leicht setzt man sich in Widerspruch, wenn man in der ersten Instanz schon umfangreiche Tätigkeiten zum Beweis der Erfüllung des Anspruchs behauptet, diese aber für die Begründung des weiteren Aufwandes nochmals anführt.

Der BGH[137] hatte zuvor zur Frage, welcher Beschwerdewert im Rahmen einer Stufenklage des Erben gegen den Bevollmächtigten des Erblassers anzusetzen ist, folgende Grundsätze niedergelegt: 156

„Wird bei einer Stufenklage eine Verurteilung zur Auskunft ausgesprochen, so ist für die Bemessung des Wertes des Beschwerdegegenstandes das Interesse des Rechtsmittelführers maßgebend, die Auskunft nicht erteilen zu müssen. Abgesehen von dem hier nicht gegebenen Fall eines besonderen Geheimhaltungsinteresses kommt es auf den Aufwand an Zeit und Kosten an, den die Erteilung der geschuldeten Auskunft (und Rechnungslegung) erfordert. Der eigene Zeitaufwand des Auskunftspflichtigen kann hierbei entsprechend den Regelungen für Zeugen im JVEG bewertet werden, woraus sich maximal 17 EUR/Stunde[138] ergeben (§ 22 JVEG). Kosten für die Hinzuziehung von sachkundigen Hilfspersonen können nur berücksichtigt werden, wenn sie zwangsläufig entstehen, weil der Auskunftspflichtige zu einer sachgerechten Auskunftserteilung allein nicht in der Lage ist. Das kommt nur in Ausnahmefällen in Betracht, etwa Angaben zu größeren Unternehmensbeteiligungen für länger zurückliegende Zeiträume."

Der Streitwert, der für einen Klageantrag auf Abgabe der eidesstattlichen Versicherung festzusetzen ist, bemisst sich an dem Aufwand an Zeit und Arbeit, der für die Überprüfung und Ergänzung der beanstandeten Informationen erforder- 157

136 BGH Beschl. v. 13.4.2016, IV Z.B. 40/15, Beck RS, 07518.
137 BGH FamRZ 2010, 891.
138 Anmerkung des Autors: seit 1.8.2013 höchstens 21 EUR, vgl. § 22 JVEG.

lich ist.[139] Ein solcher Klageantrag sollte daher nicht aus Angst vor einem zu hohen Kostenrisiko scheitern.

Für den Leistungsantrag in der dritten Stufe wiederum gilt – ohne Besonderheiten – der summierte Wert der geltend gemachten Ansprüche.

158 Zu beachten ist, dass bei der Stufenklage die einzelnen Werte der jeweiligen Klageanträge nicht addiert werden. Für die Berechnung der Gerichtskosten ist gem. § 44 GKG der höchste Wert maßgeblich, wobei gem. § 40 GKG der Zeitpunkt der Einreichung der Stufenklage entscheidend ist. Auch bezogen auf die Rechtsanwaltsvergütung gilt für die Verfahrensgebühr gem. Nr. 3100 VV-RVG nur der Höchstwert, die Terminsgebühr gem. Nr. 3104 VV-RVG errechnet sich nur aus dem Wert, der im Termin verhandelt wird.[140]

VI. Kostentragung

159 Wird eine isolierte Auskunftsklage erhoben, gelten die allgemeinen Grundsätze der §§ 91 ff. ZPO. Hat sich die Auskunftsklage erledigt, kann eine Kostenentscheidung nach § 91a ZPO ergehen, falls die Parteien sich hierüber nicht außergerichtlich geeinigt haben. Der Beklagte muss wissen, dass er im Falle einer Verurteilung zur Auskunft unabhängig von einem späteren Leistungsanspruch zur Übernahme der Kosten verpflichtet ist.

160 Im Rahmen der Stufenklage kommt es erst mit dem Schlussurteil der ersten Instanz zu einer einheitlichen Kostenentscheidung über alle Stufen. Daher ist eine Quotelung möglich, wenn z.B. der Auskunftsanspruch unbegründet (z.B. weil die Auskunft schon ausreichend erteilt war) und der Leistungsantrag begründet war. In die einheitliche Kostenentscheidung fließt auch der Umstand einer übereinstimmenden Erledigungserklärung über den Auskunftsanspruch ein, für einen Teilbeschluss gem. § 91a ZPO ist kein Raum.[141]

161 Bei einer „stecken gebliebenen“ Stufenklage, bei der das Ergebnis der Auskunft zu keinem Leistungsanspruch kommt, ist dogmatisch umstritten, ob es zu einer Erledigung in der Hauptsache gekommen ist. Der BGH[142] verneint dies, bejaht aber im Ergebnis gleichwohl einen materiellrechtlichen Schadensersatzanspruch des Klägers hinsichtlich der nutzlos aufgewendeten Kosten für die unbegründete Klage unter dem Gesichtspunkt des Verzuges.[143]

139 BGH FamRZ 1991, 1833.

140 Vgl. Zöller/*Greger*, § 254 Rn 18.

141 Vgl. Zöller/*Greger*, § 254 Rn 5.

142 BGH NJW 1994, 2895.

143 Zöller/*Vollkommer*, § 91a Rn 58 „Stufenklage“.

VII. Zwangsvollstreckung

1. Vollstreckung des Auskunftsanspruchs

Bei der Auskunftserteilung handelt es sich um eine unvertretbare Handlung, die 162
gem. § 888 ZPO durch Verhängung von Zwangsgeld oder Zwangshaft vollstreckt wird.

In der Praxis kommt es sehr selten vor, dass wegen einer Auskunftspflicht vollstreckt werden muss. Falls doch, muss diese gem. § 888 Abs. 1 ZPO beim Prozessgericht des ersten Rechtszuges beantragt werden. Anders als sonst bedarf es daher nicht der Übermittlung einer vollstreckbaren Ausfertigung des Urteils, weil sich Existenz und Zustellung des Urteils aus der Prozessakte ergeben.

Muster 3.7: Vollstreckungsantrag auf Festsetzung von Zwangsmitteln 163

An das Landgericht

In der Vollstreckungssache

des Herrn

– Gläubiger –

gegen Frau

– Schuldner –

wird namens und mit Vollmacht des Gläubigers beantragt, wie folgt zu beschließen:

Gegen die Schuldnerin wird wegen der Verweigerung

a) dem Gläubiger ein Bestandsverzeichnis über den Nachlass des am verstorbenen zum Stichtag vorzulegen,
b) dem Gläubiger Auskunft über den Stand der Rechtsgeschäfte zu erteilen, die sie in Ausübung der Vorsorgevollmacht des verstorbenen vom getätigt hat,
c) dem Gläubiger eine geordnete und vollständige Zusammenstellung der Einnahmen und Ausgaben vorzulegen, die in Ausübung der mit dieser Vorsorgevollmacht getätigten Verfügungen erfolgt sind und
d) dem Gläubiger sämtliche hierzu bestehenden Belege und Urkunden in Form von Verträgen, Rechnungen, Auftragsbestätigungen, Kontoauszügen des Girokontos Nr. bei der -Bank in geordneter Form herauszugeben,

gemäß in Kopie beigefügtem Versäumnisurteil des LG vom , Aktenzeichen ein

Zwangsgeld

festgesetzt und für den Fall, dass dieses nicht beigetrieben werden kann,

Zwangshaft

angeordnet.

Begründung:

Gemäß dem im Antrag genannten rechtskräftigen Versäumnisurteil hat die Schuldnerin die Pflicht zur umfassenden Auskunftserteilung.

Trotz Zustellung des Urteils und trotz in Kopie beigefügter zusätzlicher Aufforderung vom , ist die Schuldnerin bis heute untätig geblieben.

Daher ist die Festsetzung eines Zwangsgeldes erforderlich.

Rechtsanwalt

2. Vollstreckung der eidesstattlichen Versicherung

164 Hat das Gericht – was selten vorkommt – festgestellt, dass die Auskünfte so unsorgfältig erteilt wurden, dass vom beklagten Bevollmächtigten eine eidesstattliche Versicherung (e.V.) verlangt werden darf, sollte dieser Anspruch im Weigerungsfalle auch vollstreckt werden.

165 Dies ist ein nicht alltäglicher Vorgang, der daher auch nicht an die Fachangestellte mit der Verfügung „Abgabe e.V. veranlassen" delegiert werden sollte. Die Wahrscheinlichkeit ist groß, dass der Gerichtsvollzieher beauftragt wird, vom Schuldner eine eidesstattliche Versicherung über seine Vermögensverhältnisse abzunehmen. Dieser Verwechslungsgefahr sollte durch einen genauen und ordnungsgemäßen Vollstreckungsantrag gem. § 889 Abs. 1 ZPO an das zuständige Vollstreckungsgericht begegnet werden.

166 Der in § 261 Abs. 3 BGB niedergelegte Grundsatz, wonach derjenige, der die Abgabe der eidesstattlichen Versicherung verlangt, auch für deren Kosten aufzukommen hat, gilt im Erzwingungsverfahren nicht.[144]

167 **Muster 3.8: Vollstreckungsantrag auf Abgabe der eidesstattlichen Versicherung**

An das Vollstreckungsgericht[145]

In der Vollstreckungssache

des Herrn – Gläubiger –

gegen Frau – Schuldnerin –

wird namens und mit Vollmacht des Gläubigers beantragt, wie folgt zu beschließen:

Die Schuldnerin wird wegen der Verweigerung der eidesstattlichen Versicherung, zu der sie gemäß in vollstreckbarer Ausfertigung beigefügtem Urteil des LG vom , Aktenzeichen , verpflichtet ist, zu einem

144 Vgl. Grüneberg/*Grüneberg*, § 261 Rn 3.

145 Zuständig ist das Amtsgericht am Wohnort des Schuldners, § 889 Abs. 1 ZPO.

Termin zur Abgabe der eidesstattlichen Versicherung

vor das Vollstreckungsgericht geladen. Erscheint sie zu diesem Termin nicht, wird bereits jetzt gem. §§ 889 Abs. 2, 888 ZPO die Verhängung eines

Zwangsgeldes

und für den Fall, dass dieses nicht beigetrieben werden kann,

Zwangshaft

beantragt.

Begründung:

Gemäß dem diesem Antrag beigefügten rechtskräftigen Urteil hat die Schuldnerin die Pflicht zur Abgabe einer eidesstattlichen Versicherung.

Trotz Zustellung des Urteils und trotz in Kopie beigefügter zusätzlicher Aufforderung vom , ist die Schuldnerin bis heute dieser Aufforderung nicht nachgekommen. Daher ist die Durchführung des Erzwingungsverfahrens erforderlich.

Rechtsanwalt

G. Mögliche Einwendungen des Bevollmächtigten

Der Bevollmächtigte hat verschiedene Möglichkeiten, auf ein Auskunftsverlangen 168
zu reagieren. In den meisten Fällen wird das Auskunftsverlangen anerkannt und dann nach bestem Wissen und Können – was sehr relative Begriffe sein können – erfüllt.

Es gibt aber auch Bevollmächtigte, die Gründe haben, eine Auskunft über ihr Handeln zu verweigern. Soweit es sich dabei um rechtlich erhebliche Gründe handelt, werden diese nun dargestellt.

I. Fehlende Rechtsgrundlage

Ein häufiger Einwand gegen eine Auskunfts- und Rechenschaftspflicht ist die 169
Auffassung, es gebe hierfür keine Rechtsgrundlage. Dass dem meist nicht so ist, ergibt sich aus den Ausführungen zu Beginn dieses Kapitels (siehe Rdn 6 ff.), wonach regelmäßig ein Auftragsverhältnis anzunehmen ist.

II. Erfüllung

Der Bevollmächtigte wird sich oft darauf berufen, dass er die Auskunftspflichten 170
bereits erfüllt hat. Für diesen Umstand ist er allerdings voll beweispflichtig.[146]

146 Vgl. NK-BGB/*Schwab*, § 666 Rn 13.

Die Einrede der Erfüllung wird oft durch Vorlage einer Ausgleichsquittung des verstorbenen Vollmachtgebers bekräftigt. Als Rechtsanwalt der Erben des Vollmachtgebers hat man in dieser Situation zwei Möglichkeiten: Entweder man akzeptiert die Ausgleichsquittung, weil es vielleicht tatsächlich keinen Grund zur Beanstandung gab und die Mandanten es akzeptieren – oder man sucht nach Angriffspunkten. Ist zu vermuten, dass es sich um eine erschlichene Ausgleichsquittung handelt, bieten sich nachfolgende Prüfschritte an.

171 Zunächst ist zu fragen, ob wirklich eine Rechnungslegung entgegengenommen wurde. Die Formulierung: „Mein Vertreter hat mir die Kontoauszüge und Rechnungen gezeigt, ich bin damit einverstanden und verzichte auf weitere Auskünfte", ist nicht automatisch als Erfüllung anzusehen, vielmehr ist dies eine Verzichtserklärung, die bei vermutetem Fehlverhalten nicht greift (siehe Rdn 177 f.). Sodann ist die Echtheit der Unterschrift zu prüfen. Wenngleich gefälschte Urkunden im Zivilprozess sehr selten und die Kosten eines graphologischen Gutachtens hoch sind, wird das Bestreiten der Echtheit die Verhandlungsposition nicht verschlechtern.[147] Wenn die Unterschrift zweifellos echt ist, bleibt nur noch der Einwand der mangelnden Geschäftsfähigkeit, für die eine krakelige Unterschrift ein Indiz sein kann – aber nicht sein muss.[148] Gleichwohl tragen die Erben auch hierfür die volle Beweislast.

III. Vertraglicher Ausschluss der Auskunftspflicht

172 Auskünfte können dann nicht verlangt werden, wenn dies zwischen Bevollmächtigtem und Vollmachtgeber so vereinbart war oder der Vollmachtgeber einseitig auf sein Recht verzichtet hat. § 666 BGB ist grundsätzlich dispositiv.[149]

Ob dem Vollmachtgeber ein solcher Verzicht „untergejubelt" wurde oder es ihm darum ging, vor der Nachwelt seinen persönlichen und wirtschaftlichen Lebenswandel zu verbergen, ist oft nicht mehr zu ermitteln.

Bei diesem gegenüber den Erben des Vollmachtgebers häufig erhobenen Einwand ist immer zu differenzieren.

---

147 Im Prozess hingegen sollte man damit allerdings vorsichtig sein, vgl. *Schneider*, MDR 1987, 725: Bestreiten in aller Regel nur ein Pyrrhussieg.

148 So können z.B. an Parkinson Erkrankte trotz unleserlichem Schriftbild völlig klar bei Verstand sein.

149 Vgl. Grüneberg/*Grüneberg*, § 666 Rn 1. Nicht dispositiv sind hingegen Auskunftspflichten, die erst nach dem Erbfall entstehen, z.B. die des Erbschaftsbesitzers, vgl. OLG Bremen OLG-Report Bremen 2002, 187.

1. Ausdrückliche Vereinbarung

Beruft sich der Bevollmächtigte auf eine schriftliche Vereinbarung mit dem Vollmachtgeber, ist diese genau zu prüfen. 173

Handelt es sich um eine formularmäßig verwendete Klausel, wonach auf die Rechnungslegung verzichtet wird, kann diese wegen unangemessener Benachteiligung des Vollmachtgebers gem. § 307 BGB unwirksam sein.[150]

Für die Annahme einer vorformulierten Vertragsbedingung ist übrigens nicht erforderlich, dass ausgedruckte Formulare verwendet wurden. Es reicht schon aus, wenn ein in der EDV gespeicherter Text für eine mehrfache Verwendung vorgesehen ist.[151] Bei notariellen Vorsorgevollmachten, die in den seltensten Fällen individuell ausgehandelt werden, ist dies relativ leicht nachzuweisen.[152] 174

Der Rechtsanwalt, der Anhaltspunkte dafür hat, dass dem Vollmachtgeber beim Notar eine Verzichtsklausel „untergeschoben" wurde, muss allerdings auch wissen, dass es noch keine eindeutige Rechtsprechung zu diesem speziellen Fall gibt. 175

Entschieden hat die Rechtsprechung aber schon den Fall einer sehr individuell formulierten Befreiung von Auskunftspflichten, die der wohlhabende Erblasser so niederlegte:

> *„Die Vollmacht umfasst auch die Aufgaben und gesellschaftlichen Verpflichtungen meiner privaten Repräsentation (…) über den geschäftlichen Bereich hinaus, so dass insoweit die Wahrnehmung durch Frau P vorrangig ist. Die Bevollmächtigte ist außer mir höchstpersönlich niemanden gegenüber Rechenschaft schuldig, und zwar gilt dies für Handlungen in meinem Namen und meinem Auftrag, für ihre eigenen freiwilligen Leistungen und meine eigenen Aufwendungen (…) und Geschenke, gleich welcher Größenordnung für die Vergangenheit und die Zukunft. Ich bestätige dies als meinen ausdrücklichen Willen, der von meinen Erben zu respektieren ist."*

Anders als die Erben respektierte der BGH,[153] dass die so bevollmächtigte Lebensgefährtin des Erblassers in acht Monaten über ca. 550.000 EUR aus dem Vermögen des Erblassers verfügt hatte, ohne sich hierüber erklären zu müssen. Der BGH hielt die Befreiung für wirksam, auch vor dem Hintergrund, dass der Erblasser zu Lebzeiten sehr wohl die Verfügungen noch hätte überprüfen können. Insoweit durfte der Erblasser das Auftragsverhältnis so gestalten, dass ein wesentliches Recht den Erben nicht mehr zustehen sollte. 176

Sehr viel kritischer geht die Rechtsprechung dagegen mit Bevollmächtigten um, die sich auf einen anfänglichen Verzicht des Vollmachtgebers berufen. Zwar 177

150 BGH NJW 1994, 1861, 1863 für die AGB bei Vermögensverwaltungsverträgen.
151 BGH NJW 2001, 2635.
152 Zum Anscheinsbeweis auch bei Notarverträgen vgl. Grüneberg/*Grüneberg*, § 305 Rn 24.
153 BGH NJW-RR 1990, 131.

wurde bislang noch nicht entschieden, ob ein solcher Verzicht schon als Verstoß gegen § 138 BGB unwirksam ist. Hiergegen spricht schon, dass der Vollmachtgeber bei lebzeitigem Widerruf der Vorsorgevollmacht wesentliche Entwicklungen seines Vermögens nicht nachvollziehen könnte.[154] Es wäre nicht hinnehmbar, wenn sich der Vollmachtgeber so der Willkür des Bevollmächtigten ausgeliefert sähe. Daher kann ein Verzicht sich nur auf bestimmte Sachverhalte bzw. Zeiträume beziehen. Ob ein Verzicht wirksam war oder nicht, bedarf gleichwohl selten einer Prüfung, denn im Ergebnis wird bei vermutetem Vollmachtsmissbrauch die Berufung auf den Auskunftsverzicht selbst rechtsmissbräuchlich sein.

178 So sah das OLG Karlsruhe[155] es nach einer Zeugenvernehmung zwar als erwiesen an, dass der Vollmachtgeber auf seine Rechte nach § 666 BGB mündlich verzichtet habe. Dieser Verzicht gründe jedoch auf einem Vertrauen des Vollmachtgebers in die Redlichkeit des Bevollmächtigten. Fehle es daran, weil der Bevollmächtigte Geschäfte tätigt, aus denen sich begründete Anhaltspunkte für ein pflichtwidriges Verhalten ergeben, muss es aus dem Gesichtspunkt von Treu und Glauben dem Vollmachtgeber möglich sein, dieses Verhalten zu überprüfen.

179 Ob man das Wiederaufleben des Auskunftsanspruchs mit § 242 BGB begründet oder gem. § 313 BGB eine Anpassung nach Störung der Geschäftsgrundlage annehmen will, kann dahinstehen. Jedenfalls ist die Rechtsprechung nicht gewillt, unredliche Bevollmächtigte mit dieser „billigen" Ausrede davonkommen zu lassen.

Andererseits kann sich der Bevollmächtigte im Schutze des Auskunftsverzichts sicher sein, nicht für jede Verfügung, die er nicht belegen kann, von den Erben verantwortlich gemacht zu werden.

180 **Hinweis**

Wer einen Bevollmächtigten vertritt, sollte die Berufung auf einen vertraglichen Ausschluss der Auskunftspflicht auch immer mit den Motiven des Erblassers unterlegen. Regelmäßig kommt es dem Erblasser darauf an, den Bevollmächtigten, dem er vertraut, keine buchhalterischen Pflichten aufzubürden, um auftragsgemäße Verfügungen nachzuhalten. Auch, was auftragsgemäß ist, sollte in für Außenstehende nachvollziehbare Weise dargelegt werden.

2. Konkludente Vereinbarung

181 Gerne wird vom Bevollmächtigten behauptet, dass der Erblasser ihm gegenüber nie einen Bericht über getätigte Verfügungen verlangt habe und insoweit ja wohl selbstverständlich von einem schlüssigen Verzicht auf Auskunft und Rechen-

---

154 So *Sarres*, ZEV 2013, 212, 214.

155 OLG Karlsruhe, Urt. v. 25.8.2005 – 1 U 6/05; *Scharf/Hack*, in: Rudolf/Bittler/Roth, § 1 Rn 150; vgl. auch BGH WM 1984, 1164, 1167.

schaft auszugehen sei. § 666 BGB ist dispositiv,[156] so dass dieser Vortrag nicht von vorneherein abwegig ist. Dennoch gilt: Ein konkludenter Verzicht setzt einen konkreten Vortrag voraus, an den höhere Maßstäbe zu setzen sind.

Auf einen solchen Vortrag ist zunächst zu erwidern, dass bloßes Schweigen im Allgemeinen noch keinen Erklärungstatbestand setzt und weder als Zustimmung noch als Ablehnung zu sehen ist.[157] Der BGH[158] hat entschieden, dass selbst die unwidersprochene Hinnahme von abgerundeten Zahlungen aus einer von einem Bevollmächtigten verwalteten Mietimmobilie keinen Verzicht auf eine Rechnungslegung beinhaltet. Wer über einen längeren Zeitraum ein Recht nicht geltend macht, verzichtet nicht darauf, hat es allenfalls verwirkt (siehe Rdn 193 ff.).

Ein teilweise konkludenter Verzicht darf hingegen angenommen werden, wenn der Vollmachtgeber sich über Jahre hinweg mit gerundeten Beträgen begnügt hatte.[159] Dann darf nicht plötzlich eine centgenaue Abrechnung gefordert werden.

Aus einer schriftlichen Abrede, wonach der Bevollmächtigte „nach freiem Ermessen und ohne vorherige Einholungen von Weisungen oder Zustimmung" handeln darf, ist keinesfalls ein Verzicht auf den Auskunftsanspruch abzuleiten.[160] **182**

Generell ist somit bei der Annahme eines konkludenten Verzichts größte Zurückhaltung geboten.

Hinweis

Wer einen Bevollmächtigten vertritt, sollte überlegen, ob er sich für seinen Mandanten auf konkludenten Verzicht berufen will. Kann ein Verzicht nämlich nicht bewiesen werden, gilt, dass Rechenschaftspflicht bestehe, also dürfte eine Berufung auf Treuwidrigkeit des Auskunftsverlangens ein Geschmäckle haben.

IV. Treuwidrigkeit des Auskunftsverlangens

Die Berufung auf Treu und Glauben gem. § 242 BGB wird bei Argumentationsschwächen gerne als juristische Notbremse gegen alle Ungerechtigkeiten der Welt ins Feld geführt. **183**

Im Bereich des Auskunftsrechts kann mit Treu und Glauben allerdings recht gut argumentiert werden, wenn man Tatsachen vortragen kann, die dazu führen, dass eine Auskunftserteilung unzumutbar, verwirkt oder rechtsmissbräuchlich ist.

156 OLG München Beck RS 2012, 14122.
157 BGH NJW 2002, 3629.
158 BGH NJW 2001, 1131.
159 BGH ZEV 2001, 194.
160 BGH NJW 1994, 1861.

Der Bevollmächtigte muss aber wissen, dass – wie in der Ehe – der Treulose keinen Treueverstoß monieren kann. Stellen sich also ernste Zweifel an der Zuverlässigkeit seiner Geschäftsführung heraus, darf der Bevollmächtigte sich nicht mehr auf einen Verstoß gegen Treu und Glauben berufen und muss umfänglich Auskunft erteilen.[161] Es müssen indes begründete Auffälligkeiten nachgewiesen werden, kleinere Unregelmäßigkeiten und Irrtümer reichen nicht aus.[162]

Folgende Fallgruppen sind zu unterscheiden.

1. Gesundheitliche Gründe in der Person des Bevollmächtigten

184 Vor allem bei älteren und kranken Bevollmächtigten kann eingewendet werden, dass es ihnen nicht mehr zumutbar ist, Auskünfte zu erteilen. Das OLG Düsseldorf hat bei einer 77-jährigen Bevollmächtigten, die krebskrank und auf den Rollstuhl angewiesen war, die Auffassung vertreten, dass mangels Zumutbarkeit kein Auskunftsanspruch bestünde.[163] Diesen „Krankheitsbonus“ soll es aber nicht geben, wenn Anhaltspunkte für einen Missbrauch bestehen.

185 Wenngleich diese Rechtsprechung Bevollmächtigten mit Handicap eine gute Position gibt, sollte man sich als Klägervertreter nicht entmutigen lassen. Solange jemand geschäftsfähig ist, kann er auch Dritte beauftragen, die Auskunft zu erteilen. Zudem kann man vortragen, dass Missbrauch betrieben wurde und insoweit kein Grund zur Schonung besteht.

186 **Hinweis**

Wird ein in buchhalterischen Dingen unerfahrener Bevollmächtigte zur Rechnungslegung aufgefordert, klaffen die rechtlichen Ansprüche mit den tatsächlichen Möglichkeiten weit auseinander. Auch gutwillige Bevollmächtigte können gegenüber Papierkram einen inneren Widerstand entwickeln, der durch drohende Schriftsätze und Fristsetzungen nur verstärkt wird. Eine Lösung dieses Problems ist die Möglichkeit, dem Bevollmächtigten anzubieten, dass eine von ihm beauftragte Buchhaltungskraft die Belege sortiert und die Ein- und Ausgabenrechnung vorbereitet, die von ihm dann unterzeichnet wird.

Die Kosten hierfür sind freilich vom Vollmachtgeber bzw. dessen Erben zu erstatten.[164] Da der Auftragnehmer unentgeltlich tätig wird, darf der diese Mehrkosten nicht aufgebürdet bekommen, es handelt sich mithin um Aufwendungsersatz nach § 670 BGB.

---

161 St. Rspr., BGH NJW RR 1987, 963, 964, OLG Köln ZEV 2013, 339, 340.

162 OLG Düsseldorf Beck RS, 2009, 18495.

163 OLG Düsseldorf ZEV 2007, 184, 185, allerdings hat das OLG hier auch ein Auftragsverhältnis verneint wegen einer nichtehelichen Lebensgemeinschaft.

164 Im Interesse einer zügigen Erledigung wird der Vollmachtgeber auch Vorschuss leisten.

Eine Amnesie ist ein Argument, dass den Auskunftsanspruch dem Grunde nach nicht wegfallen lässt, ihn aber einschränken kann, weil Unmögliches nicht verlangt werden kann. Wenn allerdings Erinnerungslücken erkennbar nur vorgeschoben sind, dann bleibt immer noch die Möglichkeit, den Bevollmächtigten mit seinen eigenen Waffen zu schlagen – siehe nachfolgendes Beispiel. 187

Beispiel 188

Ein Bevollmächtigter wurde zur Rechenschaft über vermutete Barabhebungen aufgefordert, die fünf Jahre zurücklagen. Er antwortete schriftlich, dass er an diese Zeit nicht die geringste Erinnerung habe und deshalb zu keiner Auskunft imstande sei. Nach einer Bankrecherche stellte sich heraus, dass er mit mehreren Verfügungen vom Konto des Erblassers 14.000 EUR in bar abgehoben hatte. Auf diesen Vorhalt gab er an, das Geld beim Erblasser abgeliefert zu haben. Es ist klar, dass dieser Vortrag wegen des Widerspruchs zur vorherigen Einlassung als unsubstantiierte Schutzbehauptung nicht zu berücksichtigen war. Der Bevollmächtigte hatte Rückzahlung zu leisten.

2. Schikane

Ein weiterer Fall der Unzumutbarkeit kann dann bestehen, wenn das Auskunftsinteresse so unbedeutend ist, dass es in keinem Verhältnis zum Aufwand der Auskunftserteilung steht und schon absehbar ist, dass auch nach Erteilung der Auskunft der Berechtigte keine Ansprüche daraus ableiten können wird.[165] 189

Seit der Schuldrechtsreform gibt es in § 275 Abs. 2 BGB sogar einen konkreten Anknüpfungspunkt. Danach hat der Schuldner das Recht, die Leistung zu verweigern, soweit diese einen Aufwand erfordert, der in einem groben Missverhältnis zum Leistungsinteresse des Gläubigers steht. Allerdings ist bei der Bemessung des zumutbaren Aufwandes auch das Schuldnerverhalten zu berücksichtigen. Hat z.B. der Bevollmächtigte alle Belege vernichtet, obwohl er mit einer Überprüfung rechnen musste, ist es seine Aufgabe, diese wieder zu beschaffen. 190

Beispiel 191

Erblasser E hatte kein Vermögen und nur eine kleine Kriegsversehrtenrente, die gerade ausreichte, um seinen bescheidenen Lebensunterhalt zu bestreiten. Seine Tochter T hat den pflegebedürftigen E bei sich aufgenommen und monatlich seine Rente abgehoben und für die gemeinsame Haushaltskasse vereinnahmt. Ihr miterbender Bruder B verlangt nun Auskunft und Rechenschaft, obwohl klar ist, dass die gesamte Rente verbraucht wurde.

Mit Hinweis darauf, dass auch bei Erfüllung des Auskunftsanspruchs kein Rückzahlungsanspruch bestünde, kann T die Auskünfte verweigern.

---

165 Vgl. BGH WM 1984, 1164 f.; BGHZ 108, 399.

3. Verwirkung durch Zeitablauf

192 An eine Verwirkung des Auskunftsrechts ist dann zu denken, wenn der Vollmachtgeber längere Zeit keine Auskunft verlangt hat, und der Bevollmächtigte berechtigterweise davon ausgehen durfte, dass auch in Zukunft keine Auskunft verlangt werde.[166] Andererseits steht es jedem frei, die Geltendmachung seiner Rechte bis zum Ablauf der Verjährungsfrist nicht geltend zu machen. Insoweit stellt sich die Frage, welche besonderen Umstände der Bevollmächtigte für sich in Anspruch nehmen darf, die zu einer Verwirkung führen.

Das OLG Koblenz hat – allerdings bezogen auf die Auskunftsansprüche nach §§ 2027, 2028 BGB – entschieden, dass ein Miterbe nach zehn Jahren keine Informationen mehr schuldet, wenn so lange nichts unternommen wurde, um die Erbengemeinschaft auseinanderzusetzen. Zu lange sollte man also nicht warten, sonst heißt es „selbst schuld“, oder wie es das OLG Koblenz[167] in wohlgesetzten Worten formuliert:

> *„Die Erfüllung des Auskunftsanspruchs setzt vor allem ein noch vorhandenes Erinnerungsvermögen voraus. Dieses ist durch eine erhebliche Vergänglichkeit geprägt, die es mit fortschreitendem Zeitablauf als rechtsmissbräuchlich erscheinen lässt, wenn sich der Berechtigte nach Jahren der Tatenlosigkeit auf den ihm grundsätzlich noch zustehenden Auskunftsanspruch beruft.*
> *Dabei verkennt der Senat nicht, dass es einem Miterben ohne entsprechende Auskunft u.U. erschwert sein kann, seinen fortbestehenden Auseinandersetzungsanspruch durchzusetzen. Dieser dann möglicherweise faktische Eigentumsverlust ist auch im verfassungsrechtlichen Lichte hinzunehmen, wenn er durch das eigene Verhalten des Anspruchsberechtigten veranlasst ist.“*

Hatte der BGH es noch offengelassen, ob die Grundsätze der Verwirkung des Auskunftsanspruchs auch auf den Herausgabeanspruch gem. § 667 BGB ausstrahlen, ist dies untergerichtlich[168] und in der Literatur[169] inzwischen einhellige Meinung. *Pamp*[170] bemerkt zutreffend, dass dem Bevollmächtigten wenig gedient sei, wenn er im Rahmen des Leistungsanspruchs sozusagen durch die Hintertür doch im Einzelnen darlegen und beweisen müsste, wofür das Erlangte verwendet wurde.

193 Keinen Vertrauenstatbestand dürfte die altersbedingte Passivität des Vollmachtgebers begründen. Im Gegenteil: Mangelnde Kontrolle ist keine besondere, sondern gerade typische Ausprägung eines Auftragsverhältnisses, das auf Vertrauen gründet und nicht selten zu völliger Abhängigkeit – vor allem auch emotional – vom

166 Vgl. BGH NJW 1993, 2178.
167 OLG Koblenz Zerb 2014, 72.
168 Z.B. OLG Schleswig NJW-RR 2010, 1720, 1721 f.; OLG Hamm Beck RS 2010, 18422.
169 Z.B. *Osterloh-Konrad*, ErbR 2012, 322, 326; *Horn/Schabel*, NJW 2012, 3473, 3477.
170 *Pamp*, ErbR 2013, 226, 228.

Bevollmächtigten führt. In einer solchen Situation wird der Vollmachtgeber nicht ohne Not eine „Kultur des strengen Rapports" pflegen. In vielen Fällen wird er gar nicht in der Lage sein, seine Rechte auszuüben. Dann werden regelmäßig andere Personen, insbesondere die Erben, einen Einblick in die Vermögensverhältnisse nehmen können. Ein redlicher Bevollmächtigter wird immer damit rechnen müssen, sich auch vor Rechtsnachfolgern für sein Handeln zu verantworten.

Der BGH[171] führt hierzu aus: 194

„Dem Berufungsgericht ist zwar darin zuzustimmen, dass ein Anspruch auf Rechnungslegung entfallen kann, wenn er jahrelang nicht geltend gemacht worden ist. Denn eine nachträgliche Erhebung kann dann unter Umständen gegen Treu und Glauben verstoßen. (…) Es hat aber nicht beachtet, dass eine solche Beurteilung ausgeschlossen ist, wenn nachträglich beachtliche Gründe für die Nachholung der Rechnungslegung beigebracht werden. Diese Voraussetzungen sind vor allem dann gegeben, wenn der Berechtigte Tatsachen nachweist, die geeignet sind, Zweifel an der Zuverlässigkeit des Pflichtigen und seiner Geschäftsführung zu erwecken."

Eine Verwirkung durch Zeitablauf wird meistens durch weitere Faktoren unterstützt, wenn erkennbar kein Missbrauch vorliegt. Das LG München hatte in diesem Zusammenhang das Auskunftsbegehren eines Testamentsvollstreckers zur Vorbereitung von Rückforderungen gegen die langjährige Lebensgefährtin des Erblassers zurückgewiesen. Die im Zeitpunkt der Entscheidung 83-jährige Lebensgefährtin lebte seit über 20 Jahren in häuslicher Gemeinschaft mit dem Erblasser, den sie bis zum Schluss gepflegt hatte. Zwischen 2001 und 2009 wurden von ihr ein bis zweimal jährlich Barbeträge in Höhe von bis zu 5.500 EUR abgehoben. Das LG München[172] hat die Klage mit folgender Begründung abgewiesen: 195

„Zwischen dem Erblasser und der Beklagten fehlte es nämlich an dem erforderlichen Rechtsbindungswillen. Im Rahmen eines besonderen Vertrauensverhältnisses, wie es eine langjährige Lebenspartnerschaft ist, wird in der Regel keine Auskunft oder Rechenschaft verlangt, mit der Folge, dass auch Herausgabeansprüche nicht bestehen. Der Partner einer nichtehelichen Lebensgemeinschaft soll grundsätzlich nicht im Nachhinein mit dem einseitigen Risiko belastet werden, Ausgaben bzw. die Verwendung von Geldern näher angeben und belegen zu müssen.

Gerade bei einem langjährigen nichtehelichen Lebensverhältnis, wie es hier vorliegt, kann nicht erwartet werden, dass der Bevollmächtigte sich über die Jahre Notizen macht und Belege sammelt, um ggf. nach dem Tode des Partners

171 BGHZ 39, 87, 93 f. = MDR 1963, 403.

172 LG München I, Urt. v. 7.6.2010 – 34 O 25145/09, Leitsatz in ErbR 2011, 127, zit. nach juris.

gegenüber den Erben Ausgaben, welche die Erbschaft als solche natürlich schmälern würde, belegen zu müssen. Dies gilt in vorliegenden Fall in besonderer Weise, da die Beklagte dem Erblasser nicht nur in einer Lebensgemeinschaft verbunden war, sondern darüber hinaus ihn offensichtlich nach seinem Schlaganfall im Jahre 2001 auch umfassend gepflegt hat. Auf der anderen Seite ist das Gericht jedoch davon überzeugt, dass der Erblasser noch geschäftsfähig war. Ein Betreuungsverfahren wurde nicht in die Wege leitet, so dass dem Umstand, dass der Erblasser nie Abhebungen gegenüber der Beklagten gerügt hat, besondere Bedeutung zukommt. Aus diesen Gründen besteht auch kein Anspruch aus § 812 BGB, da der Erblasser offensichtlich entsprechend dem Rechtsgedanken des § 814 BGB niemals Einwände gegen die Abhebungen der Beklagten erhoben hat.“

Dogmatische Unzulänglichkeiten, wie beispielsweise die Annahme der nichtehelichen Lebensgemeinschaft als rechtsfreien Raum, sind wohl der Preis, den man für im Ergebnis stimmige Urteile zahlen muss.

196 Einmal mehr wird klar, dass nur dem redlichen Bevollmächtigten die Berufung auf Verwirkung gestattet sein soll. Wer hingegen etwas zu verbergen hat, der soll sich auch nicht auf Verwirkung berufen dürfen.

197 **Hinweis**

Der Rechtsanwalt des Vollmachtgebers bzw. dessen Erben sollte gegenüber einem Verwirkungseinwand immer deutlich herausarbeiten, aus welchen Gründen der Vollmachtgeber über einen längeren Zeitraum keine Auskunft verlangt hat und welche Gründe für eine nachträgliche Einforderung des Rechts bestehen.

Der Rechtsanwalt des Bevollmächtigten sollte bei Berufung auf die Verwirkung argumentieren, dass er alles im Rahmen des Auftragsverhältnisses ordnungsgemäß getan habe und die nachträgliche Forderung eine reine Schikane sei.

Beide Seiten sind gefordert, sich im Rahmen des Sachlichkeitgebotes als jeweiliges „Opfer“ des anderen zu präsentieren, um bei Gericht „Redlichkeitspunkte“ zu sammeln.

4. Anderweitige Informationsmöglichkeiten

198 Der Rechtsanwalt des Vollmachtgebers bzw. dessen Erben muss nicht befürchten, dass von dritter Seite eingeholte Informationen, z.B. ein Kontenjournal von der kontoführenden Bank, zum Vorwurf des Rechtsmissbrauchs führen. Der Bevollmächtigte, dem so mögliche Verfehlungen vorgehalten werden, darf nicht einwenden, dass die Gegenseite schon alle Informationen habe und ihm nur aus Gründen der Schikane ein Rechenschaftsbericht abverlangt werde. Dem ist entgegenzuhalten, dass man nie sicher sein kann, alle Informationen zu haben, so lange der

Bevollmächtigte sich hierzu nicht erklärt hat. Auch der theoretischen Möglichkeit, sich die erforderlichen Informationen selbst zu beschaffen, erteilt die Rechtsprechung[173] als Argument für rechtsmissbräuchliches Verhalten eine Absage:

„Der Beklagte kann den Kläger nicht darauf verweisen, dass letzterer durch die ihm erteilte Ermächtigung in die Lage versetzt sei, die Einzelheiten selbst zu ermitteln. Es ist Sache des Beklagten, sich dieser Arbeit zu unterziehen; er hat kein Recht, sie auf den Kläger abzuwälzen.“

Insgesamt bleibt festzuhalten, dass die Berufung auf treuwidriges Verhalten eine häufige, aber nur selten Erfolg versprechende Einrede darstellt. **199**

V. Verjährung

Die Verjährung des Anspruchs auf Auskunft und Rechenschaft gem. § 666 BGB unterliegt gem. § 195 BGB der regelmäßigen Verjährungsfrist von drei Jahren. Die Verjährung beginnt gem. § 199 Abs. 1 Nr. 1 BGB mit Entstehung des Anspruchs. Da Auskunft und Rechenschaft nur auf Verlangen zu erteilen sind, handelt es sich um einen sog. verhaltenen Anspruch,[174] der zwar jederzeit, aber nur auf Verlangen des Berechtigten zu erfüllen ist und somit auch erst mit der Geltendmachung entsteht. In einem Fall, in dem es um Auskünfte aus einer Geschäftsbesorgung ging (Vermietung einer Ferienwohnung im eigenen Namen für die Rechnung des Eigentümers), hat der BGH[175] erst kürzlich zur Verjährung und dem Wesen des verhaltenen Anspruchs klargestellt: **200**

„Der Anspruch nach § 666 3. Alt. BGB entsteht grundsätzlich erst nach Beendigung des Auftrags. Im Ausgangspunkt weist die Revision allerdings darauf hin, dass bei auf Dauer angelegten Geschäftsbesorgungsverhältnissen eine Rechenschaftslegung kraft ausdrücklicher oder stillschweigender Abrede auch in periodischen Zeitabschnitten verlangt werden kann. (…) Es handelt sich aber bei einem Recht, vor Beendigung des Geschäftsbesorgungsverhältnisses (periodisch) Rechenschaftslegung verlangen zu können, um einen sogenannten verhaltenen Anspruch. Dessen Verjährung beginnt entsprechend § 695 S. 2 und § 696 S. 3 BGB erst mit seiner Geltendmachung (…). Ein entsprechendes Verlangen hat der Kläger jedoch nicht gestellt. Da die Tätigkeit der Beklagten gegenüber dem Kläger, anders als etwa die treuhänderische Führung eines Unternehmens, nicht mit dem formalen Abschluss von Geschäftsjahren (vgl. z.B. §§ 120, 252 HGB) oder vergleichbaren zeitlichen Zäsuren verbunden war, gibt es auch keinen Anhaltpunkt für eine anderweitige stillschweigende Abrede über eine von der Geltendmachung durch den Geschäftsherrn unab-

173 BGHZ 39, 87, 95 = MDR 1963, 403.
174 Vgl. Grüneberg/*Grüneberg*, § 199 Rn 8.
175 BGH, Urt. v. 3.1.2011 – III ZR 105/11, BeckRS 2011, 26786.

hängige periodische Rechenschafts- und Herausgabepflicht der Beklagten i.S.d. § 666 3. Alt. und § 667 BGB.“

201 Da die rechtliche Betreuung eines Menschen etwas anderes als die Führung eines Unternehmens ist, wird man mangels formaler zeitlicher Zäsuren, die vom HGB vorgeben sind, keine Stichtage im Gebrauch von Vorsorgevollmachten festlegen können. Folglich wird kein Bevollmächtigter erfolgreich einwenden können, der Anspruch sei verjährt, weil sein Handeln schon länger als drei Jahre zurückliege.[176] Es ist gerade die für den Gläubiger komfortable Rechtslage bei der Verjährung, die das Zeitmoment der Informationsrechte dem Maßstab der Zumutbarkeit (siehe Rdn 183 ff.) unterwirft.

Anders als bei der Vorsorgevollmacht wird man bei Einzelvollmachten genauer überprüfen müssen, wann Fälligkeit eingetreten ist. Hier ist nach dem BGH[177] grundsätzlich der Herausgabeanspruch schon fällig, sobald der Beauftragte den Gegenstand erhalten hat, wobei gerade in dieser wie auch in anderen Entscheidungen[178] immer betont wird, dass es auf die Umstände des Einzelfalls ankomme.

Wird der Bevollmächtigte aus deliktischem Anspruch haftbar gemacht, beträgt die Verjährungsfrist gem. § 852 S. 3 BGB zehn Jahre, und zwar kenntnisunabhängig.

202 Insbesondere für eine erteilte Vorsorgevollmacht gilt das Auftragsverhältnis erst mit dem Tod als beendet, so dass erst ab dann die Verjährungsfrist läuft, so zumindest argumentiert das Brandenburgische OLG:[179]

„Zwar verjähren Auskunftsansprüche nach § 666 BGB in drei Jahren ab dem Schluss des Jahres, in dem der Anspruch entstanden ist und der Gläubiger von den den Anspruch begründenden Umständen und der Person des Schuldners Kenntnis erlangt hat, §§ 195, 199 Abs. 1 BGB. Da der Auskunftsanspruch nach § 666 BGB der Vorbereitung eines Herausgabeanspruchs nach § 667 BGB dient, kann die Verjährung jedenfalls nicht früher zu laufen beginnen, als die Verjährung des Herausgabeanspruchs, dessen Vorbereitung der Auskunftsanspruch dient. Hier war der Beklagten ein umfassender Auftrag zur Verwaltung des gesamten Vermögens der Erblasserin erteilt worden. Dieser umfassende Auftrag ist erst mit dem Tod der Erblasserin im Jahre 2009 beendet worden. Mit der Beendigung des Auftragsverhältnisses ist der Herausgabeanspruch entstanden, so dass auch der Anspruch auf Auskunft und Rechnungslegung erst mit Beendigung des Auftragsverhältnisses fällig geworden ist. Selbst wenn man abweichend hiervon mit dem Landgericht davon ausgehen würde, dass

176 Der Versuch ist allerdings nicht strafbar, vielleicht wird man auf untergerichtlicher Ebene damit Erfolg haben.

177 BGH NZI 2005, 681.

178 BGH NJW 2012, 58, 61.

179 Brandenburgisches OLG, Urt. v. 7.12.2011 – 3 U 94/11, n.v.

in jeder einzelnen Abhebung vom Konto ein separater Auftrag liegt und mit der Abhebung vom Konto bereits Fälligkeit eingetreten ist, ist angesichts des dokumentierten gesundheitlichen Zustands der Erblasserin zweifelhaft, dass diese hinreichende Kenntnisse im Sinne des § 199 Abs. 1 Nr. 2 BGB von den tatsächlichen Umständen hat. Diese Zweifel gingen im Streitfall zu Lasten der Beklagten, da diese für die den Eintritt der Verjährung begründenden Tatsachen die Darlegungs- und Beweislast trägt.“

Auch die Argumentation, dass der Informationsanspruch als Hilfsanspruch mit dem Hauptanspruch steht und fällt, hilft in der Regel nicht weiter. Der Herausgabeanspruch entsteht zwar schon, wenn der Beauftragte etwas erlangt hat,[180] allerdings setzt der Beginn der Verjährungsfrist gem. § 199 Abs. 1 Nr. 2 BGB auch Kenntnis voraus, die gerade dann fehlt, wenn die Auskunft noch nicht erteilt wurde. **203**

In diesem Zusammenhang weisen *Horn/Schabel* darauf hin, immer genau darauf zu achten, ob Anhaltspunkte bestehen, dass der Erblasser von missbräuchlichen Verfügungen des Bevollmächtigten Kenntnis hatte bzw. ohne grobe Fahrlässigkeit hätte Kenntnis erlangen müssen.[181]

VI. Auskunftsverweigerung Dritter

Der Bevollmächtigte kann dem Auskunftsanspruch nicht entgegenhalten, dass ein Dritter die zur Erfüllung des Anspruchs notwendigen Auskünfte bzw. Unterlagen zurückhält. Ihm ist zuzumuten, dass er notfalls seinerseits den Dritten auf Auskunft bzw. Herausgabe verklagt.[182] Die Kosten hierfür hat indes der Vollmachtgeber gem. § 669 BGB vorzulegen, es sei denn, der Bevollmächtigte hat durch pflichtwidriges Handeln (z.B. Vernichtung von Kontoauszügen) den Zustand selbst herbeigeführt. Dann haftet er für die Kosten der Informationsbeschaffung gem. § 280 BGB. **204**

VII. Tod des Bevollmächtigten

Führt der Tod zum ewigen Schweigen des Bevollmächtigten, lebt der Auskunftsanspruch des § 666 BGB gleichwohl weiter.[183] Die Erben haben nach Kräften die verfügbaren Informationsquellen aufzubereiten und Rechenschaft abzulegen. Sind die Erben aus rechtlichen Gründen nicht in der Lage, muss hierfür notfalls eine Nachlassverwaltung beantragt werden. **205**

---

180 BGHZ 107, 88, 90.

181 *Horn/Schabel*, NJW 2012, 3473, 3478.

182 OLG Saarbrücken NJW-RR 2000, 229; BGHZ 107, 104.

183 BGH NJW 1988, 2729.

§ 4 Die Leistungsansprüche gegen den Bevollmächtigten

A. Allgemeines

In der Praxis können sehr unterschiedliche Formen des unberechtigten Vertreterhandelns vorkommen: vom einmaligen „Sündenfall“ durch eine eigenmächtige Barabhebung bis hin zum jahrelangen Vollmachtsmissbrauch, mit dem der Vollmachtgeber systematisch enteignet wird, reichen die Fälle, in denen der Rechtsanwalt meist für die Erben retten soll, was zu retten ist. Neben die Schwierigkeit, den Sachverhalt zu ermitteln, treten oft rechtliche Probleme hinzu, den Bevollmächtigten zur Rechenschaft zu ziehen. 1

Die meisten Fälle betreffen fragwürdige Bankgeschäfte, mit denen der Bevollmächtigte über das Geldvermögen des Vollmachtgebers verfügt. Es sind aber auch Verfügungsgeschäfte über Immobilien, Kraftfahrzeuge und andere Wertgegenstände, die der Bevollmächtigte an sich oder Dritte veräußert, bei denen Rückforderungs- oder Schadensersatzansprüche zu prüfen sind. 2

Dem Vollmachtgeber bzw. seinen Erben stehen im Wesentlichen folgende Anspruchsgrundlagen zur Seite, um seine Rechte durchzusetzen: 3

- Aufgrund der **Herausgabepflicht gem. § 667 BGB** schuldet der Bevollmächtigte dem Vollmachtgeber alles, was er aus der Geschäftsbesorgung i.R.d. Auftrages erlangt hat. Diese Pflicht trifft den Bevollmächtigten auch, wenn er im Rahmen eines Geschäftsbesorgungsvertrages (§ 675 Abs. 1 BGB) oder einer Geschäftsführung ohne Auftrag (§ 681 S. 2 BGB) tätig wird.
- Nach den Regeln der **ungerechtfertigten Bereicherung gem. § 812 Abs. 1 BGB** hat der Bevollmächtigte alles das herauszugeben, was er ohne Rechtsgrund erlangt hat, sei es, weil keine wirksame Vollmacht erteilt wurde, oder das Handeln des Bevollmächtigten nicht mehr von der Vollmacht bzw. dem Auftragsverhältnis gedeckt war. Dies dürfte die statistisch häufigste Anspruchsgrundlage sein.
- Der Bevollmächtigte haftet dem Vollmachtgeber außerdem für jede schuldhafte **Vertragspflichtverletzung gem. § 280 BGB**, für die gem. § 276 BGB der allgemeine Haftungsgrundsatz gilt, wonach für Vorsatz und Fahrlässigkeit einzustehen ist.[1] Die Unmöglichkeit der Herausgabe des gem. § 667 BGB Erlangten fällt auch darunter.[2] Hat sich der Vollmachtgeber ein schuldhaftes Verhalten des Bevollmächtigten gem. § 278 BGB zurechnen zu lassen, hat er

---

1 Auch wenn der Bevollmächtigte im Rahmen eines Auftragsverhältnisses ohne Vergütung tätig wird, kann er für sich keine Haftungserleichterung reklamieren, vgl. BGHZ 21, 102, 110; Grüneberg/*Grüneberg*, § 276 Rn 41.

2 BGH NJW 2002, 2459.

im Innenverhältnis einen Rückgriffsanspruch gegen den Bevollmächtigten.[3] *Kurze* schlägt in diesem Zusammenhang vor, den Haftungsmaßstab analog §§ 1359, 277 BGB durch eine individuelle Regelung zu begrenzen.[4] In die gleiche Richtung zielt die Empfehlung *Papenmeiers*,[5] die Haftung auf Fälle grober Fahrlässigkeit zu beschränken. Diese dringenden Apelle zeigen aber auch, dass der Versuch, im Wege einer ergänzenden Vertragsauslegung eine Haftungserleichterung zu erreichen, nicht zielführend sein dürfte.

- Auch wenn eine Vorsorgevollmacht die gesetzliche Betreuung ersetzen soll, spricht nichts dagegen, die vom Gesetzgeber neu formulierten Pflichten des Betreuers in Vermögenssachen gem. §§ 1838 ff. BGB als Haftungsmaßstab zu nehmen, an der sich mangels anderer Anhaltspunkte (die in den meisten Fällen fehlen) eine ordnungsgemäße Vermögensverwaltung zu orientieren hat.
- In besonders krassen Fällen des Vollmachtsmissbrauchs wird man eine Schadensersatzpflicht aus **unerlaubter Handlung gem. § 823 BGB** zu prüfen haben. Hier ist je nach Intensität insbesondere an Ansprüche gem. § 823 Abs. 2 i.V.m. § 266 Abs. 1 Fall 1 StGB als Veruntreuung oder § 246 StGB als Unterschlagung zu denken.[6]
- Schließlich kann die **Herausgabe gem. § 985 BGB** infrage kommen, wenn der Bevollmächtigte im Besitz von Sachen des Vollmachtgebers ist.

4 Oft werden die Anspruchsvoraussetzungen parallel oder alternativ bestehen, was allerdings nicht davon abhalten darf, die jeweiligen Tatbestände und Einwendungen genau zu prüfen, da z.B. unterschiedliche Verjährungsfristen und Verzinsungsregeln gelten können.

5 **Beispiel**

Der Bevollmächtigte hebt ohne einen Auftrag Geld vom Konto des Vollmachtgebers ab und verwendet es für eigene Zwecke.

6 Ohne weitere Informationen kann der Vollmachtgeber „nur“ einen bereicherungsrechtlichen Anspruch[7] geltend machen. Ist nachweisbar, dass die Abhebung bewusst erfolgte, konkurriert der Bereicherungsanspruch mit einem Anspruch aus unechter Geschäftsführung ohne Auftrag gem. § 687 Abs. 2 i.V.m. §§ 681, 667 BGB.[8]

7 Von Seiten des Bevollmächtigten wird bei Beanstandungen regelmäßig eingewendet, man habe nur im Auftrag des Vollmachtgebers gehandelt und sei allen Pflich-

3 Vgl. *Papenmeier*, S. 192 unter Verweis auf OLG Hamm ZEV 2008, 600.

4 *Kurze*, Vorsorgerecht, § 662 Rn 72.

5 *Papenmeier*, S. 192.

6 Vgl. *Pamp*, ErbR, 2013, 193, 195.

7 Es handelt sich um eine Nichtleistungskondiktion in Form der Eingriffskondiktion gem. § 812 Abs. 1 Alt. 2 BGB, vgl. *Klessinger*, ZErb 2007, 304.

8 Vgl. *Wieling*, S. 46.

ten nachgekommen. Dies ist in erster Linie eine Beweisfrage, die insbesondere bei behaupteten Schenkungen eine Rolle spielt.

Die Darstellung in diesem Kapitel orientiert sich in erster Linie an typischen Lebenssachverhalten und deren Aufarbeitung im Mandat. Wiederholungen von rechtlichen Ausführungen sind daher unvermeidlich und dienen dem Verständnis. 8

B. Fallgruppen unberechtigten Vertreterhandelns

Dem mit einer Vorsorgevollmacht versehenen Bevollmächtigten eröffnen sich viele Handlungsmöglichkeiten, die nicht immer zum Vorteil des Vertretenen genutzt werden. Die rechtlichen Anknüpfungspunkte zum Vorgehen gegen den Bevollmächtigte (und Dritte), lassen sich in nachfolgende Fallgruppen einordnen. 9

I. Unerkannt vollmachtsloser Vertreter

Die Angehörigen eines zunehmend pflegebedürftigen Menschen erkennen manchmal erst zu spät die Notwendigkeit der Erteilung einer Vorsorgevollmacht. Obwohl eigentlich klar ist, dass der Vollmachtgeber nicht mehr geschäftsfähig ist, wird ihm noch eine Bankvollmacht oder gar eine notarielle Vorsorgevollmacht „abgerungen“. Gerade bei Demenzkranken, die auch bei fortgeschrittenem Krankheitsverlauf nach außen ein unauffälliges Verhalten an den Tag legen können, besteht die Gefahr, dass sich selbst Notare von der Fassade täuschen lassen. 10

Die in Ausübung einer solchen Vollmacht getätigten Geschäfte sind unwirksam und nach den Regeln der ungerechtfertigten Bereicherung rückabzuwickeln, falls sie nicht von dem Betreuer oder den Erben des Vollmachtgebers genehmigt werden. Das Problem ist aber regelmäßig die fehlende Beweisbarkeit der Geschäftsunfähigkeit (vgl. § 1 Rdn 28 f.). 11

II. Diskreter Missbrauch der Vollmacht

Der überaus häufigste Fall ist der unerkannte Missbrauch der Vollmacht, für den der Bevollmächtigte alleine zur Verantwortung gezogen wird. In rechtlicher Hinsicht hat der Bevollmächtigte alles das, was er in auftragsgemäßer Ausübung der Vollmacht erlangt hat, gem. § 667 BGB herauszugeben. Ist sein Handeln nicht mehr vom Auftrag erfasst, handelt er rechtsgrundlos und ist zur Herausgabe nach den §§ 812 ff. BGB verpflichtet. 12

Zur Einordnung in diese rechtlichen Kategorien ist es für den Rechtsanwalt wichtig, zur Ermittlung des Auftragsinhalts die Umstände der Vollmachtserteilung und die persönlichen Beziehungen und Eigenschaften der Beteiligten zu erfragen. Das Verhältnis zwischen Vollmachtgeber und Bevollmächtigtem wird im Rahmen einer streitigen Auseinandersetzung fast immer thematisiert, weil das 13

Innenverhältnis als Geschäftsgrundlage für das rechtliche „Dürfen“ so gut wie nie schriftlich fixiert ist.

14 **Hinweis**

Im Mandantengespräch erfährt der Rechtsanwalt meist eine sehr subjektiv gefärbte Darstellung des Innenverhältnisses. Es sollte daher stets gefragt werden, ob und welche unbeteiligten Personen die Angaben bestätigen können. Nachbarn, Freunde und Pflegepersonal können wichtige Informationsquellen sein, die man – das Einverständnis der Mandanten vorausgesetzt – telefonisch vorab befragen kann, um sich ein eigenes Bild von den Verhältnissen zu machen.[9] Dies erleichtert die Einschätzung des Prozessrisikos erheblich.

15 Auf Seiten des Vollmachtgebers ist daher zu fragen, aus welchen Motiven und unter welchen Umständen er die Vollmacht erteilt hat. Die öffentliche Werbung für Vorsorgevollmachten, die nicht zuletzt fiskalische Gründe hat,[10] legt den Schluss nahe, der typische Vollmachtgeber entscheide sich selbstbewusst und unabhängig von äußeren Einflüssen für eine Vollmacht, weil er einerseits staatliche Einmischung in seine Privatangelegenheiten ablehnt und andererseits seinem Bevollmächtigten voll vertraut und diesen sorgfältig ausgesucht und instruiert hat.

In der Realität ist dieses Idealbild oft blanker Hohn, weil es eine Reihe bedenklicher Vorsorgesituationen gibt, denen – kriminalistisch gesprochen – ein wiederkehrendes Tatmuster vorausgeht. *Kurze*[11] hat in diesem Zusammenhang drei typische Schritte zur Isolation des Bevollmächtigten beschrieben.

- Gutmachen: In einem ersten Schritt tritt der Bevollmächtigte als Gutmensch auf, der sich das Vertrauen des Vollmachtgebers durch Präsenz, Hilfe und Beipflichten zu dessen Meinungen erwirbt.
- Schlechtmachen: Sodann werden potenzielle Störfaktoren, insbesondere nahe Verwandte wie Geschwister oder Kinder, neutralisiert, indem man Zweifel nährt und Konflikte schürt. Beliebt sind hier Behauptungen, es würden Gelder veruntreut oder es gebe den Plan, den Vollmachtgeber ins Heim abzuschieben.
- Wegmachen: Schließlich wird der Vollmachtgeber isoliert. Wer die Hoheit über das Telefon hat, kann Geschwistern sagen, dass die Mutter nichts mehr von ihnen wissen will und umgekehrt behaupten, die Geschwister würden

---

9 Zurecht weist *Pamp,* ErbR 2013, 195, darauf hin, dass die „Schurkenrolle“ nicht von vorneherein dem Bevollmächtigten zugewiesen sein darf, zumal der Streit ums Konto oft nur Alibi-Funktion für andere Konflikte zwischen Beteiligten einnimmt.

10 Die Zahl der Betreuungen ist in den Jahren 2003 bis 2023 dramatisch gestiegen und hat zu einer erheblichen Belastung für die Justizhaushalte der Länder geführt. https://www.aerzteblatt.de/nachrichten/107166/Zahl-der-Betreuungsverfahren-steigt-wegen-fehlender-Vollmachten.

11 *Kurze*, Vorsorgerecht 1. Aufl., § 1896 Rn 41, s. auch das Fallbeispiel bei *Mau*, ZErb 2023, 1, 3.

sich nicht mehr melden. Um Spuren zu verwischen, werden Banken, Ärzte und schließlich der Wohnort gewechselt.[12]

Wer diese Schritte geschafft hat, wird nur in den seltensten Fällen investigativen Nachforschungen eines Kontrollbetreuers ausgesetzt sein, sondern kann in aller Ruhe die sukzessive Enteignung des hilflosen Menschen betreiben. Sander, der die diesbezüglichen Unzulänglichkeiten der Reform des Betreuungsrechts zum 1.1.2023 kritisiert, merkt hierzu an: „*Wer über ein wenig emotionale Geschicklichkeit und zugleich über die nötige kriminelle Energie verfügt, findet weiterhin ein reiches Betätigungsfeld für den lukrativen Missbrauch von Vorsorgevollmachten.*“[13]

Tipp zur Vorsorge

Da das Recht ohne Gerechte nichts wert ist, gilt der alte Grundsatz: Trau, schau wem. Gerade als Berater von Angehörigen der Vollmachtgeber sollten Sie den Wert von regelmäßigem Kontakt betonen, gerade wenn die gefährdete Person weit entfernt wohnt.

Bei Bedeutsamen Vermögen kann es sinnvoll sein, eine Vermögensbetreuung durch einen Vorsorgeanwalt anzuregen, damit potentielle Missbrauchstäter abgeschreckt werden.

Abgesehen von diesen krassen Fällen, kommen in der Lebenswirklichkeit viele **16**
Grauzonen vor:

- Relativ einfach einzuordnen sind die seltenen Fälle, in denen der Vollmachtgeber ohne aktuellen Anlass einer Person unter Einbeziehung seiner Familie die Vorsorgevollmacht erteilt und in Anwesenheit aller den Zweck erklärt. Meist wird es darum gehen, dass der Bevollmächtigte im Notfall den Alltag organisieren soll, nicht mehr und nicht weniger. Wer bei dieser klaren Ansage die Vollmacht für eigene Zwecke missbraucht, wird in Beweisnöte kommen.
- Schwieriger sind die häufigen Fälle, in denen der Vollmachtgeber auf fremde Hilfe angewiesen ist und die Erteilung einer Vollmacht auf Druck einer nahestehenden Person erfolgt. Dabei spielt oft weniger das Vertrauen als vielmehr die Angst vor Isolierung eine Rolle. Ein „Klassiker“ ist die Erteilung der Vorsorgevollmacht an das Kind, das mit dem Vollmachtgeber in einem Haus wohnt und von diesem versorgt wird. Diese Abhängigkeit und Nähe führt oft dazu, dass sich das Kind Schenkungen „genehmigt“, die es aufgrund seiner Belastung für moralisch gerechtfertigt hält.
- Manche Vollmachtgeber übersehen die Tragweite einer Vorsorgevollmacht nicht und meinen z.B., sie hätten nur eine Patientenverfügung erstellt, obwohl

12 Traurige Berühmtheit erlangte der Fall des Millionärs Luxi, vgl. die ARD-Reportage „Ein Millionär verschwindet“, https://programm.ard.de/?sendung=2811112785961540.

13 *Sander*, ZErb 2023, 121, der in einem überaus lesenswerten Aufsatz auch den verfassungsrechtlichen Rahmen beleuchtet, an dem sich der Gesetzgeber zu orientieren hat.

der Bevollmächtigte alles regeln kann. Gerade bei privatschriftlichen Vollmachten ohne notarielle Belehrung wissen ältere Vollmachtgeber nicht, welche Macht sie dem Bevollmächtigten einräumen. Hier sind Aussagen Dritter wertvoll, die später als Beweis für die begrenzte Befugnis im Innenverhältnis herangezogen werden können.

- Bei Bankvollmachten erhalten Vertrauenspersonen die Vollmacht oft nur in ihrer Eigenschaft als Bargeldboten. Statt einer Beschränkung der Vollmacht auf das Girokonto werden gleichwohl auch Familienfremde, zu denen kein tiefes Vertrauensverhältnis besteht, auf Veranlassung der Bank mit Vollmachten über sämtliche Konten versehen.[14] Nicht selten wird dieses Versehen vom Bevollmächtigten später ausgenutzt und als Zeichen einer besonderen Vertrauensstellung (einschließlich eines Schenkungsversprechens) dargestellt.
- Nicht zuletzt kann es auch Vollmachten geben, die nur zum Vollzug einer Schenkung auf den Todesfall bzw. zur Nachlassregelung erteilt werden. Hierfür spricht insbesondere die Erteilung einer postmortalen Vollmacht.[15]
- Ab und zu kommt es vor, dass Menschen die Erteilung einer Vollmacht als Ersatz für ein Testament betrachten (O-Ton: „Mein Bevollmächtigter wird nach meinem Tod alles so verteilen, wie ich es ihm gesagt habe.“). Wenn die Bevollmächtigten dem gleichen Irrtum verfallen, können diese nur hoffen, dass die gesetzlichen Erben genauso falsch denken.

17 Ein Indiz für die Erfolgsaussichten einer Inanspruchnahme des Bevollmächtigten durch die Erben ist der Charakter und der Gesundheitszustand des Vollmachtgebers.

Ist der Vollmachtgeber als misstrauisch und kontrollsüchtig bekannt, kann man sich eine Überprüfung sparen, soweit sicher ist, dass der Vollmachtgeber gesund war und bis zum Tod einen Überblick über seine Finanzen hatte. Galt der Vollmachtgeber hingegen als nachgiebiger, vertrauensseliger Mensch, der am liebsten seine Ruhe hat, wird man die lebzeitigen Verfügungen des Bevollmächtigten genauer überprüfen müssen, besonders wenn die Kontrollmöglichkeiten krankheitsbedingt eingeschränkt waren.

18 Weil es einerseits in der Regel an beweisbaren Weisungen fehlt, andererseits nicht automatisch jedes Vertreterhandeln, das außerhalb eines ausdrücklichen Auftrages liegt, eine deliktische oder bereicherungsrechtliche Haftung beinhaltet, muss man immer mit einer Grauzone zwischen sozialadäquatem Vertreterhandeln und Missbrauch leben.

---

14 Hier spielen die Bankberater teilweise eine üble Rolle, indem sie Kunden raten, doch gleich für alle Konten eine Vollmacht zu erteilen. So erspart sich die Bank die Legitimationsprüfung im Einzelfall und kann mit dem Vertreter umfangreiche Bankgeschäfte bis hin zur Geldanlage tätigen. Es ist sogar schon vorgekommen, dass einem älteren Kunden erfolgreich empfohlen wurde, statt einer Vollmacht die Vertrauensperson zum Mitinhaber der Kontoforderung zu machen, weil dies später die Auflösung des Kontos erleichtere.

15 Vgl. *Ott-Eulberg*, in: Ott-Eulberg/Schebesta/Bartsch, § 10 Rn 26.

Auf einem schmalen Grat wandern auch die Bevollmächtigten von besonders großzügigen Vollmachtgebern, in deren Auftrag sie sich und anderen etwas Gutes tun sollen.

Beispiel 19

Der körperbehinderte Vollmachtgeber lässt seinen bevollmächtigten Freund 2.000 EUR für einen Wochenendausflug nach Hamburg abheben, den beide dort verbringen. Unbestritten gibt der Freund als „Kassenwart" dort für sich 1.000 EUR von diesem Geld für Glücksspiel und Bordellbesuche aus. Nach dem Tod des Vollmachtgebers weigert er sich, den Erben das Geld zurückzuzahlen. Er sagt, dies sei i.S.d. Verstorbenen gewesen, der ihn zuvor häufiger auf diese Weise eingeladen habe, wofür auch Zeugen zur Verfügung stünden.

In einem solchen Fall wird man ein vor Erhebung einer Bereicherungsklage die 20
Mandanten neben dem Prozessrisiko[16] darüber aufklären müssen, welche Details aus dem Privatleben des Erblassers noch an den Tag kommen könnten und vielleicht raten, davon Abstand zu nehmen.

Auch die Persönlichkeit des Vollmachtnehmers ist beachtenswert. Den Verfügun- 21
gen eines als sparsam und korrekt geltenden Beamten wird man vielleicht nicht mit dem Misstrauen begegnen, das man einem mehrfachen Bankrotteur, der noch immer einen auffällig aufwändigen Lebensstil pflegt, entgegenbringen wird.

Während manche Bevollmächtigte eine offenkundige Selbstbedienung pflegen, 22
indem sie große Beträge abheben oder gar auf ihr eigenes Konto überweisen, gibt es auch viele subtile Wege, den Vollmachtgeber zu enteignen. Der Erbe muss mit Hilfe des Rechtsanwalts prüfen, ob und wie vom Bevollmächtigten „getrickst" worden ist. Nachfolgende beispielhafte Aufzählung aus der Praxis kann daher nur so unvollständig sein wie die Phantasie der Bevollmächtigten grenzenlos ist.

Salamitaktik: Es werden mehrmals im Monat kleinere Bargeldbeträge abgeho- 23
ben, die anscheinend für den Eigenverbrauch der Vollmachtgeber bestimmt sind, in der Summe aber großen Platz zur Selbstbedienung lassen.

Rechnungstrick: Für die Zahlung von angeblichen Reparaturkosten z.B. am 24
Haus des Vollmachtgebers werden Überweisungen auf das Konto des Bevollmächtigten getätigt, aber unter Nennung eines falschen Namens. Bei Beträgen unter 20.000 EUR überprüft das Bankinstitut regelmäßig nicht, ob der Zahlungsempfänger und dessen angegebene Kontonummer richtig sind. Kommt dies heraus, handelt es sich um einen klaren Betrug nach § 263 StGB.

Darlehenstrick: Der Vollmachtgeber ist Darlehensnehmer des Bevollmächtigten, 25
was in einem gesonderten Vertrag vereinbart wird. Der Bevollmächtigte darf

16 Neben der umstrittenen Schenkung wäre hier sicher auch die Frage des Wegfalls der Bereicherung gem. § 818 Abs. 3 BGB relevant.

dann für den Vollmachtgeber das Darlehen tilgen. Merkwürdig ist nur, dass zuweilen hohe Darlehen von fast insolventen Personen an wohlhabende Vollmachtgeber ohne zusätzlichen Finanzbedarf gegeben werden.

26 **Pflegevertrag**: Die Bevollmächtigte schließt mit dem pflegebedürftigen Vollmachtgeber (ihrem Vater) einen Pflegevertrag, in dem sie sich für 2.000 EUR monatlich zur umfassenden Pflege verpflichtet. Verschwiegen wird, dass der Vollmachtgeber nur leicht pflegebedürftig ist, diese Pflege von einem Pflegedienst geleistet wird, die Bevollmächtigte in Vollzeit erwerbstätig ist und sich überdies schon i.R.d. Hausübergabevertrages zur Pflege des Vaters verpflichtet hat.

27 **Kümmerungsvertrag**: Was tun, wenn der Vollmachtgeber Wachs in der Hand des Bevollmächtigten ist, aber ein Pflegevertrag wegen anhaltender Gesundheit des Vollmachtgebers nicht passt? Dann kann man einen sog. Kümmerungsvertrag schließen, wonach sich der Bevollmächtigte (oder besser noch: eine dem Bevollmächtigten nahestehende Person) verpflichtet, sich zu kümmern. Gegen einen angemessenen Austausch von Diensten und Geld ist nichts einzuwenden, aber der Erfindungsreichtum kennt auch hier keine Grenzen:

Fall

Eine gebrechliche Mutter wird zuhause von professionellen Pflegekräften versorgt. Die beruflich eingespannte Tochter, die 120 km entfernt wohnt, vereinbart mit ihr einen „Dienstvertrag", wonach sie sich verpflichtet, die Mutter dreimal täglich anzurufen, um ihr aus der Zeitung vorzulesen, von den Neuigkeiten aus der Familie zu erzählen und sie an die Einnahme der Medikamente zu erinnern. Bei Besuchen (die ca. alle zwei Monate stattfanden) sollte auch ein „Anwesenheitsgeld" gezahlt werden. Bei einem Stundenlohn von 45 EUR, gestundet bis zum Erbfall, überwies sich die Tochter nach dem Tod der Mutter 163.000 EUR für fünf Jahre treue Dienste.[17]

28 **Festtagskosten**: Kurz vor Weihnachten werden größere Bargeldbeträge abgehoben, die der Vollmachtgeber angeblich für Geldgeschenke zum Fest der Liebe benötigte. Die Plausibilität kann man überprüfen, wenn man dies mit früheren Kontenbewegungen abgleicht und feststellt, dass die Großzügigkeit erst nach Erteilung der Vollmacht einsetzte.

29 **Nachwuchsförderung**: Von dem WG-Zimmer bis zur Kfz-Versicherung des Enkels werden Daueraufträge über das Konto des Vollmachtgebers abgewickelt. Der Enkeltrick funktioniert so: Die bevollmächtigte Tochter verfügt zugunsten eines Dritten (ihren Sohn), der prozessual als Zeuge für eine Schenkung (oder vornehmer: den freiwilligen Unterhaltsbeitrag) zur Verfügung steht.

---

17 Dieser Fall wurde leider nicht entschieden, sondern – wie so oft – außergerichtlich verglichen.

Anonyme Barabhebung: Mit Geld-Karte und Geheimzahl ausgestattet, können Bevollmächtigte Geld abheben, ohne Spuren zu hinterlassen.[18] Die Behauptung, der Erblasser habe selbst Geld abgehoben, ist jedoch zu hinterfragen, wenn dieser sich allenfalls mit einem Rollator aus dem Haus bewegen kann, die Abhebungen aber ständig zur Abendzeit im 20 km entfernten Wohnort der Freundin des Bevollmächtigten erfolgen. 30

Nach der Rechtsprechung des BGH[19] kommt bei Abhebungen an Geldautomaten unter Verwendung der richtigen Geheimzahl ein Anscheinsbeweis zu Lasten des Bankkunden in Betracht. Allerdings gilt das nicht stets bei einer Abhebung durch einen Dritten unter Verwendung der Geheimzahl. Der BGH stellt vielmehr auf die Umstände ab, unter denen die Bankkarte abhanden gekommen ist und benutzt wurde.

Tipp zur Vorbeugung

Wenn der Bevollmächtigte mit Karte bezahlen soll, sollte für ihn eine eigene Karte mit eigener Geheimzahl eingerichtet werden. Dann ist klar, wem welche Abhebung zuzuordnen ist.

Neben dem eigenen Vertreterhandeln ist es auch ein verbreitetes Verhalten, sich bei großen Barabhebungen auf die Chauffeurfunktion zu beschränken und mit dem Vollmachtgeber zur Bank zu fahren, damit er dort das Geld – und sei es nur am Bankschalter – selbst in Empfang nehmen kann. Manche Geldinstitute haben auch einen mobilen Geldservice, mit dem ältere Menschen durch Hausbesuche mit Bargeld versorgt werden. Wo dieses dann bleibt, kann man zwar an drei Fingern abzählen, aber ein Verdacht ist noch kein Beweis.[20] 31

III. Kollusives Zusammenwirken mit Dritten

Ein besonders krasser Missbrauch der Vollmacht liegt vor, wenn der Vertreter mit einem Dritten Verträge abschließt, die erkennbar eine Schädigung des Vollmachtgebers zur Folge haben. 32

Beispiel 33

Sohn S wurde von seinem pflegebedürftigen Vater V eine Vorsorgevollmacht erteilt. Zur Sicherung der häuslichen Pflege stellt S die Pflegerin P ein. Mit ihr vereinbart er eine Vergütung, die das Doppelte der üblichen Vergütung beträgt. Gleichzeitig ist ausgemacht, dass P der Ehefrau E von S monatlich

18 Zur Beweislast bei Barabhebungen am Geldautomaten mit der GiroKarte des Erblassers vgl. auch LG Berlin ZErb 2008, 243 ff.

19 BGH NJW 2004, 3623, 3624.

20 In der Beratungspraxis kommt es häufig vor, dass Mandanten nicht akzeptieren wollen, dass Bargeld im Streitfall „ein scheues Reh“ ist und die Vorliebe eines Erblassers für große Bargeldvorräte im Erbfall fatale Auswirkungen hat.

1.000 EUR überweisen soll. Nach einem Jahr Pflege stirbt V, sein Geldvermögen ist aufgebraucht, die miterbenden Geschwister von S sind aufgebracht und wollen wissen, gegen wen sie ihre Ansprüche richten können.

34 Der Grundsatz, wonach der Vollmachtgeber das Risiko des Missbrauchs trägt, gilt nicht bei kollusivem Zusammenwirken des Bevollmächtigten mit seinem Vertragspartner. Hier ist der gesamte Vertrag wegen eines Verstoßes gegen die guten Sitten gem. § 138 BGB nichtig; neben dem Bevollmächtigten kann dann auch der Vertragspartner in Anspruch genommen werden.[21] Der mögliche Einwand des Bevollmächtigten, er habe sich nicht persönlich bereichert, zieht auch nicht. Der BGH hat zu einem vergleichbaren Fall ausgeführt:

> *„Es ist in der Rechtsprechung anerkannt, dass Vereinbarungen, die Vertreter einer Partei im Einverständnis mit dem Vertragsgegner zum eigenen Vorteil hinter dem Rücken des Geschäftsherrn und zu dessen Schaden treffen, gegen die guten Sitten verstoßen und nichtig sind. Die gleiche Folge muss gelten, wenn der Vertreter zum ungerechtfertigten Vorteil naher Angehöriger handelt, solche Absprachen hinter dem Rücken und zu Lasten des Vertretenen, dessen Interessen er wahrzunehmen hat, widersprechen einfachsten und grundlegenden Regeln geschäftlichen Anstandes und kaufmännischer guter Sitte.“*[22]

35 Folglich können im Ausgangsbeispiel (siehe Rdn 33) die Miterben sowohl von S, P als auch von E Rückzahlung des die üblichen Pflegekosten übersteigenden Betrages nach den Regeln der ungerechtfertigten Bereicherung verlangen, zusätzlich kann auch eine Deliktshaftung als Rechtsgrund in Frage kommen.

IV. Offensichtlicher Missbrauch der Vertretungsmacht

36 Auch bei einem offensichtlichen Missbrauch der Vertretungsmacht muss der Vertretene das Geschäft seines Bevollmächtigten nicht gegen sich gelten lassen.

37 **Beispiel**

Witwe W erfährt im Gespräch mit Ihrem Nachbarn N von glänzenden Geldanlagen in Luxemburg, die dieser ihr vermitteln kann. Hierzu bräuchte er allerdings mindestens 100.000 EUR in bar, die er bei nächster Gelegenheit vor Ort einzahlen werde. W erteilt N eine Vollmacht über ihr Sparkonto bei der B-Bank, damit N das Geld kurz vor seiner nächsten Fahrt nach Luxemburg abheben könne. Kurz darauf hebt N 100.000 EUR ab, die er aber zur Tilgung eigener Darlehen bei der B-Bank verwendet. Nachdem der Schwindel aufge-

21 *Zimmermann*, S. 166.
22 BGH NJW 1989, 26, 27.

flogen ist, will W das Geld von der B-Bank haben, weil N inzwischen vermögenslos ist.[23]

Grundsätzlich trägt der Vertreter das Risiko des Vollmachtsmissbrauchs, den Vertragspartner trifft keine generelle Prüfungspflicht, ob und inwieweit der Bevollmächtigte im Innenverhältnis gebunden ist. In Bezug auf die Sorgfaltspflichten der Banken stellt der BGH hierzu klar: 38

„*Grundsätzlich obliegen den am Überweisungsverkehr beteiligten Banken keine Warn- und Schutzpflichten gegenüber den Überweisenden und Zahlungsempfängern. Die Banken werden hier nur zum Zwecke eines technisch einwandfreien, einfachen und schnellen Zahlungsverkehrs tätig und haben sich schon wegen dieses begrenzten Geschäftszwecks und der Massenhaftigkeit der Geschäftsvorgänge grundsätzlich nicht um die beteiligten Interessen ihrer Kunden zu kümmern. Sie müssen sich vielmehr streng innerhalb der Grenzen des ihnen erteilten formalen Auftrags halten.*[24]"

Etwas anderes gilt nur bei offensichtlichem Missbrauch. So gibt es u.U. eine Warnpflicht der Bank, die beim Vollmachtsexzess nicht tatenlos zuschauen darf, da ansonsten Schadensersatzansprüche bestehen. Der BGH hat diese Grundsätze in einem viel diskutierten Urteil unlängst herausgearbeitet. In dem Fall ging es darum, dass Kunden einer Bank auf ein Treuhandkonto desselben Instituts Gelder eingezahlt hatten, die der Treuhänder größtenteils bar abhob und veruntreute. Der BGH[25] führt hierzu aus: 39

„*Vertragsparteien haben sich bei der Abwicklung eines Schuldverhältnisses so zu verhalten, dass die Rechtsgüter, auch das Vermögen, des anderen Teils nicht verletzt werden. Aus einem Girovertrag ergibt sich für ein Kreditinstitut die Schutzpflicht, die Interessen seines Kunden zu wahren. Im bargeldlosen Zahlungsverkehr werden Kreditinstitute zwar nur zum Zweck der technisch einwandfreien, einfachen und schnellen Abwicklung tätig und haben sich schon wegen dieses begrenzten Geschäftszwecks und der Massenhaftigkeit der Geschäftsvorgänge grundsätzlich nicht um die beteiligten Interessen ihrer Kunden zu kümmern.*

In Ausnahmefällen können aber Warn- und Hinweispflichten der Kreditinstitute zum Schutz ihrer Kunden vor drohenden Schäden bestehen Eine solche Pflicht ist im Überweisungsverkehr anzunehmen, wenn der Überweisungsbank der ersichtlich unmittelbar bevorstehende wirtschaftliche Zusammenbruch des Überweisungsempfängers oder der Empfängerbank bekannt ist, wenn unklar ist, ob die erteilte Weisung fortbesteht oder wenn sich der Verdacht des Missbrauchs der Vertretungsmacht aufdrängen muss. Im Lastschrift-

23 Nachgebildet nach BGH NJW 1999, 2883.

24 BGH WM 1991, 799, 800. Gleiches gilt i.Ü. auch für Veruntreuungen des Testamentsvollstreckers, vgl. OLG Koblenz ZErb 2008, 238.

25 BGHZ 176, 281 = NJW 2008, 2245.

verkehr bestehen entsprechende Warnpflichten. Auch im Scheckverkehr werden, jedenfalls bei erkennbar strafbaren Handlungen des Scheckeinreichers gegenüber dem Aussteller, Warnpflichten angenommen.
Nach diesen Grundsätzen hat ein Kreditinstitut, das aufgrund massiver Anhaltspunkte den Verdacht hegt, dass ein Kunde bei der Teilnahme am bargeldlosen Zahlungsverkehr durch eine Straftat einen anderen schädigen will, diesem gegenüber eine Warnpflicht. Dies gilt insbesondere dann, wenn der Täter in einer dem Missbrauch der Vertretungsmacht vergleichbaren Weise als mittelbarer Stellvertreter des zu warnenden Kunden handelt. Eine Bank, die weiß, dass der Inhaber eines bei ihr geführten Girokontos darauf eingehende Zahlungen für fremde Rechnung anzulegen hat, und die aufgrund massiver Verdachtsmomente argwöhnt, der Kontoinhaber veruntreue die Gelder, hat jedenfalls dann eine Warnpflicht, wenn der Kontoinhaber auf einen entsprechenden Vorhalt den Verdacht nicht ausräumen kann. Unter diesen Umständen besteht die Warnpflicht nicht nur, wenn die Veruntreuung der Bank bekannt ist, sondern auch wenn sie aufgrund massiver Verdachtsmomente objektiv evident ist."

40 Im Ausgangsbeispiel (siehe Rdn 37) hat der BGH diese objektive Evidenz bejaht mit der Konsequenz, dass an den Vertreter nicht mit befreiender Wirkung geleistet werden konnte und das Sparguthaben wieder gutzuschreiben war. Die Bank konnte also ihr Kreditausfallrisiko bei N nicht mittels der leichtfertig erteilten Vollmacht aus der Welt schaffen.

Dieser Extremfall soll aber nicht zu der Annahme verleiten, dass jede erkennbar eigennützige Verwendung zu einer Haftung der Bank führt.

41 **Beispiel**

Sohn S, der seit Jahren für die Mutter M deren Wertpapierdepot durch An- und Verkäufe führt, steckt in Schwierigkeiten. Er sitzt in U-Haft und weiß nicht, wie er seinen Verteidiger bezahlen soll. Dieser schlägt ihm vor, aus dem Gefängnis heraus die Bank schriftlich anzuweisen, das gesamte Depot aufzulösen und den Erlös auf das Rechtsanwaltanderkonto zu überweisen. So geschieht es, und S wird wieder liquide. Mutter M reagiert entsetzt und verklagt die Bank auf Schadenersatz.[26]

42 Obwohl auch hier für die Bank ganz klar ist, dass nicht die Depotinhaberin den Erlös erhält, hat das LG München entschieden, dass bei Verfügungen im Familienkreis regelmäßig kein objektiv evidenter Missbrauch zu erkennen ist. Auch in umgekehrter Weise müssen bei der Bank keine Alarmglocken läuten, wenn die Eltern von den Konten der Kinder an sich überweisen.[27] Die bloße Übertragung von Vermögenswerten auf das eigene Konto löst für sich genommen

26 Nachgebildet nach LG München I vom 23.9.2004 (Az.: 32 O 6269/04), BKR 2007, 28.
27 BGH NJW 2004, 2517.

noch keinen Missbrauchsverdacht aus,[28] schließlich kann es vom Erblasser gerade gewollt sein, dass der Bevollmächtigte sich ein Schenkungsversprechen erfüllt. Es müssen also noch weitere Verdachtsmomente hinzukommen. Diese sollten dann vom Erben auch schon vor Legitimation als Erbe der Bank unverzüglich mitgeteilt werden.

Tipp zur Vorbeugung

Es sind nicht zuletzt Bankmitarbeiter, die Anzeichen für Missbrauch von Vollmachten erkennen, insbesondere wenn ein langjähriges Verhältnis zu den Kunden und deren Familien besteht.

Als Bankkunde kann man auch verfügen, dass andere Bevollmächtigte (z.B. Geschwister) informiert werden dürfen. Der gute Draht zur „Hausbank" kann in der Krise wertvoll sein.

Wer sich hingegen aus Kostengründen für eine Direktbank entscheidet, muss auf diesen Service verzichten. Das Billige kann dann oft das Teure werden.

V. Nichtgebrauch der Vollmacht

Neben dem eigennützigen Vertreterhandeln, das meistens unter anwaltlicher Hilfe auf den Prüfstand gestellt wird, kann auch die Untätigkeit eines Bevollmächtigten zum Schaden des Vertretenen sein. 43

Gerade im Bereich der Vermögensverwaltung wird man oft die Frage stellen, ob die Passivität des Bevollmächtigten, die zum Vermögensverlust führte, eine Haftung wegen Vertragsverletzung nach § 280 BGB nach sich ziehen kann.

Beispiel 44

S wird von seinem Vater, einem wohlhabenden Versicherungskaufmann, mit einer Vorsorgevollmacht versehen. Der Vater erleidet einen Schlaganfall und lebt fortan im Pflegeheim. S kümmert sich zwar aufopfernd um den Vater, lässt aber ansonsten alles schleifen.

Das Wertpapierdepot des Vaters, der in spekulative Aktien investiert hat, verliert drastisch an Wert. Trotz wiederholter Verkaufsempfehlung des Vermögensberaters der Bank unterlässt S es, die Aktien zu verkaufen, was zum Totalverlust führt.

Die Heimkosten und den Unterhalt des Vaters zahlt S aus dem Vermögen des Vaters. Er unterlässt es aber, eine Erwerbsunfähigkeitsrente und Leistungen nach der Pflegeversicherung zu beantragen, obwohl die Heimleitung ihn darauf hingewiesen hat.

---

28 BGH WM 1982, 549; BGH WM 1994, 2190.

Der Nachfolger in der Versicherungsagentur des Vaters übergibt S Unterlagen und weist darauf hin, dass sein Vater mit einer Versicherung schon seit längerem über die Zahlung einer Provision streite. Sein Vater habe wenige Tage vor dem Schlaganfall vorgehabt, einen Rechtsanwalt mit der gerichtlichen Geltendmachung zu beauftragen, weil sonst Verjährung drohe.

Am Haus des Vaters ist nach einem Sturm ein Dachschaden entstanden, den er nicht reparieren lässt, weil er meint, dies habe Zeit bis zum Frühjahr. Durch starke Regenfälle entstehen im Haus Feuchtigkeitsschäden, deren Beseitigung mehrere tausend EUR kosten wird.

Außerdem hat ein Mieter des Vaters die Wohnung vor fünf Monaten in einem unmöglichen Zustand verlassen, so dass Ansprüche gegen ihn geltend zu machen wären. S meint, das habe jetzt alles keine Priorität, was zur Verjährung von Ansprüchen gem. § 548 Abs. 1 BGB führt.

Nach dem Tod des Vaters wollen seine miterbenden Geschwister S zur Verantwortung für die „Schlampereien" ziehen.

45 Es ist völlig klar, dass mit der Übernahme einer Vorsorgevollmacht der Bevollmächtigte eine besondere Verantwortung übernimmt. Im Beispielsfall ist S dieser Verantwortung wohl nicht nachgekommen.[29] In der Praxis sind Pflichtverstöße durch Unterlassen nicht immer so leicht erkennbar, weil die Erben des Vollmachtgebers keinerlei Informationen besitzen. Außerdem ist immer zu prüfen, welches „Pflichtenprogramm" das jeweilige Innenverhältnis zwischen Bevollmächtigtem und Vollmachtgeber beinhaltete.[30] Von einem im Leben stehenden Sohn als Bevollmächtigtem ist sicher mehr Kompetenz in der Vermögensverwaltung zu verlangen als von einer 80-jährigen Lebensgefährtin, die wirtschaftlich unerfahren ist. Von einem durchschnittlichen Bevollmächtigten kann z.B. verlangt werden, dass er das Girokonto bei anderweitigen Sparguthaben nicht im Soll führt, sonst haftet er den Erben für die Überziehungszinsen.

46 Das LG Bad Kreuznach hatte in einem solchen Fall klare Sorgfaltsmaßstäbe definiert, wobei pikanterweise die Selbstbedienung des Bevollmächtigten zum Soll führte:

> „*Grundsätzlich hatte der Beklagte das Vermögen der Erblasserin ordnungsgemäß zu verwalten. Hierzu gehörte, dass das Konto der Erblasserin nicht im Soll geführt wurde. Dabei mag es im Einzelfall unvermeidbar sein, dass ein Konto ins Soll rutscht. Im vorliegenden Fall wurden allerdings in einem solch hohen Maße Verbindlichkeiten des Beklagten gezahlt, dass gerade dadurch erst das Konto ins Soll geriet. Es wäre entsprechend der Weisung der Erblasse-*

29 Zum verspäteten Antrag auf Erwerbsunfähigkeitsrente hat das LG Berlin in zwei Entscheidungen eine Haftung angenommen, vgl. LG Berlin BtPrax 2001, 83 und LG Berlin BtPrax 2001, 215 (f. d. Betreuer).

30 Vgl. Grüneberg/*Grüneberg*, § 280 Rn 14.

rin erforderlich gewesen, dass Verbindlichkeiten Dritter, also auch des Beklagten, nur dann gezahlt würden, wenn das Guthaben auf dem Girokonto diese Ausgaben auch deckte. Dies war weitgehend nicht der Fall. Die Erbengemeinschaft hat daher einen Schadensersatzanspruch aus positiver Forderungsverletzung des Auftragsverhältnisses.“[31]

Es kann indes im Einzelfall sehr schwierig sein, von den äußeren Umständen auf den Umfang der Beauftragung zu schließen. 47

Die Einräumung einer Vollmacht über alle Bankkonten ist z.B. nicht mehr als ein Indiz dafür, im Notfall die Vermögensverwaltung zu übernehmen, beweisen lässt sich dies in aller Regel nur, wenn weitere Anhaltspunkte dafür bestehen. Diese Tatsachenfrage wird man im Rahmen einer streitigen Auseinandersetzung genauso viel Raum geben müssen wie dem Nachweis der Ursächlichkeit des Unterlassens für den eingetretenen Schaden.

Hinweis 48

Wer einen Bevollmächtigten vertritt, dem eine Pflichtenverletzung durch Unterlassen vorgeworfen wird, kann in zwei Richtungen argumentieren: Zum einen kann vorgetragen werden, dass die angeblich verletzte Pflicht nicht zum Auftrag gehörte. Zum anderen kann eingewendet werden, dass mit dem Vollmachtgeber ein Haftungsausschluss konkludent vereinbart wurde. Für beide Tatsachen ist der Bevollmächtigte allerdings voll beweispflichtig.

Abschließend sei noch darauf hingewiesen, dass es für die Bewertung des Vertre- 49
terhandelns oder -unterlassens grundsätzlich keine Rolle spielt, ob vor oder nach dem Tod des Vollmachtgebers verfügt wurde. Fast jede Vorsorgevollmacht ist über den Tod hinaus erteilt, auch das Auftragsverhältnis besteht bis zum Widerruf durch die Erben. Entscheidend ist alleine die Frage, ob der Bevollmächtigte sich im Rahmen des erteilten Auftrags bewegt hat oder nicht.

C. Anspruchsermittlung bei Geldgeschäften

I. Allgemeines

Es kann im Einzelfall sehr zeitintensiv und aufwändig sein, halbwegs genaue 50
Feststellungen über die Vertretergeschäfte zu treffen. Dies hängt nicht nur davon ab, über welchen Zeitraum und wie viele Konten verfügt wurde, auch die mehr oder weniger kooperative Zuarbeit des Bevollmächtigten ist ein entscheidender Faktor. Erfahrungsgemäß lassen sich Vertreter entweder in die Kategorien „Buchhalter“ oder „Chaot“ einordnen.

31 LG Bad Kreuznach v. 1.7.2005 – 2 O 132/02, n.v.

Nur in ganz seltenen Fällen sind es die ordnungsliebenden Menschen, die mit Vollmachten Schindluder treiben. Wer in Geldsachen korrekt Buch führt, genießt in aller Regel auch einen Vertrauensvorschuss, wenngleich damit nicht der Anscheinsbeweis für die Rechtstreue erbracht ist. Zumindest kann man diesen Bevollmächtigten Verfehlungen relativ leicht nachweisen.

51 Ganz anders sieht es bei denen aus, die ihre mangelnde Sorgfalt in eigenen Angelegenheiten zum Maß der Dinge ihres Vertreterhandelns erheben. Ältere Menschen begehen oft den Fehler, dass sie Familienangehörigen oder Freunden eine Vollmacht nur deshalb erteilen, weil sie ihnen vertrauen. Ob die Vorsorgebevollmächtigten dann der Aufgabe charakterlich und intellektuell gewachsen sind, wird so gut wie nie hinterfragt. Weil aber Personen mit ausgeprägter Sozialkompetenz nicht immer die großen Zahlenmenschen sind, geraten viele Bevollmächtigte später ins Zwielicht. Es ist auch zu beobachten, dass Menschen, die keine Ordnung halten, überdurchschnittlich häufig Geldprobleme haben, was ein gewichtiges Motiv für eigennützige Verfügungen sein kann.

Der Rechtsanwalt der Erben des Vollmachtgebers steht dann vor der undankbaren Aufgabe, aus den teils bruchstückhaften Informationen, die vom Bevollmächtigten oder Dritten geliefert wurden, Ansprüche zu ermitteln. Worauf hier im Einzelnen zu achten ist, soll nachfolgend beleuchtet werden.

52 **Hinweis**

Je nach Umfang der vorliegenden Informationen über das Vertreterhandeln sollte mit dem Mandanten die Aufgabenteilung besprochen werden. Es kann hilfreich sein, den Mandanten in der Form Vorarbeit leisten zu lassen, dass er zunächst selbst sämtliche Unterlagen durchsieht und eine eigene Aufstellung der Rückforderungsansprüche fertigt. Dies hat den Vorteil, dass der Mandant sein eigenes Hintergrundwissen einbringen kann und außerdem einen ersten Anhaltspunkt über die Höhe seiner Ansprüche gewinnen kann. Dies entbindet den Rechtsanwalt allerdings nicht von der Pflicht, selbst nochmals alle Unterlagen durchzusehen und die Aufstellung auf rechnerische Richtigkeit und rechtliche Tragfähigkeit zu überprüfen.

Soweit der Mandant keine Zuarbeit in dieser Form leisten kann oder will, ist auf jeden Fall über eine zeitabhängige Vergütung des Rechtsanwalts zu sprechen. Stellt sich nämlich nach aufwändiger Prüfung heraus, dass gegen den Bevollmächtigten keine oder nur geringe Ansprüche bestehen, stünde die vom Gegenstandswert abhängige gesetzliche Vergütung in keinem Verhältnis zur geleisteten Arbeit.

Bei umfangreichen Verfügungen sollte die Berechnung des Rückforderungsbetrags unter Berücksichtigung der Ein- und Ausgaben aus einer Excel-Tabelle erfolgen, die man per E-Mail auch an den gegnerischen Kollegen versenden kann.

1. Bargeschäfte

Gerade bei hilfsbedürftigen Vollmachtgebern beschränkt sich die Tätigkeit des Bevollmächtigten regelmäßig nicht darauf, dem Vollmachtgeber das für ihn abgehobene Bargeld zu übergeben, es werden für ihn auch Bargeschäfte erledigt. 53

Obwohl gem. § 259 Abs. 1 BGB die Pflicht zur Vorlage einer geordneten Zusammenstellung besteht, führen die wenigsten Bevollmächtigten ein Buchungsjournal mit einem Belegordner, in dem sämtliche Belege nummeriert und chronologisch vorzufinden sind. Zugunsten des Auftraggebers und seiner Erben gilt grundsätzlich, dass der Bevollmächtigte für jede nicht belegte Bargeldverwendung geradezustehen hat.

Für die Anspruchsberechnung gilt daher: 54

In einem ersten Schritt ist eine Aufstellung sämtlicher Bargeldbeträge seit Beginn der Tätigkeit des Bevollmächtigten zu fertigen. Hierzu gehören insbesondere:

- beim Vollmachtgeber befindliche Bargeldvorräte; diese können bei alten Menschen erheblich sein, ein Beweis ist hierüber aber meist kaum zu führen,
- durch den Bevollmächtigten vom Girokonto und Sparbuch abgehobene Gelder und
- durch den Bevollmächtigten für den Vollmachtgeber bar vereinnahmte Gelder, z.B. Pacht, Miete oder Erlöse aus dem Verkauf von Gegenständen.

Sodann sind den Einnahmen die belegten Ausgaben (und nur die) gegenüberzustellen. Hierbei ist zunächst darauf zu achten, dass die Belege dem Vollmachtgeber zuzuordnen sind. Es gibt einige typische Missbrauchsfälle bei Bargeschäften: 55

- Der bettlägerige Bevollmächtigte erhält Essen auf Rädern, gleichwohl wird ein Supermarktbeleg über den Wocheneinkauf für eine vierköpfige Familie über 150 EUR dem Vollmachtgeber als „Lebensmitteleinkauf“ untergeschoben.
- Unter den Taxiquittungen für angebliche Krankenfahrten sind einige Belege auf Feiertage und Wochenenden datiert, es handelt sich um die Discoheimfahrten der Tochter des Bevollmächtigten.
- Es werden Gefälligkeitsquittungen ausgestellt, die unschlüssig sind. Der Nachbar erhält z.B. erst im August pauschal 200 EUR für den geleisteten Winterdienst.
- Oft werden nachträglich Belege über hohe Barausgaben eingereicht, die schon deshalb nicht passen können, weil nach dem Stand der Entnahme der Vollmachtgeber in dem Zeitpunkt gar nicht über so viel Geld verfügt haben kann.

Aus der Differenz zwischen verfügbarem Bargeld und belegten Ausgaben kann dann der Rückforderungsbetrag gegen den Bevollmächtigten errechnet werden. Kann der Bevollmächtigte nur wenige Ausgaben belegen, können hier erhebliche Summen in Rede stehen. Ob dann eine Rückforderung in ganzer Höhe sachlich gerechtfertigt erscheint, ist eine Frage, die mit dem Mandanten erörtert werden sollte. Hier wird man im Einzelfall entscheiden müssen, ob man erst einmal alles 56 verlangt und sich Verhandlungsspielraum verschafft oder als Zeichen des guten Willens einen Teil erlässt. Das Beweisproblem hat allerdings immer der Bevollmächtigte (siehe Rdn 158 ff.).

57 **Hinweis**

Im Rahmen von Barverfügungen lohnt es sich regelmäßig nicht, mit Kanonen auf Spatzen zu schießen, wenn fühlbar ist, dass der Bevollmächtigte sich vom monatlichen Haushaltsgeld geringe Beträge für sich abgezweigt hat. Ganz anders sieht es aus, wenn in unregelmäßigen Abständen höhere Bargeldsummen abgehoben wurden. Umfangreiche Barverfügungen sind fast immer ein Indiz für Vollmachtsmissbrauch.

58 Bargeschäfte des Bevollmächtigten können aber auch Schadensersatzansprüche auslösen, wenn zum Nachteil des Vollmachtgebers über dessen Vermögen verfügt wird.

59 **Beispiel**

Der Bevollmächtigte B löst nach Umzug des Vollmachtgebers in eine Wohngruppe für Demenzkranke dessen gekündigte Mietwohnung auf. Ohne anderweitig die Werthaltigkeit des Hausrats prüfen zu lassen, verkauft B dem Haushaltsauflöser H die bewegliche Habe für 1.000 EUR in bar. Im Gegenzug verpflichtet sich H, die Wohnung vollständig leer zu räumen und die anfallenden Entsorgungskosten zu übernehmen. Später stellt sich heraus, dass zum Hausrat eine Sammlung wertvoller Porzellanfiguren gehörte, die H über ein Auktionshaus für 20.000 EUR veräußern konnte.

60 Aus der Vermögensbetreuungspflicht des Auftragnehmers folgt, dass er dem Auftraggeber für Vermögensschaden haftet, die er zu vertreten hat. Hier hätte B sich zumindest bei einem Antiquitätenhändler erkundigen können, welchen Wert die Porzellanfiguren hatten. In der Praxis begegnen diese Ansprüche immer Beweisschwierigkeiten. Andererseits kann die Heranziehung zu Schadenersatz ein Hilfsargument sein, wenn der Bevollmächtigte an ihm nahe stehende Personen Sachen unter Preis verkauft (oder nur ein Teil des Kaufpreises im Vertrag aufgeführt wird).

2. Kontenverfügungen

61 Hat der Bevollmächtigte über das Konto des Vollmachtgebers verfügt, kann man sich am einfachsten anhand der Kontoauszüge ein Bild vom Vertreterhandeln machen. Auch hier gilt, dass eine Überweisung noch keinen Beleg ersetzt. Diesen muss notfalls der Bevollmächtigte vom Zahlungsempfänger anfordern. In folgenden Fällen kommt eine Haftung des Vertreters in Frage:

- Überweisungen werden auf ein anderes Konto als benannt angewiesen. Bei Beträgen unter 20.000 EUR überprüft das Bankinstitut regelmäßig nicht, ob der Zahlungsempfänger und dessen angegebene Kontonummer richtig sind.

Zur Tarnung einer Eigenüberweisung werden ungerade Beträge und erfundene Rechnungsnummern angegeben.
- Auf dem Girokonto darf nicht zu viel Geld gutgeschrieben sein, es muss bis auf einen Sockelbetrag regelmäßig auf ein vorhandenes Sparkonto umgebucht werden.[32] Auch darf der Bevollmächtigte das Konto nicht im Soll führen, wenn es mit Sparguthaben wieder ausgeglichen werden kann. Der Bevollmächtigte haftet für entgangene und zu viel gezahlte Zinsen (vgl. Rdn 46).
- Der Bevollmächtigte hat auch zu überwachen, dass keine unberechtigten Lastschriften eingezogen werden, z.B. weil Versicherungsverträge gekündigt sind.
- Daueraufträge sind zu kündigen, wenn z.B. die Mietwohnung aufgegeben wird.
- Verlorengegangene Schecks sind zu sperren.

Ein Sonderfall ist die Hausübergabe des Vollmachtgebers an den Bevollmächtigten. Trotz Lastenübergang werden manchmal noch Jahre später alle Lasten und Verbrauchskosten über das Konto des Vollmachtgebers eingezogen. Hier hätte der Bevollmächtigte die Pflicht gehabt, diese Buchungen auf sein Konto umzustellen.

Hinweis 62

Wenn ohne Grund häufige Umbuchungen zwischen den Konten des Vollmachtgebers vorgenommen werden, kann dies ein Indiz für Vollmachtsmissbrauch sein. Meistens soll durch solche Buchungen eine Unübersichtlichkeit produziert werden, die eigenmächtige Verfügungen tarnen soll.

3. Kapitalanlage/Wertpapiergeschäfte

Nicht nur in rechtlicher, sondern auch in tatsächlicher Hinsicht problematisch 63 sind die Fälle, in denen der Bevollmächtigte für den Vollmachtgeber dessen Vermögen aktiv verwaltet. Zum einen sind die gesetzlichen Regelungen des Auftragsrechts völlig unzureichend, zum anderen werden zwischen den Parteien so gut wie nie Anlagerichtlinien vereinbart. Daraus folgt, dass der Nachweis einer Pflichtverletzung wegen fehlerhafter Kapitalanlageentscheidungen im Einzelfall äußerst schwierig sein kann.

Zur Bewertung fragwürdiger Investitionen und Verkäufe wird man analog die 64 Grundsätze heranziehen können, die die Rechtsprechung für die ordnungsgemäße Vermögensverwaltung des Testamentsvollstreckers entwickelt hat:[33]
- Die Rechtsprechung verweist immer auf die Grundsätze der Wirtschaftlichkeit, allerdings ohne daraus einen konkreten Pflichtenkatalog abzuleiten. Die

32 Ein Fall aus der Praxis: Ein Bevollmächtigter ließ die Pensionszahlungen seines sparsamen Vaters über Jahre in Höhe von insgesamt mehr als 100.000 EUR auf dem Girokonto liegen.

33 In jedem BGB-Kommentar findet sich bei der Kommentierung zu § 2216 reichhaltiges Anschauungsmaterial.

Freiheit des Testamentsvollstreckers als Vermögensverwalter gehe so weit wie der Betreuungsrichter den Betreuer äußerstenfalls stellen darf.[34]

- Es gilt das Gebot der produktiven Verwaltung,[35] die eine Pflicht zur Tätigkeit und Marktbeobachtung beinhaltet. Dem Vermögen muss eine den sich ständig wechselnden Rahmenbedingungen entsprechende optimale Struktur gegeben werden.
- Spekulative Geldanlagen, die das Risiko des Totalverlustes beinhalten, sind verboten.[36]
- Der Bevollmächtigte haftet nicht für die wertmäßige Erhaltung des Vermögens des Vollmachtgebers. So ist er gesetzlich[37] gerade nicht zur mündelsicheren Anlage des Vermögens verpflichtet. Somit kann man dem Bevollmächtigten nicht jede Vermögensverschlechterung „anhängen".

65 **Hinweis**

Wer einen Bevollmächtigten vertritt, gegen den ein Haftungsanspruch wegen fehlerhafter Kapitalanlageentscheidungen geltend gemacht wird, sollte immer versuchen darzulegen, worauf das Innenverhältnis zwischen Vollmachtgeber und Bevollmächtigtem beruhte. Nur ein in wirtschaftlichen Angelegenheiten erfahrener Bevollmächtigter wird die ganze Haftung auf sich nehmen müssen, ansonsten ist auf eine konkludente Haftungsfreistellung zu plädieren. Dies gilt insbesondere für den Fall, dass der Bevollmächtigte durch Unterlassen einen Vermögensschaden herbeiführt.

4. Verzinsung

66 Bei einem Vorgehen gegen den Bevollmächtigten besteht die Gefahr, dass viel Geld wegen nicht ordnungsgemäß geltend gemachter Zinsen „verschenkt" wird. Gerade die zum Teil jahrelang zurückliegenden Verfügungen machen die Zinsforderung zu einem bedeutsamen Posten i.R.d. Anspruchsermittlung. Sie erhöhen für den Anspruchsteller insoweit auch die Verhandlungsmasse bei eventuellen Vergleichsverhandlungen.

a) Verzinsungspflicht gem. § 688 BGB

67 Verwendet der Bevollmächtigte das Geld, das er dem Vollmachtgeber herauszugeben bzw. für ihn zu verwenden hat, für eigene Zwecke, muss er es gem. § 688 BGB ab diesem Zeitpunkt verzinsen.

34 BGH NJW 1981, 1071.

35 BGHZ 32, 67, 70.

36 BGH WM 1984, 834.

37 Genauso wenig wie der Testamentsvollstrecker nach § 2219 BGB, vgl. BGH NJW 1987, 1070, 1071.

Sinn dieser Regelung ist, dass der Bevollmächtigte den ihm nicht zustehenden Liquiditätsvorteil herauszugeben hat, ohne dass ihm ein Verschulden oder eine noch bestehende Bereicherung nachgewiesen werden muss. Es ist auch nicht erforderlich, dass der Bevollmächtigte tatsächlich Zinsvorteile gezogen hat. Beweisen muss man ihm allerdings die Verwendung.[38] Dafür genügt es nicht, dass der Bevollmächtigte das Geld dem eigenen Vermögen einverleibt, er muss es vielmehr zum eigenen Nutzen einsetzen. Dies wird immer dann anzunehmen sein, wenn der Bevollmächtigte Geld seinem eigenen Konto gutschreibt und von dort Ausgaben tätigt.

Die Höhe der Zinsen richtet sich nach dem gesetzlichen Zinssatz gem. § 246 BGB i.H.v. vier Prozent. Weitergehende Ansprüche, etwa aus §§ 812 ff., 823 ff. oder 280 ff. BGB bleiben unberührt. 68

b) Verzinsung gem. §§ 812, 818 f. BGB

Bei eigenmächtiger Geldabhebung des Bevollmächtigten, die von Anfang an nicht durch den Auftrag gedeckt ist, besteht ein Rückforderungsanspruch wegen ungerechtfertigter Bereicherung. Gemäß § 818 Abs. 1 BGB kann der Vollmachtgeber zunächst die gezogenen Nutzungen herausverlangen. Dabei sind die tatsächlich erlangten Zinsen[39] genauso herauszugeben wie die Zinszahlungen, die der Bereicherte z.B. durch die vorzeitige Ablösung eines eigenen Darlehens erspart hat.[40] 69

Die Höhe der erzielten bzw. ersparten Zinsen muss der Bereicherungsgläubiger beweisen; gelingt dies nicht, reicht es aus, wenn nach der Lebenserfahrung bestimmt wirtschaftliche Vorteile zu vermuten sind.[41] 70

Diesen vielleicht schwierig zu führenden Nachweis braucht der Vollmachtgeber bei der Rückforderung gegen den Bevollmächtigten in Fällen der Selbstbedienung nicht zu führen. Weil der Bevollmächtigte schon bei seiner Abhebung weiß, dass er dies nicht darf, trifft ihn die verschärfte Haftung gem. § 819 Abs. 1 BGB, wonach schon ab Kenntnis des mangelnden Rechtsgrundes Verzugsfolgen eintreten. Dann ist gem. § 288 Abs. 1 BGB mit fünf Prozentpunkten über dem Basiszinssatz zu verzinsen.[42] 71

Es hilft dem Bevollmächtigten dann auch nicht viel, sich ahnungslos zu stellen. Nach der Rechtsprechung hat Kenntnis auch, wer sich der Einsicht in die Rechtsgrundlosigkeit, gemessen an dem normativen Maßstab redlich Denkender, bewusst verschließt.[43] 72

---

38 *Kurze*, Vorsorgerecht, § 668 Rn 1.

39 BGH NJW 2000, 1637.

40 BGH NJW 1999, 2890.

41 BGHZ 64, 322.

42 Unter *www.basiszinssatz.de* sind die aktuellen Zinssätze abrufbar, außerdem befindet sich dort ein praktischer Zinsrechner.

43 BGHZ 133, 246.

c) Berechnung der Verzugszinsen

73 Es gibt wenige Sachverhalte, in denen eine fehlerhafte Zinsberechnung so große Schäden anrichten kann, wie bei der Inanspruchnahme von Bevollmächtigten. Grob fehlerhaft sind Zahlungsaufforderungen, bei denen Zinsen erst nach Ablauf der durch Rechtsanwaltsschreiben gesetzten Frist oder – noch schlimmer – erst ab Rechtshängigkeit geltend gemacht werden.[44]

74 Um den gesetzlichen Verzugszinssatz möglichst früh in Ansatz bringen zu können, sind zwei Aspekte zu beachten:

Zum einen können alle Teilbeträge eigenmächtigen Vertreterhandelns gesondert verzinst werden. Hat der Bevollmächtigte z.B. über einen Zeitraum von drei Jahren jedes Jahr im Sommer 10.000 EUR vom Konto des Vollmachtgebers rechtsgrundlos abgehoben, ist der Verzugszins für jeden Teilbetrag gesondert zu berechnen.

75 **Muster 4.1: Klageantrag wegen Verzugszinsen aus Teilbeträgen**

Der Beklagte wird verurteilt, an den Kläger 30.000 EUR zu zahlen, nebst fünf Prozentpunkten über dem Basiszinssatz aus einem Teilbetrag i.H.v. 10.000 EUR seit dem 1.7.2014, aus einem weiteren Teilbetrag i.H.v. 10.000 EUR seit dem 1.7.2015, und weiteren 10.000 EUR seit dem 1.7.2016.

76 Eine Grenze der Genauigkeit ist natürlich dann vorgegeben, wenn monatlich Kleinbeträge abgeflossen sind. Hier wäre es eine Überforderung, einen seitenlangen Antrag mit Teilverzinsungsbeträgen zu formulieren. Hier kann man alternativ die Jahressummen zur teilweisen Verzinsung in den Klageantrag aufnehmen.

77 Zum anderen sollte der Schuldner frühzeitig gem. § 286 Abs. 1 S. 2 BGB durch Mahnung in Verzug gesetzt werden. Der Verzug beginnt wohlgemerkt schon mit dem Zugang der Mahnung und nicht erst mit Ablauf einer mehr oder weniger großzügig gesetzten Frist. Deshalb sollte auch der Zugang des Aufforderungsschreibens notfalls bewiesen werden können.[45]

Wenn der Vollmachtgeber bzw. seine Erben schon dadurch benachteiligt sind, dass sie ihre Ansprüche erst nach einem mühsamen Auskunftsverfahren beziffern können, wäre es grob unbillig, wenn sie erst dann verzugsbegründend mahnen könnten. Der Bevollmächtigte hätte schon wegen des Zinsgewinns einen Grund

44 Einen guten Überblick verschafft auch der Aufsatz von *Rißmann*, ZErb 2002, 181 ff.

45 Es gehört daher m.E. zu den anwaltlichen Fairnessregeln, dass man als Rechtsanwalt des Bevollmächtigten im Antwortschreiben auch das Eingangsdatum des Aufforderungsschreibens angibt.

mehr, sich mit seinen Auskünften Zeit zu lassen. Weil das nicht sein kann, ist es inzwischen ganz herrschende Meinung,[46] dass auch durch eine unbezifferte Mahnung, die einem zulässigen Antrag in einer Stufenklage entspricht, der auskunftspflichtige Schuldner grundsätzlich in Verzug kommt. Es handelt sich allerdings um eine der am wenigsten bekannten herrschenden Meinungen, so dass in Schriftsätzen und Klagen zu einem ausdrücklichen Hinweis auf das einschlägige BGH-Urteil zu raten ist.

Muster 4.2: Unbezifferte Mahnung am Ende eines Auskunftsverlangens 78

…

Weiterhin habe ich Sie hiermit aufzufordern, den sich nach der Erteilung obiger Informationen zu beziffernden Zahlungsanspruch bis zum … auf das Konto meines Mandanten IBAN … der …-Bank (BIC …) einzuzahlen. Bis zum gleichen Datum haben Sie auch die in Ihrem Besitz noch befindlichen Gegenstände herauszugeben, mein Mandant steht nach telefonischer Aufforderung kurzfristig zur Abholung der Sachen zur Verfügung.

Vorsorglich darf ich in diesem Zusammenhang auf die Entscheidung des BGH (abgedr. in NJW 1981, 1729) verweisen, wonach der auskunftspflichtige Schuldner auch durch eine unbezifferte Mahnung, die einem zulässigen Antrag in einer Stufenklage entspricht, grundsätzlich in Verzug gerät.

Rechtsanwalt

Hinweis 79

Wer einen Bevollmächtigten vertritt, der erhebliche Rückzahlungen zu gewärtigen hat, sollte zur Meidung zu hoher Verzugszinsen zu einer Teilzahlung raten.

Der Bevollmächtigte kann den Verzugseintritt verhindern, wenn er nachweist, dass die Leistung aufgrund eines Umstandes unterbleibt, den er nicht zu vertreten hat, § 286 Abs. 4 BGB.

II. Anspruch auf Herausgabe von Sachen

1. Allgemeines

Im Rahmen einer Vorsorgevollmacht erstreckt sich die Pflicht zur Vermögens- 80
sorge auch auf die beweglichen und unbeweglichen Sachen des Vollmachtgebers. Je nach Dauer der Bevollmächtigung ändert sich das Sachvermögen in seinem Bestand. Daher ist der Bevollmächtigte auch verpflichtet, dem Vollmachtgeber bzw. seinen Erben ein Bestandsverzeichnis auch über das Sachvermögen vorzulegen, auf dessen Grundlage die Herausgabe von Sachen gefordert werden kann.

46 BGH NJW 1981, 1729 = BGHZ 80, 269.

In der Praxis ist zu beobachten, dass gerade bei beweglichen Sachen im Besitz des Bevollmächtigten viele Probleme auftauchen, die eine Realisierung des Anspruchs für die Erben erschweren:

- Der Bestand von Hausrat und Wertgegenständen ist zu Beginn der Bevollmächtigung so gut wie nie dokumentiert. Auch vom Bevollmächtigten für den Vollmachtgeber erworbene Sachen sind herauszugeben. Das Herausgabeverlangen steht daher immer im Zeichen von erheblichen Beweisproblemen.
- Wenn Sachen aus der Wohnung des Vollmachtgebers „verschwinden“, ist dafür nicht automatisch der Bevollmächtigte verantwortlich. Möglicherweise hat der Vollmachtgeber selbst über Sachen verfügt oder Dritte, die Zutritt zu seiner Wohnung hatten, haben die Sachen entwendet.
- Ist der Bevollmächtigte im Besitz der Sachen, wird er möglicherweise einwenden, dass der Vollmachtgeber ihm die Sachen geschenkt hat.
- Im Einzelfall kann es für die Erben schwierig sein, die herauszugebenden Sachen so genau zu beschreiben, so dass man notfalls kaum einen Klageantrag mit vollstreckungsfähigem Inhalt formulieren kann.

81 Der Bevollmächtigte verfügt in der Regel nicht nur über das Geldvermögen, er kann zudem auch über die bewegliche Habe und – mit einer notariellen Vollmacht – über die Immobilien des Vollmachtgebers verfügen. Bei einer rechtsgeschäftlichen Veräußerung an Dritte steht dem Vollmachtgeber bzw. seinen Erben nur das aus der Veräußerung erlangte Geld zu. Hat der Bevollmächtigte Sachen unter Preis verkauft oder ohne beweisbaren Auftrag an Dritte verschenkt, sind statt der Herausgabe Haftungsansprüche zu prüfen.

2. Herausgabe von Sachen im Eigentum des Vollmachtgebers

82 An Sachen, die der Bevollmächtigte im Besitz hat, kann der Vollmachtgeber nach folgenden Anspruchsgrundlagen die Herausgabe verlangen:

Sind dem Bevollmächtigten Sachen zur Ausführung des Auftrags überlassen worden, sind diese gem. § 667 BGB herauszugeben.[47] Außerdem steht dem Vollmachtgeber der Eigentumsanspruch aus § 985 BGB zur Seite.

83 Soweit der Bevollmächtigte gegenüber den Erben des Vollmachtgebers sein Recht zum Besitz aus einem nicht bestehenden Erbrecht ableitet, sind Ansprüche gegen ihn als Erbschaftsbesitzer gem. §§ 2018 ff. BGB zu prüfen. In der Praxis kommt es nicht selten vor, dass Bevollmächtigte ihre Nähe zum Vollmachtgeber nutzen, um ihn zu letztwilligen Verfügungen zu veranlassen, deren Wirksamkeit fraglich ist.

47 BGHZ 11, 37, 43.

Beispiel 84

Der Bevollmächtigte verweigert die Herausgabe des Pkw des verstorbenen Vollmachtgebers mit der Begründung, der Pkw sei ihm vermacht worden. Zum Nachweis legt er ein kaum leserliches eigenhändiges Testament vor, das aufgrund der nachgewiesenen Testierunfähigkeit des Vollmachtgebers unwirksam ist.

85 Überaus häufig ist auch der Fall, dass der Bevollmächtigte Wertsachen des Vollmachtgebers an sich nimmt, wenn dieser ins Heim zieht. Ob dies nur zur sichernden Verwahrung erfolgte oder eine Handschenkung des Vollmachtgebers war, die der Bevollmächtigte sich selbst erfüllen durfte, damit verbunden war, ist im Nachhinein oft streitig.

3. Herausgabe von Sachen, die der Bevollmächtigte erworben hat

86 Der Vollmachtgeber kann vom Bevollmächtigten gem. § 667 BGB alle Sachen herausverlangen, die er in Ausführung des Auftrags erlangt hat.

Beispiel 87

Der Bevollmächtigte hat den gebrechlichen Vollmachtgeber bei sich in seiner Wohnung aufgenommen und auf dessen Kosten ein Krankenbett angeschafft. Nach dem Tod des Vollmachtgebers können die Erben die Herausgabe des Krankenbetts verlangen.

88 Hat sich der Bevollmächtigte in Ausübung der Vollmacht selbst Sachen übereignet, steht dem Vollmachtgeber bzw. seinen Erben zumindest ein Rückforderungsanspruch aus ungerechtfertigter Bereicherung gem. §§ 812 ff. BGB zu.

Beispiel 89

Der Bevollmächtigte B ist mit einer notariellen Vorsorgevollmacht ausgestattet, die ihm auch Geschäfte mit sich selbst erlaubt. Er nutzt diese Vollmacht, indem er das Haus des Vollmachtgebers auf sich überträgt.

90 Auch, wenn das Insichgeschäft erkennbar sittenwidrig war, erstreckt sich die Nichtigkeit nicht automatisch auf das Verfügungsgeschäft. Es wäre insoweit falsch, einen Herausgabeanspruch gem. § 985 BGB geltend zu machen.

91 Anders liegt der Fall, wenn der Bevollmächtigte vorträgt, der Vollmachtgeber habe ihm die Sache persönlich übereignet, und sich später herausstellt, dass der Vollmachtgeber nicht mehr geschäftsfähig war. Dann ist auch das Verfügungsgeschäft unwirksam. Im Falle einer Grundstücksübertragung besteht dann ein unmittelbarer Anspruch auf Grundbuchberichtigung.[48]

48 Vgl. *Krug*, in: Krug/Rudolf/Kroiß/Bittler, Anwaltformulare Erbrecht, § 10 Rn 95 ff.

III. Geltendmachung und gerichtliche Durchsetzung von Leistungsansprüchen

1. Außergerichtliches Vorgehen

a) Allgemeines

92 Die Geltendmachung von Leistungsansprüchen erfolgt in aller Regel, sobald der Bevollmächtigte die zur Bezifferung des Geldanspruchs oder die zur Bestimmung der herauszugebenden Sachen erforderlichen Informationen erteilt hat. Bei Fällen, in denen die Zahlungen bzw. Verfügungen über Gegenstände auch ohne vorherige Auskunftserteilung offenkundig sind, kann direkt ein Forderungsschreiben an den Bevollmächtigten gerichtet werden. Nachfolgend sollen vorrangig Vorgehensweisen dargestellt werden, wie Zahlungsansprüche nach erfolgter Auskunft geltend gemacht werden können. Außerdem sind die Besonderheiten bei der Herausgabe von Sachen zu erörtern.

b) Zahlungsansprüche

93 Bei Geldansprüchen kann es oft vorkommen, dass ein Teil der Forderungen, die gegen den Bevollmächtigten erhoben werden, schon sehr früh feststeht und ein anderer Teil erst nach einem langwierigen Auskunftsverfahren zu beziffern ist. Ob man dann schon vorab einen Teil der Forderungen geltend machen soll oder bis zum Ende der Auskunftserteilung abwartet, ist eine Entscheidung, die man in Absprache mit dem Mandant treffen sollte. Einerseits erhöht eine zügige Geltendmachung von Teilbeträgen den Druck auf den Bevollmächtigten, andererseits kann dieser Druck auch zu einer totalen Auskunftsblockade führen und einen Bevollmächtigten, der sich im Auskunftsstadium „um Kopf und Kragen" redet, zur Inanspruchnahme anwaltlicher Vertretung veranlassen. Das sollte er aus Sicht des Vollmachtgebers erst tun, wenn nach allen ungefilterten Informationen die „Forderungsbombe" gezündet wird. Das ist aber immer eine Einzelfallentscheidung.

94 **Muster 4.3: Forderungsschreiben an den Bevollmächtigten für den Erben des Vollmachtgebers**

Per Boten

Herrn ___

Rückforderung von unberechtigten Abhebungen vom Konto des Erblassers xy

In obiger Angelegenheit haben Sie auf mein Auskunftsverlangen vom ___ mit Schreiben vom ___ geantwortet. In diesem Schreiben haben Sie unter Beifügung des inzwischen entwerteten Sparbuchs Nr. ___ und der Auszüge des Girokontos Nr. ___ für den Zeitraum Ihrer Bevollmächtigung bei der B-Bank den Umfang Ihrer Verfügungen dargelegt.

Nach Überprüfung sind folgende Barabhebungen festzustellen:

Datum	Betrag
Summe	

Namens meines Mandanten, der gem. § 1922 BGB Rechtsnachfolger des Herrn geworden ist, fordere ich Sie hiermit unter Verweis auf meine Geldempfangsvollmacht auf, diesen Betrag bis zum

auf mein Anderkonto IBAN bei der C-Bank (BIC) zu überweisen.

Mein Mandant macht hiermit einen Herausgabeanspruch gem. § 667 BGB bzw. § 812 BGB geltend.

Zur Begründung ist auszuführen, dass Sie trotz Aufforderung die Übergabe des Geldes an den Erblasser nicht beweisen konnten und wohl auch nicht beweisen werden können. Im fraglichen Zeitraum befand sich der Erblasser bei Frau in Pflege. Ihre Behauptung, Sie hätten dem Erblasser das Geld jeweils kurz nach Abhebung übergeben, ist nicht nachvollziehbar, da Sie Frau völlig unbekannt sind.

Sollte bis zu obigem Datum keine Zahlung eingehen, wird mein Mandant seinen Rückforderungsanspruch gerichtlich geltend machen. In diesem Rahmen würde er auch in vollem Umfang Zinsen geltend machen, auf die er im Falle einer rechtzeitigen Zahlung verzichten würde.[49]

Rechtsanwalt

Wenn ein Teil der Ansprüche noch ungeklärt ist, ist parallel der Auskunftsanspruch weiter zu verfolgen. 95

Hinweis 96

Je nach Umfang der Verfügungen kann leicht die Übersicht verloren gehen, wenn man seitenlange Schriftsätze verfasst, in denen einerseits detailliert die weiteren Auskunftsansprüche, andererseits schon die umfangreichen Erstattungsansprüche beziffert werden. Es hat sich in diesen Fällen bewährt, zwei Schreiben parallel zu verfassen. Dies hat auch den Vorteil, dass in einem späteren Prozess der Verweis auf unterschiedliche Anlagen dem Gericht die Orientierung erleichtert.

49 Alternativ kann man bereits für jeden Teilbetrag die aufgelaufenen Zinsen berechnen, wenn es sich um Verzugszinsen handelt, die aufgrund bösglaubiger ungerechtfertigter Bereicherung ex tunc entstehen.

c) Herausgabeansprüche

97 Die Herausgabe von Sachen des Vollmachtgebers hat gem. § 269 Abs. 1 BGB grundsätzlich am Wohnort des Schuldners, also des Bevollmächtigten zu erfolgen. Dies kann allerdings problematisch sein, wenn der Bevollmächtigte weit entfernt wohnt.

98 **Beispiel**

Der Bevollmächtigte B war für seinen in Köln lebenden Vater V Vorsorgebevollmächtigter und hat sich um dessen Vermögen gekümmert. Nachdem sein Vater bettlägerig wurde und das Haus nicht mehr verlassen konnte, nahm B heimlich das Mercedes-Cabrio von V mit an seinen Wohnort München. Eine Schenkung kann er nicht beweisen. Seine allein erbende Schwester fordert ihn nach Vs Tod auf, das Fahrzeug wieder nach Köln zu bringen. Er lehnt ab und erklärt trotzig, sie könnte das Fahrzeug bei ihm abholen, wohl wissend, dass seine Schwester sich davor fürchtet, Fahrzeuge mit mehr als 50 PS zu steuern.

B hat sich durch den Eingriff in das Vermögen seines Vaters bereichert und einen Vermögensvorteil beschafft, von dem er wusste, dass er ihm nicht zustand. Der Bereicherungsgläubiger soll aber nicht zusätzlich durch die Ortsverschiedenheit gestraft sein, weshalb für den nach § 819 BGB verschärft haftenden Schuldner der Empfangsort maßgeblich sein soll.

99 Hat der Bevollmächtigte hingegen mit dem Einverständnis des Vollmachtgebers dessen Pkw für die Erledigung von Aufträgen genutzt, ist der Rückgabeort der Wohnort.

100 **Beispiel (Abwandlung des vorherigen Beispiels (siehe Rdn 98))**

Der Bevollmächtigte B hat für seinen in Köln lebenden Vater V als Vorsorgebevollmächtigter dessen deutschlandweiten Immobilienbesitz verwaltet. Hierzu stellte ihm V sein Mercedes-Cabrio zur Verfügung. Nach Vs Tod fordert seine allein erbende Schwester das Fahrzeug zurück.

In diesem Fall müsste rein rechtlich gesehen die Schwester den Rücktransport des Fahrzeuges nach Köln organisieren.

101 **Muster 4.4: Herausgabe eines Pkw an den Erben des Vollmachtgebers**

Per Boten

Herrn

Rückgabe des Pkw VW Golf, amtliches Kennzeichen des Erblassers xy

Ausweislich beigefügter Vollmacht zeige ich die Vertretung von Herrn an.

Mein Mandant ist gemäß beigefügter beglaubigter Kopie der Erbscheinsausfertigung Alleinerbe nach Herrn xy, der am verstorben ist.

Hier ist bekannt geworden, dass der Erblasser Ihnen zur Erledigung von Versorgungsfahrten und Chauffeurdiensten seinen silberfarbenen Pkw VW Golf mit dem amtlichen Kennzeichen zur Verfügung gestellt hat.

Namens meines Mandanten, der gem. § 1922 BGB Rechtsnachfolger des Herrn geworden ist, fordere ich Sie hiermit zur

Rückgabe

des vorbezeichneten Pkw zu Händen meines Mandanten auf. Hierzu darf ich Sie bitten, bis zum unmittelbar telefonisch mit meiner Mandantin einen Rückgabetermin bei Ihnen zu vereinbaren, der spätestens am stattfinden soll.[50]

Ebenso habe ich Sie aufzufordern, ab sofort nicht mehr mit dem Pkw meines Mandanten zu fahren.

Sollten Sie die Rückgabe verweigern, bin ich bevollmächtigt, die Herausgabe notfalls mit gerichtlicher Hilfe durchzusetzen.

Rechtsanwalt

Werden vom Bevollmächtigten Immobilien verwaltet, ist eine Übergabe wie bei 102
einem Wechsel der Hausverwaltung zu protokollieren.

Hinweis 103

Bei der Herausgabe von Sachgesamtheiten (Wohnungseinrichtung, Sammlungen etc.) sind die Bevollmächtigten oft freiwillig zur Herausgabe bereit, es bedarf daher nicht immer eines gepfefferten Anwaltsschriftsatzes, um die Rechte der Erben des Vollmachtgebers zu wahren. Hier kann es völlig ausreichen, mit dem Bevollmächtigten einen Übergabetermin zu vereinbaren. Bei diesem Termin sollten unabhängige Zeugen zugegen sein und auch ein Übergabeprotokoll erstellt werden. Die Anwesenheit des Rechtsanwalts bei dieser Gelegenheit dient nicht nur der Imagepflege gegenüber dem Mandanten, sondern auch dazu sich selbst einen Eindruck vom Gegner zu verschaffen.

Sind Sachen bei Rückgabe mangelhaft, sollte deren Zustand fotografisch dokumentiert werden, so dass man evtl. Schadenersatzansprüche gegen den Bevollmächtigten substantiiert darlegen kann.

d) Exkurs: Rückforderung wegen groben Undanks

Es mag Fälle geben, in denen der Bevollmächtigte schon lange vor Eintritt der 104
Geschäftsunfähigkeit vom Vollmachtgeber großzügige Schenkungen erhalten hat, so dass sich die Frage der „selbstsegnenden Schenkung“ nicht stellt. Verhält sich ein Bevollmächtigter nach Eintritt des Vorsorgefalls unredlich, sei es in finanziellen oder aber in persönlichen Angelegenheiten, kann auch eine lange

50 Alternativ kann man auch mehrere Termine zur Auswahl geben, von denen der Schuldner einen auswählen soll.

zurückliegende Schenkung wegen groben Undanks in Form des Vollmachtsmissbrauchs zurückgefordert werden.

105 Der BGH[51] hatte zu den Pflichten des Bevollmächtigten im Lichte des groben Undanks Stellung genommen.

Fall (vereinfacht)

Die Vollmachtgeberin übertrug ihrem Sohn 2004 das Wohnhaus unter Vorbehalt eines lebenslangen Wohnrechts. 2009 erteilte sie ihm eine Vorsorgevollmacht. Nach einem Sturz in ihrer Wohnung musste sie stationär behandelt werden und sollte danach eine Kurzzeitpflege antreten. Inzwischen hatte der Sohn einen unbefristeten Heimvertrag für eine vollstationäre Pflegeeinrichtung abgeschlossen. Weiterhin kündigte er ohne Rücksprache mit der Mutter den Hausnotrufvertrag sowie den Telefonanschluss. Der Sohn handelte unstreitig auf Empfehlung des sozialmedizinischen Dienstes des Krankenhauses, der einen dauerhaften Heimaufenthalt anregte. Die Mutter selbst hatte er nicht gefragt, da er diese für dement hielt

Die Mutter widerrief die Vorsorgevollmacht, kehrte in ihre Wohnung zurück und verlangte die Rückübertragung des Hauses wegen groben Undanks.

Der BGH hat den Fall zurückverwiesen und dem Instanzgericht[52] zur Aufgabe gegeben, die „bestmögliche Wahrung der personellen Autonomie" des Vollmachtgebers zum Maßstab einer Prüfung des groben Undanks zu machen:

> *„Ein grob undankbares Verhalten kann sowohl mangels Umständen, die objektiv die gebotene Rücksichtnahme auf die Belange des Schenkers vermissen lassen, als auch deshalb zu verneinen sein, weil sich das Verhalten des Beschenkten jedenfalls subjektiv nicht als Ausdruck einer undankbaren Einstellung gegenüber dem Schenker darstellt. Die Beurteilung der subjektiven Seite des Tatbestands kann jedoch in der Regel erst dann erfolgen, wenn sich der Tatrichter darüber Rechenschaft abgelegt hat, welche Sachverhaltselemente objektiv geeignet sind, einen den Widerruf der Schenkung rechtfertigenden Mangel an von Dankbarkeit geprägter Rücksichtnahme zum Ausdruck zu bringen.*
> *Bei der objektiven Gesamtwürdigung der Umstände kann insbesondere zu berücksichtigen sein, dass ein Schenker, der dem Beschenkten durch eine umfassende Vollmacht die Möglichkeit gegeben hat, in seinem Namen in allen ihn betreffenden Angelegenheiten tätig zu werden und erforderlichenfalls auch tief in seine Lebensführung eingreifende Entscheidungen zu treffen, zu denen er selbst nicht mehr in der Lage sein sollte, einen schonenden Gebrauch*

---

51 BGH, Urt. v. 25.3.2014 – X ZR 94/12, NJW 2014, 3021 = MDR 2014, 578.

52 Das OLG Köln, das die Klage zunächst abgewiesen hatte, schlug danach den Parteien einen Vergleich vor, wonach der Sohn zu 2/3 unterlag.

von den sich hieraus ergebenden rechtlichen Befugnissen unter bestmöglicher Wahrung seiner personellen Autonomie erwarten darf.

Daraus folgt, dass ein Vollmachtgeber die Möglichkeit hat, wirksam gegen einen undankbaren Bevollmächtigten vorzugehen. Den Erben des Vollmachtgebers steht dieses Recht nur unter den engen Voraussetzungen des § 530 Abs. 2 BGB zu, so dass in einem solchen Fall ggf. ein Mitbevollmächtigter zu Lebzeiten den Widerruf erklären sollte.

2. Zahlungsklage gegen den Bevollmächtigten

Soweit die Zahlungsansprüche des Vollmachtgebers nicht im Rahmen einer Stufenklage geltend gemacht werden, sind die Ansprüche bei einem erfüllten Auskunftsanspruch im Wege einer ganz normalen Zahlungsklage geltend zu machen. **106**

Muster 4.5: Zahlungsklage des Alleinerben gegen den Bevollmächtigten **107**

An das

Landgericht …

Klage

des

A

– Kläger –

gegen

B

– Beklagten –

wegen Nachlassforderungen aufgrund Auftragsrecht/ungerechtfertigter Bereicherung,

vorläufiger Gegenstandswert: … EUR.

Namens des Klägers werde ich beantragen:

Der Beklagte wird verurteilt, an den Kläger einen Betrag in Höhe von … EUR nebst Zinsen zu einem Zinssatz der über 5 Prozentpunkte über dem jeweiligen Basiszinssatz seit dem … liegt, zu zahlen.

… (*Kosten- und Verfahrensanträge*)

Begründung:

Der Kläger ist Alleinerbe nach der am … verstorbenen Frau …, die zuletzt in …[53] gewohnt hat.

53 Wichtig: Die örtliche Zuständigkeit kann sich gem. § 28 ZPO nach dem Gerichtsstand des Erblassers richten.

Beweis: Vorlage des Erbscheins, siehe Anlage K1

Der Klageanspruch beruht auf folgendem Sachverhalt:

Der Beklagte, ein Enkel der Erblasserin, hatte im Jahr [redacted] Vollmachten über die Bankguthaben der Erblasserin bei der B-Bank erhalten. Im Einzelnen handelte es sich dabei um das Sparkonto Nr. [redacted] und das Festgeldkonto Nr. [redacted].

Beweis: Vorlage der Vollmacht durch die B-Bank, Kopie siehe Anlage K2

Die Erblasserin selbst war aufgrund einer fortgeschrittenen Demenzerkrankung spätestens ab 2014 nicht mehr in der Lage, sich um ihre Angelegenheiten zu kümmern. Sie wurde von Frau [redacted] betreut, die eine Vollmacht über das Girokonto besaß und die Kosten der Pflege und Verpflegung aus den laufenden Renteneinkünften der Erblasserin bezahlen konnte.

Beweis: Zeugnis Frau [redacted]

Gegenstand dieser Klage sind Rückforderungsansprüche, die aus den Barabhebungen des Beklagten von den vorgenannten Konten erfolgten. Folgende Abhebungen sind von dem Beklagten veranlasst worden:

Sparkonto Nr. [redacted]

Datum [redacted]	Betrag [redacted]
Datum [redacted]	Betrag [redacted]
Datum [redacted]	Betrag [redacted]
Summe	[redacted]

Festgeldkonto Nr.

Datum [redacted]	Betrag [redacted]
Datum [redacted]	Betrag [redacted]
Datum [redacted]	Betrag [redacted]
Datum [redacted]	Betrag [redacted]
Summe	[redacted]

Diese Abhebungen sind unstreitig, der Beklagte hat insoweit vorgerichtlich Auskunft erteilt, die sich mit den Bankunterlagen decken. Im Bestreitensfall könnten weitere Nachweise vorgelegt werden.

Der Beklagte blieb einen schlüssigen Nachweis für die Verwendung der Gelder schuldig.[54]

Der Beklagte wurde zuletzt unter dem [redacted] aufgefordert, diesen Betrag zurückzuzahlen.

Beweis: Anwaltsschriftsatz an den Beklagten vom [redacted], siehe Anlage K3

---

54 Es wäre fehlerhaft, hier die Verteidigungsargumente des Beklagten zu referieren. Dies sollte erst nach der Klageerwiderung erfolgen, weil sonst das Gericht (natürlich zu Unrecht) vorschnell einen Anspruch gem. § 812 BGB wegen vorgetragenem Rechtsgrund ablehnen könnte.

Da der Beklagte jedwede Zahlung endgültig verweigert hat, war Klage geboten.

In rechtlicher Hinsicht ist zu bemerken, dass der Vollmachtserteilung ein Auftragsverhältnis zugrunde lag, das zwischen der Erblasserin und dem Beklagten bestand, welches nun zwischen Kläger und dem Beklagten abgewickelt werden muss.

Im Rahmen einer Vollmachtserteilung darf regelmäßig mangels anderer Anhaltspunkte von einem Auftragsverhältnis ausgegangen werden, das eine Herausgabepflicht gem. § 667 BGB beinhaltet. Unabhängig davon steht dem Kläger ein Bereicherungsanspruch gem. § 812 BGB zur Seite, soweit der Beklagte ohne entsprechenden Auftrag der Erblasserin gehandelt hat.

Die Zinsen ergeben sich aus dem Gesichtspunkt des Verzuges, nachdem die im Aufforderungsschreiben vom gesetzte Frist zur Zahlung auf den fruchtlos verstrichen ist und der Beklagte außergerichtlich jede Zahlung ablehnte.[55]

Rechtsanwalt

3. Klage auf Herausgabe gegen den Bevollmächtigten

Neben Zahlungsklagen spielen Klagen auf Herausgabe in der Mandatspraxis eine bedeutsame Rolle. Insbesondere kommt es immer wieder zu Streitigkeiten über die dingliche Berechtigung an Pkws von Personen, die ihr Fahrzeug krankheitsbedingt nicht mehr fahren können und den Gebrauch Dritten überlassen. Diese tragen in aller Regel vor, dass sie für den Vollmachtgeber Chauffeurdienste und Besorgungsfahrten unternommen haben und ihnen aus Dankbarkeit das Fahrzeug geschenkt wurde. 108

Die Heilung der Formnichtigkeit durch Bewirkung gem. § 518 Abs. 2 BGB entspricht bei beweglichen Sachen der Eigentumsverschaffung durch Einigung und Übergabe gem. §§ 929–931 BGB. Die Übergabe der Zulassungsbescheinigung Teil II (bzw. früher des Kfz-Briefes) ist hierzu nicht erforderlich, da es sich nicht um ein Traditionspapier handelt.[56] 109

Abgrenzungsschwierigkeiten ergeben sich auch in Fällen, in denen der Vollmachtgeber neben dem Bevollmächtigten das Fahrzeug weiter nutzt. 110

Beispiel 111

Ein auf den Namen des Vollmachtgebers zugelassenes Fahrzeug wird hauptsächlich von dessen Lebensgefährtin genutzt. Diese ist auch Bevollmächtigte im Rahmen einer Vorsorgevollmacht und nutzt das Fahrzeug auch für Besorgungen und Chauffeurdienste. Gleichwohl nutzt der Vollmachtgeber das Fahrzeug auch noch selbst.

55 Alternativ kann man auch Zinsen ab dem Zeitpunkt der jeweiligen Abhebung geltend machen, wenn man dem Beklagten Bösgläubigkeit gem. § 819 BGB nachweisen kann.

56 BGH NJW 1978, 1854.

112 In einem solchen Fall schließt selbst die überwiegende Benutzung eines Pkw durch den Vollmachtgeber nicht die Annahme einer Schenkung aus. Die Rechtsprechung geht davon aus, dass dann bei Eheleuten„[57] nicht aber unbedingt auch bei Lebensgefährten[58] regelmäßig ein Besitzmittlungsverhältnis gem. § 930 BGB anzunehmen ist. Auch wenn der Veräußerer seinen Besitz an der Sache nicht vollständig aufgibt, kann er Alleineigentum dadurch übertragen, dass er den Erwerber zum Mitbesitzer macht und ihm den verbleibenden Mitbesitz mittelt.[59]

113 Das nachfolgende Formulierungsbeispiel enthält zusätzlich zum Herausgabeverlangen eines Pkw auch noch Ansprüche zur Entschädigung wegen entgangener Gebrauchsvorteile und Wertminderung. Diese können beträchtlich sein, wenn zwischen Erbfall und Herausgabe einige Zeit verstreicht.

114 **Muster 4.6: Herausgabeklage des Alleinerben gegen den Bevollmächtigten**

An das

Landgericht

Klage

des A

– Klägerin –

gegen B

– Beklagte –

Namens und in Vollmacht der Klägerin erhebe ich Klage und werde beantragen:

1. Die Beklagte wird verurteilt, an die Klägerin den Pkw der Marke , Fahrgestellnummer: , amtliches Kennzeichen: , nebst Schlüsseln herauszugeben.
2. Die Beklagte wird weiter verurteilt, Auskunft zu erteilen, in welchem Umfang sie das im Antrag zu 1. genannte Fahrzeug genutzt hat, insbesondere welchen Kilometerstand es am [60] aufwies.
3. Die Beklagte wird nach Auskunftserteilung verurteilt, an die Klägerin eine Entschädigung wegen entgangener Gebrauchsvorteile und Wertminderung zu zahlen, dessen Höhe in das Ermessen des Gerichts gestellt wird.[61]

57 BGHZ 73, 253.

58 Dafür: OLG Saarbrücken v. 3.5.2006 – 1 U 265/05, n.v., dagegen: OLG München, NJW 2013, 3525, OLG Schleswig, BeckRS, 2012, 19631.

59 In schönstem Juristendeutsch kann man sagen, dass der weiter mitbesitzende Veräußerer seinen Mitbesitz weiter als unmittelbarer Mitfremdbesitzer, und zwar als Besitzmittler des unmittelbaren Miteigenbesitzers (vulgo: Freundin), ausübt.

60 Todestag des Erblassers.

61 Hier ist eine Schätzung gem. § 287 ZPO in aller Regel einem Sachverständigengutachten vorzugswürdig, auch kann diese Position als Verhandlungsmasse bei Vergleichsverhandlungen dienen.

Begründung:

Die Klägerin ist die Tochter und gesetzliche Alleinerbin des am [redacted] verstorbenen Erblassers [redacted].

Beweis: Vorlage des Erbscheins, Anlage K1

Der Erblasser war zuletzt wohnhaft in [redacted], wo er von seiner Nachbarin, der Beklagten gelegentlich versorgt wurde, indem sie für ihn Besorgungen mit seinem Pkw tätigte. Außerdem hat der Erblasser sie mit einer notariellen Vorsorgevollmacht über den Tod hinaus versehen.

Der Erblasser war Eigentümer des streitgegenständlichen Fahrzeugs.

Beweis: Vorlage der Zulassungsbescheinigungen Teil I und II, Anlage K2

Die Beklagte hat nach dem Tod das streitgegenständliche Fahrzeug in Besitz genommen und nutzt es seither, ohne dass ihr dies von dem Erblasser oder der Klägerin gestattet wurde.

Bereits kurz nach dem Tod wurde sie vor Zeugen von der Klägerin aufgefordert, das Fahrzeug zurückzugeben.

Beweis: Zeugnis der Herren [redacted]

Die Beklagte hatte sich geweigert, das Fahrzeug herauszugeben und stattdessen gegenüber Dritten erklärt: „Bevor ich das Fahrzeug herausgebe, fahre ich es zu Schrott."

In Ermangelung einer Zulassungsbescheinigung hat die Beklagte am [redacted] beim Straßenverkehrsamt in Ausübung der Vorsorgevollmacht die Zulassungsbescheinigung für verlustig erklärt und nach Erteilung der neuen Zulassungsbescheinigung das Fahrzeug auf ihren Namen überschrieben.

Beweis: amtliche Auskunft des Straßenverkehrsamts [redacted]

Die Beklagte wurde unter dem [redacted] aufgefordert, das Fahrzeug herauszugeben.

Beweis: Vorlage des Anwaltschreibens mit Rückschein vom [redacted], Anlage K3

Die Klägerin konnte ihr Herausgabeverlangen erst ein Jahr nach dem Tod ihres Vaters geltend machen, da sie keinen Kontakt mehr zum Erblasser hatte. Sie konnte erst vor kurzem den Nachlass in Besitz nehmen und so den streitigen Vorgang aufdecken.

Neben dem Herausgabeanspruch steht der Klägerin daher aufgrund der unberechtigten Nutzung des Fahrzeugs zum einen ein Schadensersatzanspruch zu, weil sie von der Möglichkeit zur Nutzung des Pkw ausgeschlossen war. Die Rechtsprechung hat die Ersatzpflicht im Wege richterlicher Rechtsfortbildung anerkannt (vgl. Grüneberg/*Grüneberg*, vor § 249 Rn 20 ff.).

Außerdem kann die Klägerin gem. § 812 i.V.m. § 818 BGB Ersatz dafür verlangen, dass die Beklagte das Fahrzeug unberechtigt genutzt hat.

Hierzu ist die Bereicherte zur Auskunftserteilung verpflichtet (vgl. Grüneberg/*Sprau*, § 812 Rn 102).

Bevor nicht genauere Auskünfte erteilt sind, kann die Höhe des zu zahlenden Betrages nicht beziffert bzw. ermessen werden.

Schließlich ist die Beklagte auch verpflichtet, eine Entschädigung für die Wertminderung zu zahlen, die sich ab dem Todeszeitpunkt realisiert hat. Die Klägerin hätte das Fahrzeug zum damaligen Zeitpunkt für einen höheren Preis als heute verkaufen können.

Es wird angeregt, der Beklagten vorab aufzugeben, Angaben über Art und Umfang der Nutzung zu machen.

Rechtsanwalt

4. Sonderfall: Die Inanspruchnahme eines Miterben

115 Wenn der Bevollmächtigte ein Vertrauter des Vollmachtgebers war, gehört er in vielen Fällen zum Kreis der Erben. Grundsätzlich gilt, dass die Erbengemeinschaft wegen des Prinzips der gesamthänderischen Bindung Nachlassforderungen nur gemeinsam geltend machen kann. Weil es aber äußerst umständlich wäre, den ehedem bevollmächtigten Miterben zunächst auf Zustimmung zu einer Klage gegen sich selbst zu verklagen, gibt § 2039 S. 1 BGB jedem Miterben das Recht, Nachlassforderungen alleine geltend zu machen. An wen zu leisten ist, hängt entscheidend davon ab, ob die Erbengemeinschaft bis auf die streitigen Ansprüche schon auseinandergesetzt ist oder nicht.

a) Erbengemeinschaft noch nicht auseinandergesetzt

116 Falls die Erbengemeinschaft noch nicht auseinandergesetzt ist, kann der Miterbe die Leistung nur an alle Erben fordern. Dies geschieht gem. § 2039 S. 2 BGB durch Hinterlegung[62] oder Ablieferung an einen gerichtlich zu bestellenden Verwahrer.

117 **Beispiel**

Die vier Töchter A, B, C und D werden gesetzliche Erben zu je 1/4 nach Ihrer verwitweten Mutter. Nach dem Tod stellt sich heraus, das B als Bevollmächtigte der Mutter ohne ersichtlichen Grund mehrmals Bargeld vom Sparbuch der Mutter abgehoben hat.

C und D wollen B zur Rechenschaft ziehen, A hingegen möchte keinen Streit haben, und möchte sich nicht an einer Klage beteiligen.

118 Die Miterbinnen C und D haben gleichwohl die Möglichkeit, ihre Schwester B zu verklagen. Es wäre jedoch riskant, den gesamten abgehobenen Betrag einzuklagen, weil zumindest in Höhe der Erbquote von D mit dem Erbfall Anspruchs-

62 Gemäß § 6 HintG BW (die anderen Landesgesetze enthalten identische Vorschriften) werden zur Hinterlegung nur Geld, Wertpapiere und sonstige Urkunden sowie Kostbarkeiten angenommen.

kollusion erfolgt ist.[63] D stünde die Einrede des Rechtsmissbrauchs zu. Daher wird im nachfolgenden Formulierungsbeispiel nur eine 3/4-Quote eingeklagt.[64]

Muster 4.7: Klage der Miterben auf Hinterlegung 119

An das

Landgericht ___

Klage

der C

– Klägerin zu 1. –

D

– Klägerin zu 2. –

gegen B

– Beklagte –

wegen Nachlassforderungen aufgrund ungerechtfertigter Bereicherung,

vorläufiger Gegenstandswert: ___ EUR.

Namens der Klägerinnen werde ich beantragen:

1. Die Beklagte wird verurteilt, an die Erbengemeinschaft der am ___ in ___ verstorbenen ___, bestehend aus
   a) den Klägerinnen zu 1. und 2.,
   b) der Frau A, wohnhaft ___, und
   c) der Beklagten, einen Betrag i.H.v. ___ EUR durch Hinterlegung beim Amtsgericht ___ nebst Zinsen zu einem Zinssatz der über 5 Prozentpunkte über dem jeweiligen Basiszinssatz seit dem ___ liegt, zu zahlen.
2. ___ (*Kosten- und Verfahrensanträge*)

Begründung:

Die Klägerinnen sind Miterben der Erbengemeinschaft nach der am ___ verstorbenen ___, die zuletzt in ___[65] gewohnt hat.

Beweis: Vorlage des Erbscheins, Anlage K1

Neben der nicht an diesem Prozess beteiligten Miterbin A ist auch die Beklagte an der Erbengemeinschaft beteiligt. Die Erbengemeinschaft nach ___ ist noch nicht auseinandergesetzt.

---

63 Bei einem späteren Freigabeverfahren im Rahmen der Erbauseinandersetzung ist freilich darauf zu achten, dass der verklagte Miterbe an diesem Guthaben nicht beteiligt wird.

64 Nach BGH FamRZ 1971, 643, 645 = WM 1971 653, 655 kann der Miterbe den Einwand des Rechtsmissbrauchs auch erheben, wenn die Forderung zweifelsfrei aus seinem Miterbenanteil zu decken ist.

65 Wichtig: Die örtliche Zuständigkeit kann sich gem. § 28 ZPO nach dem Gerichtsstand des Erblassers richten.

Die verwandtschaftlichen und erbrechtlichen Beziehungen sind unstreitig.

Dem Klageanspruch liegt folgender Sachverhalt zu Grunde:

Die Beklagte hatte im Jahr 1999 umfassende Vollmachten über die Bankguthaben der Erblasserin erhalten. Die Erblasserin selbst war aufgrund einer fortgeschrittenen Demenzerkrankung spätestens ab 2014 nicht mehr in der Lage, sich um ihre Angelegenheiten zu kümmern. Sie wurde von Pflegepersonal betreut, das aus ihren laufenden Renteneinkünften bezahlt werden konnte.

Gegenstand dieser Klage sind Rückforderungsansprüche, die aus den Barabhebungen der Beklagten vom Sparbuch Nr. bei der -Bank erfolgten. Folgende Abhebungen sind von der Beklagten veranlasst worden:

Datum	Betrag
Datum	Betrag
Datum	Betrag
Datum	Betrag
Summe	Betrag

Beweis: Vorlage des Sparbuchs, Anlage K2

Die Tatsache der Abhebung ist unstreitig, im Bestreitensfall könnten weitere Nachweise vorgelegt werden.

Nachweise für die Verwendung der Gelder fehlen.

Die Beklagte wurde außergerichtlich unter dem aufgefordert, diesen Betrag auf das noch bestehende Sparbuch zur Gutschrift zurückzuzahlen.

Beweis: Anwaltsschriftsatz an die Beklagte vom , Anlage K3

Da die Beklagte jedwede Zahlung endgültig verweigert hat, haben die Klägerinnen sich zu dieser Klage entschieden.

Die Klägerinnen machen ihren Anspruch in Prozessstandschaft für die gesamte Erbengemeinschaft gem. § 2039 S. 2 BGB geltend.

Vor dem Hintergrund, dass es möglicherweise treuwidrig wäre, von der Beklagten als Miterbin den Anteil zu verlangen, den sie i.R.d. Auseinandersetzung der Erbengemeinschaft bekäme, wird ihr Anteil nicht geltend gemacht.

Sie ist als Miterbin zu einem 1/4-Anteil berufen.

Beweis: Vorlage des Erbscheins, Anlage K1

Somit machen die Klägerinnen einen 3/4-Anteil von EUR, mithin EUR geltend.

Die Zinsen ergeben sich aus dem Gesichtspunkt des Verzuges, nachdem die im Aufforderungsschreiben vom gesetzte Frist zur Zahlung auf den fruchtlos verstrichen ist und die Beklagte außergerichtlich jede Zahlung ablehnte.

In rechtlicher Hinsicht ist zu bemerken, dass der Vollmachtserteilung ein Auftragsverhältnis zugrunde lag, das zwischen der Erblasserin und der Beklagten bestand, welches nun zwischen den Parteien rückabgewickelt werden muss.

Im Rahmen einer Vollmachtserteilung darf regelmäßig mangels anderer Anhaltspunkte von einem Auftragsverhältnis ausgegangen werden, das eine Herausgabepflicht gem. § 667 BGB beinhaltet. Unabhängig davon steht den Klägerinnen ein Bereicherungsanspruch gem. § 812 BGB zur Seite, soweit die Beklagte ohne entsprechenden Auftrag der Erblasserin gehandelt hat.

Rechtsanwalt

b) Erbengemeinschaft ist bis auf die Rückforderung auseinandergesetzt

Leichter sind dagegen die Fälle zu handhaben, in denen bis auf den Rückforderungsanspruch der Erbengemeinschaft der Nachlass schon geteilt und sämtliche Nachlassverbindlichkeiten gezahlt wurden. 120

Beispiel 121

Die drei Söhne A, B, und C werden gesetzliche Erben zu je 1/3 nach Ihrer verwitweten Mutter. Ein Jahr nach dem Tod – das Nettovermögen von 30.000 EUR wurde unter den Erben nach Ausgleich aller Nachlassverbindlichkeiten bereits aufgeteilt – gehen A und C den Anspielungen ihrer Ehefrauen nach, die sich wundern, warum ihr Schwager plötzlich im Geld zu schwimmen scheint.

Nach Bankrecherchen stellt sich heraus, dass B als Bevollmächtigter der Mutter deren bislang unbekanntes Sparbuch aufgelöst und auf sein Konto überwiesen hat.

A und C wollen von B nun je ein Drittel des Sparguthabens nebst Zinsen einklagen.

Hier gilt, dass A und C beide aktivlegitimiert sind. Zwar bestimmt § 2039 S. 1 BGB dass bei einer noch nicht auseinandergesetzten Erbengemeinschaft ein einzelner Erbe die Zahlung nur an die Erbengemeinschaft verlangen kann, nicht jedoch an sich selbst. Ist jedoch unstreitig, dass die Erbengemeinschaft im Übrigen auseinandergesetzt ist und einziger Nachlassgegenstand nur noch die zwischen den Erben streitige Zahlungsforderung ist, wäre es eine reine Förmelei, eine Zahlung an die Erbengemeinschaft über den Umweg der Hinterlegungsstelle des Amtsgerichts zu fordern. Darum kann der Anspruch auf Zahlung an die Erbengemeinschaft mit dem Anspruch auf Auseinandersetzung gem. § 2042 Abs. 1 BGB verbunden werden und direkte Zahlung an die Kläger verlangt werden. 122

5. Beweisfragen zur Anspruchsbegründung

123 Der bekannte Grundsatz, wonach jeder die ihm günstigen Tatsachen zu beweisen hat, hat zur Konsequenz, dass der Vollmachtgeber bzw. seine Erben die Anspruchsvoraussetzungen für einen Herausgabe- bzw. Zahlungsanspruch beweisen müssen. Will der Bevollmächtigte sich dagegen wehren, trägt er für seine Einwendungen die Beweislast (vgl. Rdn 157 ff.).

a) Herausgabeanspruch nach Auftragsrecht

124 Der Vollmachtgeber hat als Auftraggeber zunächst das Bestehen eines Auftragsverhältnisses zu beweisen. Hier wird ihm die regelmäßig von der Rechtsprechung angenommene Vermutung helfen, dass jede Bevollmächtigung auf einem Auftragsverhältnis beruht (wegen der Einzelheiten vgl. § 3 Rdn 6 ff.).

Wurden dem Bevollmächtigten Gegenstände zur Ausführung des Auftrags überlassen (§ 667 Alt. 1 BGB), hat der Vollmachtgeber die Übergabe und den Wert zu beweisen.

125 **Beispiel**

Die Vollmachtgeberin überlässt dem Bevollmächtigten ihren Pkw, damit dieser für sie Besorgungen und Arztfahrten erledigt. Vor dem anstehenden Umzug ins Altenheim übergibt sie ihm eine Münzsammlung, die verkauft werden soll. Nachdem die Vollmachtgeberin erfährt, dass der Bevollmächtigte keinen Führerschein besitzt und wegen Hehlerei vorbestraft ist, verlangt sie Pkw und Münzen zurück. Der Bevollmächtigte behauptet, die Vollmachtgeberin nicht zu kennen. Die Vollmachtgeberin ist als Auftraggeber für die Übergabe des Fahrzeugs und die Münzsammlung voll beweispflichtig.[66]

126 Hat der Bevollmächtigte etwas aus der Beauftragung erlangt (§ 667 Alt. 2 BGB), muss der Vollmachtgeber dies beweisen. Soweit es um Geldgeschäfte geht, ist dieser Beweis bei Barabhebungen, Überweisungen und Scheckeinreichungen leicht zu führen, sofern man Zugriff auf die Bankunterlagen nehmen kann.

127 Problematisch sind aber die Fälle, in denen der Bevollmächtigte Geldgeschäfte mit der Geldkarte (Kartenzahlung oder Barabhebung vom Bankautomat) getätigt hat.[67] Bestreitet der Bevollmächtigte Zahlungen vorgenommen zu haben, sind seitens des Vollmachtgebers weitere Nachforschungen angezeigt:

128 Bei der Bank ist nachzufragen, wann die EC-Karte und wann Mitteilung der Geheimzahl jeweils versendet bzw. an wen sie ausgehändigt wurden. Wurde die EC-Karte vom Bevollmächtigten in Empfang genommen, muss er sich die Verfügungen zurechnen lassen. Nichts anderes kann gelten, wenn der Bevoll-

---

66 Dies dürfte einer der seltenen Fälle sein, in denen nur die Einschaltung der Polizei zu einer Verbesserung der Beweislage beitragen könnte.

67 Zur Haftung der Bank vgl. LG Berlin ZErb 2008, 243.

mächtigte die Postkontrolle innehatte. Sollte dann nämlich ein Unberechtigter Abhebungen vorgenommen haben, wäre es spätestens nach Empfang des entsprechenden Kontoauszuges Aufgabe des Bevollmächtigten gewesen, die Karte sperren zu lassen. Somit ergibt sich wahlweise eine Haftung wegen Vertragspflichtverletzung.

Sind größere oder regelmäßige Anschaffungen mit EC-cash bezahlt worden, kann man in den jeweiligen Geschäften nachfragen, was gekauft wurde, bzw. ob der Bevollmächtigte dort bekannt ist. So können durch entsprechende Zeugenaussagen möglicherweise falsche Angaben aufgedeckt werden. 129

Bei Barabhebungen vom Geldautomaten in der Bank können die Personen möglicherweise mit einer Videokamera gefilmt worden sein.[68] Manchmal hilft schon die Drohung, Anzeige zu erstatten und die hierfür entstehenden Kosten dem Bevollmächtigten in Rechnung zu stellen, so dass dieser sich plötzlich doch noch an gewisse Barabhebungen erinnert. 130

Schwierigkeiten machen auch die Fälle, in denen nicht der Bevollmächtigte, sondern ein ihm nahe stehender Dritter etwas erlangt hat. 131

Beispiel 132

Die Vollmachtgeberin überlässt dem Bevollmächtigten ihren Pkw, der ihn bestmöglich verkaufen soll. Der Käufer wird mit dem Bevollmächtigten wie folgt handelseinig: Der Pkw, dessen genauer Wert streitig ist, wird für 8.000 EUR verkauft. „Aus Gefälligkeit" schenkt der Käufer der Tochter des Bevollmächtigten seinen alten Pkw, der ca. 2.000 EUR wert ist.

Nachdem die Vollmachtgeberin davon erfährt, verlangt sie von der Tochter den Pkw heraus.

Der BGH[69] sieht in Fällen, in denen ein dem Bevollmächtigten nahestehender Dritter ohne einleuchtende Erklärung etwas vom Vertragspartner erhalten hat, den Dritten als Strohmann an. Der Herausgabeanspruch wäre demnach berechtigt. 133

b) Schadensersatz wegen Pflichtverletzung/Unmöglichkeit

Um einen Bevollmächtigten bei fehlerhaftem Verhalten haftbar zu machen, muss der Vollmachtgeber gem. § 280 Abs. 1 BGB folgende Voraussetzungen beweisen: 134
- das Bestehen einer vertraglichen Pflicht,
- die Verletzung dieser Pflicht,

68 Die Bank wird aus Datenschutzgründen die unmittelbare Herausgabe von Videoaufzeichnungen an den Kunden verweigern.

69 BGH NJW 1991, 1224, zur Frage der Provisionszahlung an den Bruder eines Steuerberaters, der seinen Mandanten ein Bauherrenmodell vermittelt hat.

- den entstandenen Schaden, und
- die Kausalität zwischen Pflichtverletzung und Schaden.

135 In der Praxis wird meist die Tatbestandsvoraussetzung „Pflichtverletzung" bestritten. Hier muss der Rechtsanwalt des Vollmachtgebers darlegen, welche Pflichten den Bevollmächtigten im Rahmen einer Vorsorgevollmacht treffen. Es ist auf die besondere Verantwortung für das Vermögen des Vollmachtgebers abzustellen und insofern ein hoher Haftungsmaßstab vorzutragen. Allgemein gilt, dass die Vorsorgevollmacht eine umfassende Handlungsmacht gibt. Schon aus dieser Verantwortung lässt sich ein umfassender Pflichtenkatalog ableiten. Im Besonderen ist zudem vorzutragen, warum der Bevollmächtigte einer konkreten Schutzpflicht für das Vermögen des Vollmachtgebers nicht nachgekommen ist.

136 **Hinweis**

In diesem Zusammenhang kann es nicht schaden, vorsorglich die Verschuldensunabhängigkeit der Haftung zu betonen. Die Untergerichte neigen in Einzelfällen dazu, die unentgeltliche Geschäftsbesorgung als Gefälligkeit, die keine Haftung auslösen kann, zu qualifizieren. Besonders bei „unbedarften" Bevollmächtigten wird dieses Argument von Vertretern gerne als juristischer Rettungsanker ausgeworfen.

137 Als Rechtsanwalt des Bevollmächtigten hat man unter Beweis zu stellen, warum der Bevollmächtigte einen Schaden nicht zu vertreten hat.

138 **Beispiel**

Die Vollmachtgeberin überlässt dem Bevollmächtigten ihren Schmuck, damit er ihn bestmöglich verkaufen soll. Nach einer Woche kommt der Bevollmächtigte ohne Schmuck und ohne Geld zur Vollmachtgeberin und berichtet, dass er einem Trickdieb aufgesessen sei. Dieser habe den Schmuck unter der Vorgabe, er sei Kaufinteressent, in Augenschein genommen und sei dann mit dem gesamten Schmuck ohne zu zahlen verschwunden.

Die Vollmachtgeberin verlangt vom Bevollmächtigten den Wert des Schmucks ersetzt. Der Bevollmächtigte beruft sich darauf, das könne jedem passieren, also sei er nicht zum Schadensersatz verpflichtet.[70]

139 Einen Anspruch auf den Schmuck hat die Vollmachtgeberin nicht, weil dies wegen des Diebstahls gem. § 275 Abs. 1 BGB unmöglich ist (siehe Rdn 209 ff.).

Die Frage, wer wem etwas nachzuweisen hat, löst die Rechtsprechung in diesen Fällen nach dem Grundsatz, dass die Beweislastverteilung sich an den jeweiligen Verantwortungsbereichen zu orientieren hat.[71] Somit muss der Nachweis, was mit anvertrauten Gegenständen passiert ist, der Bevollmächtigte führen. Im Beispielsfall hat der Bevollmächtigte folglich zu beweisen, dass er die notwendigen

---

70 Nachgebildet nach BGH NJW-RR 1993, 795.

71 Zuletzt BGH NJW 2000, 2812, vgl. Grüneberg/*Grüneberg*, § 280 Rn 37 m.w.N.

Sicherheitsvorkehrungen zum Schutz vor Diebstahl getroffen hat. Gelingt ihm dieser Beweis nicht, muss er Schadensersatz leisten.

Bei der Verfügung über Gegenstände des Vollmachtgebers ist die Bezifferung des Schadens ein häufiges Problem. Wie sollen Erben substantiiert darlegen, dass der Bevollmächtigte z.B. über Kunst und Antiquitäten von großem Wert verfügt hat und dadurch dem Vermögen ein Schaden entstanden ist? In den wenigsten Fällen haben die Erben aussagekräftige Unterlagen, z.B. in Form von Kaufbelegen oder Expertisen. Gleichwohl ist es im Hinblick auf eine richterliche Schadensschätzung gem. § 287 Abs. 1 ZPO wichtig, möglichst viele Anhaltspunkte zur Ermittlung der Schadenshöhe zu finden. 140

Hinweis 141

Gemälde, Möbel und Antiquitäten sind auf Familienfotos im Hintergrund zu erkennen. Mandanten ist daher zu raten, in alten Fotoalben nach brauchbaren Fotos zu suchen.

Eine Nachfrage bei der Hausratversicherung kann den Erben des Vollmachtgebers möglicherweise Aufschluss über den Wert einzelner Gegenstände aus der zwischenzeitlich aufgelösten Wohnung des Erblassers geben. Bei Sammlern kann es vorkommen, dass regelmäßig der Versicherungsbedarf im Rahmen einer Hausbegehung aktualisiert wird. Die Unterlagen der Versicherung sind dann sehr wertvoll. Dieses Vorgehen lohnt sich aber nur bei einem besonders werthaltigen Hausstand.

War bekannt, dass der Erblasser seine Sammelobjekte bei bestimmten Händlern gekauft hat, können diese auch befragt werden. Je nach Zeitpunkt des Kaufs sind dort noch Belege vorhanden, die kopiert werden können, wenn der Händler kooperationsbereit ist.

Den Vertretern des Bevollmächtigten ist zu raten, schriftliche Zeugenaussagen der bei einer Hausräumung beteiligten Personen zu sammeln, die Auskunft über die Zusammensetzung des Hausrates machen können.

c) Ungerechtfertigte Bereicherung

Hat der Bevollmächtigte ohne gültige oder außerhalb einer bestehenden Vollmacht gehandelt, muss der Vollmachtgeber zunächst beweisen, dass der Bevollmächtigte „etwas“ aus seinem Vermögen „er langt hat“. Dieser Beweis wird meist leicht zu führen sein. Auch in den nicht seltenen Fällen, in denen der Bevollmächtigte Geld abhebt, um es Dritten (vorzugsweise seinen Kindern) zu überweisen, geht die Rechtsprechung von einem „Durchgangserwerb“ aus, der dem Bevollmächtigten zuzurechnen ist.[72] 142

72 Vgl. OLG Bamberg ZEV 2004, 207, 208 m. Anm. *Damrau*.

Außerdem besteht daneben ein Anspruch unmittelbar gegen den so beschenkten Dritten, der erkennt, dass die Schenkung nicht aus dem Vermögen des Bevollmächtigten stammt.[73] Wenngleich der BGH betont, dass bereicherungsrechtliche Fälle mit mehr als zwei Personen nicht schematisch betrachtet werden können,[74] rechtfertigen es die Aspekte der Risikoverteilung und des Vertrauensschutzes, dass der Dritte unmittelbar haftet.[75]

143 Wie aber soll der Vollmachtgeber beweisen, dass der Bevollmächtigte dies „ohne rechtlichen Grund" erlangt hat? Im Grundsatz gilt, dass der Schuldner auch dieses Tatbestandsmerkmal beweisen muss, ihm aber durch die Konstruktion der sog. „sekundären Darlegungslast" der Beweis erleichtert wird. Fast immer wird als Rechtsgrund von Seiten des Bevollmächtigten behauptet, der Vollmachtgeber habe ihm den Gegenstand geschenkt. Es kommt also entscheidend darauf an, wer hierfür die Beweislast trägt.

144 **Beispiel**

Die Vollmachtgeberin erteilt ihrer Tochter eine formularmäßige Bankvollmacht. Damit hat die Tochter in der Folgezeit ein Wertpapierdepot aufgelöst, den Erlös auf das Sparkonto der Mutter gutschreiben lassen und das Guthaben schließlich vollständig aufgelöst. Die Mutter wird kurz darauf zum Pflegefall, der eingesetzte Berufsbetreuer stellt die Verfügungen der Tochter fest und verlangt die Rückzahlung. Die Tochter verweigert dies mit der Begründung, die Mutter habe ihr das Geld geschenkt.[76]

145 Der BGH hat in diesem Fall entschieden, dass die Tochter das Geld zurückzahlen müsse, weil sie den Rechtsgrund der Schenkung nicht beweisen könne. In der Entscheidung werden die Grundsätze der Darlegungs- und Beweislast nochmals klar herausgearbeitet:

> *„Dafür, dass die herausverlangte Vermögensmehrung ohne Rechtsgrund besteht, trägt grundsätzlich der Kläger die Darlegungs- und Beweislast. Dieser Grundsatz gilt auch, soweit sogenannte negative Umstände wie das Fehlen eines Rechtsgrundes anspruchsbegründend sind. Jedenfalls dann, wenn geklagt wird, weil der Beklagte in anderer Weise als durch Leistung des Klägers etwas auf dessen Kosten ohne rechtlichen Grund erlangt habe, kann allerdings hinsichtlich der Darlegungslast eine Erleichterung für den Anspruchsteller bestehen. Derjenige, der im Prozess die Herausgabepflicht leugnet, kann nämlich gehalten sein, die Umstände darzulegen, aus denen er ableitet, das Erlangte behalten zu dürfen. Denn jede Partei hat in zumutbarer Weise dazu*

73 BGH NJW 1999, 1393.
74 BGHZ 105, 365, 369.
75 BGHZ 88, 232, 236.
76 Nachgebildet nach BGHZ 169, 377 = ZErb 2007, 302, NJW-RR 2007, 488, ZEV 2007, 182.

beizutragen, dass der Prozessgegner in die Lage versetzt wird, sich zur Sache zu erklären und den gegebenenfalls erforderlichen Beweis anzutreten."[77]

Eine Beweislastumkehr zugunsten des Vollmachtgebers ist damit freilich nicht verbunden, es besteht eine sog. „sekundäre Behauptungslast". Der BGH stellt einerseits klar, dass das bloße Vorhandensein einer Bankvollmacht nichts über die Befugnisse im Innenverhältnis aussagt. Andererseits muss der Bevollmächtigte für die Tatsache des Schenkungsversprechens, das ein Wissen und Wollen des Vollmachtgebers beinhaltet, nicht den Vollbeweis erbringen: **146**

„*Gerade in diesem Zusammenhang können allerdings zum einen mittelbare Tatsachen beweiserheblich sein, wenn sie geeignet sind, Rückschlüsse darauf zuzulassen, dass der Handlung, die in die fremde Rechtsposition eingreift, ein Schenkungsversprechen zugrunde liegt. Zum anderen können Erfahrungssätze die freie Beweiswürdigung bestimmen. So kann es vor allem in Betracht kommen, zugunsten des angeblich Beschenkten auf eine bestehende Erfahrung abzustellen, wenn eine Anstandsschenkung und deren Bewirken durch eine Handlung des angeblich Beschenkten infrage stehen.*"[78]

Wenngleich die BGH-Entscheidung dogmatische Schwächen aufweist und dem Bevollmächtigten durch den Vortrag von „mittelbaren Tatsachen" und damit verbundenen „Erfahrungssätzen" eine Argumentationsgrundlage zugebilligt wird, dürfte diese Entscheidung die Rechtsposition des Vollmachtgebers und seiner Erben deutlich verbessern.[79] **147**

Andererseits führt die Weigerung des BGH, sich zu einer klaren Beweislastregel zu bekennen, zu einer Tendenz, die Darlegungs- und Beweislast allein danach zu orientieren, was den Parteien zumutbar ist.[80] **148**

Die Entscheidung ist in der Literatur mehr auf Ablehnung[81] als auf Zustimmung gestoßen.

Ob der BGH zukünftig dieser Linie treu bleibt, ist abzuwarten. Unter Verweis darauf, dass Beweiserleichterungen nicht im Einzelfall zuzubilligen sind, sondern nach allgemeinen beweisrechtlichen Grundsätzen auf Ausnahmen zu beschränken sind, in denen aus zwingenden Gründen eine Abweichung geboten ist, merkt *Pamp*,[82] inzwischen Richter am BGH, zutreffend an:

„*Die im Zivilprozess häufig anzutreffende Situation, dass eine Partei für ihr Vorbringen im Einzelfall keine neutralen Zeugen hat oder keine Urkunde vorlegen kann, mag aus Beweisführersicht misslich sein, kann aber, selbst*

77 BGHZ 169,377 = ZErb 2007, 302, NJW-RR 2007, 488, ZEV 2007, 1 82.
78 BGHZ 169,377 = ZErb 2007, 302, NJW-RR 2007, 488, ZEV 2007, 182.
79 So auch *Kurze*, Missbrauch von Vollmachten, S. 18.
80 So schon zu einer früheren Entscheidung *Böhr*, NJW 2001, 2059, 2060.
81 Z.B. *Laumen*, BGH-Report 2007, 265, *Klessinger*, ZErb 2007, 303.
82 *Pamp*, ErbR 2013, 226, 227.

wenn dies „unverschuldet" ist, als solches regelmäßig noch kein Grund für eine Beweiserleichterung oder gar eine Beweislastumkehr sein, zumal ohnehin zunächst die sonstigen gerichtlichen Erkenntnismöglichkeiten (§§ 286, 445 ff. ZPO) auszuschöpfen sind, soweit deren Voraussetzungen vorliegen."

Zu den Einzelheiten des Schenkungsvertrages und dessen Erfüllung vgl. Rdn 177.

149 **Hinweis**

Als Vertreter der Erben hat man bei einer behaupteten Schenkung den Bevollmächtigten zunächst aufzufordern, etwas dazu vorzutragen, mit welchen beweisbaren Tatsachen er das Schenkungsversprechen begründen will. Erst nach der Reaktion des Bevollmächtigten kann man das Prozessrisiko einschätzen. Dem Mandanten ist klarzumachen, dass die freie Beweiswürdigung zu unerwarteten Ergebnissen führen kann. Schweigt der Bevollmächtigte vorprozessual und trägt erst im Prozess Tatsachen vor, die zur Klageabweisung führen, können nutzlos aufgewendete Prozesskosten evtl. als materieller Schaden geltend gemacht werden.

150 **Hinweis**

Als Vertreter des Bevollmächtigten ist in Ermangelung eines schriftlichen Schenkungsversprechens das weite Feld der „mittelbaren Tatsachen" zu bearbeiten. Zugunsten des Bevollmächtigten muss unter Zeugenbeweis dargelegt werden, wie aufopferungsvoll er sich um den Vollmachtgeber gekümmert hat und wie sehr man sich eine Anstandsschenkung verdient hat. Die vom BGH zugestandene freie Beweiswürdigung i.R.v. Erfahrungstatsachen ist dazu angelegt, sich dem Gericht als Opfer einer gierigen Erbenmeute vorzustellen, um so Sympathiepunkte zu sammeln. Aufgrund des gleichwohl hohen Prozessrisikos ist im Zweifel eine vergleichsweise Beendigung des Rechtsstreits zu suchen.

d) Schadensersatz wegen unerlaubter Handlung

151 Nicht nur unter dem Gesichtspunkt der längeren Verjährung, sondern auch als Drohkulisse zur Verbesserung der Vergleichsbereitschaft kann es tunlich sein, bei einer besonders dreisten Selbstbedienung den Bevollmächtigten wegen deliktischer Haftung in Anspruch zu nehmen.

Horn/Schabel[83] weisen zutreffend darauf hin, dass eine unbefugte Abhebung vom Konto des Vollmachtgebers kein Fall des § 823 Abs. 1 BGB darstellt, da keines der darin betroffenen absoluten Rechte betroffen ist.

Generell ist die strafrechtliche Verfolgung von Vermögensdelikten zum Nachteil meist älterer Menschen durch Vollmachtsmissbrauch alles andere als eine Erfolgs-

83 *Horn/Schabel*, NJW 2012, 3474, 3477; zustimmend: *Pamp*, ErbR 2013, 226, 231.

story. Die rechtlichen und tatsächlichen Voraussetzungen zur wirksamen Bekämpfung fehlen, so dass *Mau*[84] eine düstere Bilanz zieht:

„In Berlin werden im Jahr allein auf unserer Dienststelle zw. 50–80 derartige Verfahren geführt, deren Gesamtschäden pro Jahr im zweistelligen Millionenbereich liegen. 2015 lag der durchschnittliche Schaden noch im oberen fünfstelligen Bereich; 2020 war er bereits in den unteren sechsstelligen Bereich gestiegen. In der Hälfte der Fälle wurden die Verfahren nach § 170 Abs. 2 StPO eingestellt; die Verurteilungsquote ist mit 5 % (3 % davon sind Bewährungsstrafen, der Rest Geldstrafen) der bearbeiteten Fälle zu vernachlässigen; die Sicherung des Taterlangten ebenso. In den restlichen Fällen ist der Verfahrensausgang unbekannt. Die Anzahl solchen Missbrauchs ist nur scheinbar verschwindend gering. Dies liegt in der Natur der Sache selbst begründet. Vorsorgevollmachten dienen dazu, andere, die selbst hierzu nicht mehr imstande sind, rechtswirksam vertreten zu können. Diesen Vertretenen fehlen jedoch genau aus diesem Grund auch die entsprechenden Fähigkeiten, Missbräuche zu erkennen und öffentlich zu machen. Deshalb schlägt sich der Missbrauch nicht in entsprechenden Strafanzeigen nieder und lässt ein sehr hohes Dunkelfeld befürchten. Es käme allerdings niemand auf den Gedanken, staatlichen Handlungsbedarf vom Anzeigeverhalten missbrauchter Kinder abhängig zu machen – Gleiches muss für die hier behandelten Taten bedacht werden! Die Prognose ist düster, die Zahlen sprechen eine deutliche Sprache und haben eine klare Tendenz: Nach oben! Es wird Zeit, dass dieses Problem nicht mehr verdrängt wird.

Trotz der begrenzten Möglichkeiten sollte in geeigneten Fällen eine strafrechtliche Verfolgung initiiert werden.

Hat der Bevollmächtigte hingegen auftragswidrig Geld vom Konto des Voll- 152
machtgebers auf sein eigenes Konto überwiesen, kommt eine Haftung nach § 823 Abs. 2 BGB i.V.m. § 266 Abs. 1 StGB in Betracht, und zwar in beiden Varianten (Missbrauch und Verletzung einer Treuepflicht).

Fall

Die Bevollmächtigte führte ab dem Jahr 2001 im Büro des Vollmachtgebers,[85] mit dem sie eine private Beziehung unterhielt, stundenweise und unentgeltlich Buchführungsarbeiten. Um bei Verhinderung des Vollmachtgebers verfügen zu können, erhielt sie im Jahr 2003 die Vollmacht für ein Bankkonto, das als Geschäfts- und Privatkonto diente und innerhalb eines bestehenden Kreditlimits ständig im Soll geführt wurde. In der Zeit ihrer Tätigkeit machte sie

84 *Mau*, ZErb 2023, 1 ff., ein überaus lesenswerter Beitrag der Kriminalhauptkommissarin aus Berlin, die dort das bundesweit erste Kommissariat zur Bekämpfung von Vollmachtsmissbrauch leitet.

85 Es handelte sich bei dem Opfer übrigens um einen Rechtsanwalt (!).

davon fast nie Gebrauch, so dass die Vollmacht in Vergessenheit geriet, nachdem die private und berufliche Beziehung im Jahr 2007 endete. Die Vollmacht behielt sie jedoch weiter und nutzte sie, indem sie die Kontobewegungen verfolgte und Ende 2008 von dem Bankkonto ca. 17.000 EUR auf ein eigenes Konto überwies, nachdem sie Zahlungseingänge festgestellt hatte, die eine solche Abhebung ermöglichten. Einen Anspruch gegen den Vollmachtgeber, z.B. wegen Vergütung für geleistete Dienste, hatte sie nicht.[86]

153 Der Umstand, dass mit einer „vergessenen" Vollmacht Schindluder getrieben werden kann, macht diesen Fall für den Bereich der Vorsorgevollmachten interessant. Auch hier ist es ein häufiges Phänomen, dass Vollmachtgeber altersbedingt oft nicht mehr wissen, wem sie wann eine Vollmacht mit welchem Umfang erteilt haben. Außerdem thematisiert das lesenswerte Urteil den Tätertypus des langjährig unentgeltlich tätigen Bevollmächtigten, der meint, sich rückwirkend eine Vergütung zu genehmigen. Schließlich ist dieser Fall exemplarisch für das Desinteresse der Strafjustiz an Vermögensdelikten in engen sozialen Beziehungen, weil die Bevollmächtigte in erster Instanz freigesprochen wurde.[87] Der Beschluss des OLG Koblenz[88] enthält deshalb einige notwendige Klarstellungen:

> *„Eine Untreue in Form des Missbrauchstatbestands bleibt möglich, solange eine im Innenverhältnis erloschene Bankvollmacht nach außen fortwirkt. Die Erteilung einer Bankvollmacht begründet regelmäßig eine Vermögensbetreuungspflicht im Sinne des Treubruchtatbestands. Das ist vorliegend nicht anders zu beurteilen. Denn mit Erteilung der Bankvollmacht war der Angeklagten die Befugnis übertragen worden, bei Abwesenheit des Kontoinhabers für diesen und in dessen Interesse aufgrund eigener Entscheidungsmacht Verfügungen über sein Vermögen zu tätigen. Entspricht die sich daraus ergebende Betreuungspflicht den Anforderungen des Treubruchtatbestands, erfüllt sie entsprechend der herrschenden Meinung in jedem Fall auch die Voraussetzungen des Missbrauchstatbestands.*
> *Macht der Bevollmächtigte nach Beendigung des zugrunde liegenden Auftragsverhältnisses von seiner durch Vollmacht verliehenen Herrschaftsposition weiter Gebrauch, obliegt ihm weiterhin eine Vermögensbetreuungspflicht insoweit, als er Schädigungen des Vollmachtgebers zu unterlassen hat.*
> *Die Fehlvorstellung, Zahlungsansprüche gegenüber dem Geschädigten zu besitzen, lässt den Untreuevorsatz nicht entfallen."*

86 Nach OLG Koblenz NStZ 2012, 330.

87 Nachdem häusliche Gewalt inzwischen zu Recht ein Thema der Strafverfolgungsbehörden geworden ist, ist der Tatbestand „häuslicher Enteignung" wehrloser Menschen kaum relevant, obwohl neben dem Vermögensverlust auch körperliche Folgen (physisch und psychisch) feststellbar sind.

88 OLG Koblenz, Beschl. v. 14.7.2011, 2 Ss 80/11, NStZ 2012, 330.

e) Herausgabeanspruch gem. § 985 BGB

Ist der Bevollmächtigte im Besitz von Sachen des Vollmachtgebers, muss der Vollmachtgeber beweisen, dass er Eigentümer ist und dass sich die Sache im Besitz des Bevollmächtigten befindet. 154

Bei Immobilien ist der Nachweis des Eigentums meist problemlos durch Vorlage eines Grundbuchauszuges zu führen. Ist der Bevollmächtigte fälschlicherweise im Grundbuch eingetragen, z.B. weil er sich mit einer unwirksamen Vollmacht ein Grundstück übertragen hat, muss eine Berichtigungsklage nach § 894 BGB erhoben werden. 155

Bei beweglichen Sachen muss der Vollmachtgeber zunächst beweisen, dass der Bevollmächtigte im Besitz der Sache ist, sodann muss er die Eigentumsvermutung des § 1006 Abs. 1 und 3 BGB widerlegen. Der Vollmachtgeber muss also beweisen, dass ihm die Sache gem. § 935 Abs. 1 BGB abhanden gekommen ist. Falls der Bevollmächtigte einwendet, dass ihm die Sache geschenkt worden sei, muss der Erbe des Vollmachtgebers nachweisen, dass dies nicht der Fall war.[89] Dies kann im Einzelfall äußerst schwierig sein. Wird hingegen behauptet, dass die Schenkung erst erfolgte, nachdem er schon im Besitz der Sache war, muss der Bevollmächtigte dies beweisen.[90] 156

IV. Einwendungen des Bevollmächtigten

Der Bevollmächtigte kann im Einzelfall mehr oder weniger gute Gründe haben, dem Herausgabe- und Zahlungsverlangen des Vollmachtgebers bzw. dessen Erben entgegenzutreten. Soweit es sich um rechtlich erhebliche Gründe handelt, werden diese nachfolgend unter besonderer Beachtung der Beweislast dargestellt. 157

1. Erfüllung durch Herausgabe an den Vollmachtgeber

Ein gewissenhafter und ehrlicher Bevollmächtigter wird alles, was er aus dem Auftrag erlangt hat, dem Vollmachtgeber herausgeben. Ein vorausschauender Bevollmächtigter wird sich dies auch quittieren lassen, wenn er damit rechnen muss, dass die Erben des Vollmachtgebers eines Tages sein Handeln einer kritischen Überprüfung unterziehen werden. Dann ist dem Einwand der Erfüllung gem. § 362 BGB nur noch zu begegnen, indem man die Echtheit der Unterschrift oder die Geschäftsfähigkeit des Vollmachtgebers im Zeitpunkt der Unterschriftsleistung bestreitet. Dies zu beweisen fällt meistens schwer. 158

In der Praxis kommt es aber viel häufiger vor, dass der Beauftragte die Erfüllung nicht ohne weiteres beweisen kann, weil gerade aufgrund der Nähe zum Voll- 159

89 Vgl. Grüneberg/*Weidenkaff*, § 516 Rn 18; BGH NJW 1960, 1517.
90 BGH NJW 1967, 2008.

machtgeber nicht im Entferntesten an eine schriftliche Empfangsbestätigung gedacht wurde.

160 **Beispiel**

Die Vollmachtgeberin erteilt ihrer Tochter eine formularmäßige Bankvollmacht, mit der diese über Jahre hinweg in unregelmäßigen Abständen Bargeld abholt und der Mutter übergibt. Die Mutter verwendet das Geld zum eigenen Lebensunterhalt, aber auch für großzügige Bargeldgeschenke an die Enkelkinder.

Nach dem Tod der Mutter stellt der miterbende Bruder die Barabhebungen fest und verlangt von seiner Schwester die Herausgabe der Beträge an den Nachlass. Die zuvor bevollmächtigte Schwester verweigert dies mit der Begründung, sie habe der Mutter das Geld ausgehändigt.

161 Diese häufige Konstellation ist ein Stoff für Familiendramen, in denen die Rollenverteilung zwischen Gut und Böse selten klar ist: Die Erben werfen dem Bevollmächtigten regelmäßig Eigennutz und Raffgier vor, der Bevollmächtigte gibt den Vorwurf zurück und fällt aus allen Wolken: Er ist nicht nur enttäuscht von der Undankbarkeit der Erben, sondern verliert auch noch den Glauben an den Rechtsstaat, wenn er von seinem Rechtsanwalt erfährt, dass er zur Vermeidung eigener Haftung die Übergabe des Geldes beweisen muss.

162 Falls keine direkten Zeugen für die Übergabe des Geldes bereitstehen, kann der Bevollmächtigte sich gleichwohl auf verschiedene Weise gegen eine Inanspruchnahme wehren.

a) Verkehrssitte

163 Nach § 242 BGB ist der Schuldner verpflichtet, die Leistung nicht nur nach Treu und Glauben, sondern auch nach der Verkehrssitte zu bewirken. Damit stellt sich die Frage, ob es auch zwischen Vollmachtgeber und Bevollmächtigtem so etwas wie einen Handelsbrauch geben kann. Obwohl es sich meist um individuelle Beziehungen handelt, bei der sich Verallgemeinerungen eigentlich verbieten, hat das OLG Brandenburg[91] erkannt:

> „*Ebenso wie der Umfang der Rechenschaftspflicht gem. § 666 BGB sich nach Treu und Glauben, der Verkehrssitte und den Umständen des Einzelfalls richtet, sind auch die Anforderungen an den Beweis einer auftragsgemäßen Verwendung von Geldern an diesen Maßstäben zu messen.*
> *Danach kann von der Beklagten nicht verlangt werden, dass sie die Verwendung jedes einzelnen abgehobenen Geldbetrages im Einzelnen nachweist. Es reicht vielmehr aus, dass die Beklagte durch Zeugenaussagen hinreichende*

91 OLG Brandenburg, Urt. v. 20.11.2013, Beck RS 2013, 21257, Openjur 2013, 44904.

Anknüpfungstatsachen bewiesen hat, die dem Senat gem. § 287 Abs. 2 ZPO eine Schätzung des Betrages ermöglichen, den die Beklagte verwandt hat
- *sei es durch Übergabe abgehobener Geldbeträge an die Erblasserin, die diese dann selbst für Geldgeschenke oder als Vergütung für Leistungen an die Beklagte oder Dritte nutzte,*
- *sei es durch Verwendung von Geldern durch die Beklagte für Besorgungen der Erblasserin und deren Versorgung.*"

Wer auf Seiten des Bevollmächtigten in Beweisnöten ist, findet hier eine gute Argumentationshilfe, insbesondere kann man auf die richterliche Schätzung gem. § 287 Abs. 2 ZPO dringen. Es sind dann allerdings hinreichende Anknüpfungstatsachen vorzutragen, z.B. zu den Lebensgewohnheiten des Vollmachtgebers, z.B. dessen Vorliebe für häufige Restaurantbesuche.

b) Indizienbeweis

Im Beispielsfall könnte die Tochter auch den Versuch eines Indizienbeweises unternehmen. Der BGH[92] hat in dem Anastasia-Urteil, in dem über den Erbanspruch der angeblichen Zarentochter *Anastasia Romanow* entschieden wurde, den Indizienbeweis so definiert: **164**

„*Der unmittelbare Beweis hat tatsächliche Behauptungen zum Gegenstand, die unmittelbar und direkt ein gesetzliches Tatbestandsmerkmal als vorhanden ergeben sollen; der Indizienbeweis bezieht sich auf andere, tatbestandsfremde Tatsachen, also Hilfstatsachen, die erst durch ihr Zusammenwirken mit anderen Tatsachen den Schluss auf das Vorliegen des Tatbestandsmerkmals selbst rechtfertigen sollen. Ein Indizienbeweis ist überzeugungskräftig, wenn andere Schlüsse aus den Indiztatsachen ernstlich nicht in Betracht kommen. Hauptstück des Indizienbeweises ist also nicht die eigentliche Indiztatsache, sondern der daran anknüpfende weitere Denkprozess, kraft dessen auf das Gegebensein der rechtserheblichen Tatsache geschlossen wird.*"[93]

Die Tochter könnte somit also Hilfstatsachen vortragen, die in der Summe keinen anderen Schluss als die Übergabe des Geldes zulassen. Solche Hilfstatsachen könnten sein: **165**
- Die Tochter könnte versuchen nachzuweisen, dass die Mutter regelmäßig Kontoauszüge geschickt bekommen hat und diese nicht beanstandet hat.
- Eine Aufstellung der Lebenshaltungskosten und der Geschenke, so kann man die Summe der abgehobenen Gelder rekonstruieren. Wenn die Mutter vor der Bevollmächtigung keine größeren Bargeldvorräte hatte, konnte das Geld nur von der Tochter kommen.

---

92 BGHZ 53, 245 ff.

93 BGHZ 53, 245, 260 f.

- Zeugenaussagen von Dritten, gegenüber denen sich die Mutter dankbar über die Dienste der Tochter geäußert hat, sind ebenfalls als Hilfstatsachen einzuführen.
- Ein relativ schwacher und immer nur als Zusatzargument tauglicher Vortrag wäre ein bescheidener und unauffälliger Lebenswandel der Tochter, der durch Vorlage eigener Kontoauszüge unterlegt werden könnte.

Diese Mühen dürfen allerdings nicht darüber hinwegtäuschen, dass sich Bevollmächtigte in diesen Fällen immer auf dünnem Eis bewegen.

c) Treuwidrigkeit des Zahlungsverlangens

166 Soweit sich das Gericht nicht auf eine allgemeine Verkehrssitte einlässt, wonach im Kreis der Familie anders abgerechnet wird als in einer Konzernbuchhaltung, gibt es noch einen Rettungsanker: Redliche Bargeldboten (und nur die!) können für sich eine Berufung auf Treu und Glauben reklamieren, die darauf vertrauen durften, dass auch kein Anspruch auf Rechnungslegung mehr geltend gemacht würde. Das OLG Düsseldorf stellt hierzu im Fall eines hilfsbedürftigen Vollmachtgebers fest:

> „*Ein nachträgliches Abrechnungsverlangen kann gegen Treu und Glauben verstoßen, wenn es über längere Zeit nicht erhoben wurde. Das gilt insbesondere dann, wenn der Beauftragte aufgrund der ständig geübten Praxis nicht mehr damit rechnen musste, später zur Rechenschaft über den Verbleib der für einen hilfsbedürftigen Angehörigen abgehobenen Beträge herangezogen zu werden. Auch in diesem Fall kann jedoch Rechenschaft verlangt werden, wenn der Berechtigte Tatsachen beweist, die Zweifel an der Zuverlässigkeit des Beauftragten (...) rechtfertigen. An diesen Nachweis sind hohe Anforderungen zu stellen. Diese Grundsätze gelten auch für den Herausgabeanspruch gem. § 667 BGB. Der Beauftragte ist demgemäß von der Beweislast für den Verbleib des aus der Geschäftsbesorgung Erlangten entbunden, wenn er nach Treu und Glauben nicht mehr damit rechnen musste, Rechenschaft ablegen zu müssen.*“[94]

d) Anhörung/Parteivernehmung des Bevollmächtigten

167 Es gibt zudem noch eine prozessuale Möglichkeit, mit der sich ein redlicher Bevollmächtigter vom Vorwurf, er habe vereinnahmte Gelder nicht ausgekehrt, entlasten kann:

Da Streitigkeiten um den richtigen Gebrauch der Vollmacht überwiegend familiäre Streitigkeiten sind, neigen viele Gerichte dazu, einen frühen ersten Temin zu bestimmen, zu dem das persönliche Erscheinen der Parteien angeordnet wird. Zur Sachaufklärung wird in aller Regel die Anhörung der Parteien gem. § 141

---

94 OLG Düsseldorf FamRZ 1999, 1423 = OLGR Düsseldorf 1999, 6–10 (mit Gründen).

ZPO durchgeführt. Nicht jedem ist bekannt, dass die Aussagen der Parteien im Rahmen der Beweiswürdigung wie ein förmliches Beweismittel zu berücksichtigen sind.[95]

Hinweis

Als Vertreter des Bevollmächtigten sollten Sie sich mit dem Mandanten eingehend auf den Termin vorbereiten und dafür sorgen, dass er ruhig und stimmig auf die Fragen des Gerichts antwortet. Dazu ist es hilfreich, sich kurz vor dem Termin nochmals zu treffen und die Prozessakte durchzugehen. Dies nimmt dem Mandanten auch die Nervosität.

Es kann darüber hinaus auch die Vernehmung der Partei gem. § 448 ZPO ohne **168**
Rücksicht auf die Beweislast vom Gericht angeordnet werden, wenn nach Überzeugung des Gerichts anderweitige Beweismittel nicht zur Verfügung stehen, um die Wahrheit oder Unwahrheit der zu erweisenden Tatsache zu beweisen.

Hinweis

Schon in der Klageerwiderung sollte die Parteivernehmung gem. § 448 ZPO, hilfsweise die Anhörung gem. § 141 ZPO beantragt werden. Wird beides im Termin abgelehnt, empfiehlt sich eine im Protokoll festzuhaltende Rüge, um der Annahme eines Verzichts auf die Beweismittel vorzubeugen. Eine Ablehnung wäre ein in der Berufung zu rügender Verfahrensfehler.[96]

Der Zweck dieser teilweise auch bei Richtern wenig bekannten Norm liegt darin, **169**
dass das Gericht ein Mittel zur Gewinnung letzter Klarheit in den Fällen braucht, in denen die Parteien selbst die engsten, wenn nicht einzigen Wissensträger sind und die Nutzbarkeit dieses Wissens sonst an den starren Regeln der §§ 445, 447 ZPO scheitern würde.[97] Die Parteivernehmung gem. § 448 ZPO steht unter drei Voraussetzungen:

- das Gericht muss zunächst alle angebotenen, zulässigen und erheblichen Beweise erhoben haben,[98]
- die Würdigung des bisherigen Verhandlungsergebnisses darf noch keine Überzeugung des Gerichts begründet haben,[99] und
- es muss für die Richtigkeit der Behauptung schon einiges sprechen, ein sog. Anfangsbeweis erbracht worden sein.[100]

---

95 BGH NJW 1999, 363, 364 m.w.N.

96 Vgl. LG Berlin v. 14.2.2000, 58 S 314/99, MDR 2000, 882, in dem die unterlassene Anhörung eines Unfallbeteiligten, der keine Beifahrer hatte, als verfahrensfehlerhaft gerügt wurde.

97 Vgl. Zöller/*Greger*, § 448 Rn 2.

98 Vgl. Zöller/*Greger*, § 448, Rn 3.

99 Vgl. Zöller/*Greger*, § 448 Rn 4.

100 BGH NJW 1989, 3222, 3223.

170 Es handelt sich um eine Ermessensentscheidung des Gerichts, weshalb es taktisch unklug wäre, als Beklagtenvertreter die Vernehmung der Beklagten als Partei in ein Beweisangebot zu kleiden. Stattdessen ist bei Gericht unter Darlegung der besonderen Situation nur anzuregen, die Beklagte als Partei nicht zuletzt aus Gründen der Waffengleichheit zu vernehmen.

Vor dem Hintergrund, dass eine Parteivernehmung wie eine Zeugenaussage zu würdigen ist, kann man sich notfalls mit einer ausführlichen Anhörung nach § 141 begnügen; die Anregung, dass der Beklagte das gleiche auch unter Eid aussagen würde, wäre quasi ein Turbolader der Wahrhaftigkeit.[101]

171 In einer solchen Situation kann es auch hilfreich sein, das Gericht auf den Grundsatz der Waffengleichheit hinzuweisen, zu dem der BGH[102] zuletzt im Rahmen eines Arzthaftungsprozesses folgendes klargestellt hat:

> „*Der Grundsatz der Waffengleichheit, der Anspruch auf rechtliches Gehör sowie das Recht auf Gewährleistung eines fairen Prozesses und eines wirkungsvollen Rechtsschutzes erfordern gemäß Art. 3 Abs. 1 GG, Art. 103 Abs. 1 GG, Art. 2 Abs. 1 GG in Verbindung mit Art. 20 Abs. 3 GG, Art. 6 Abs. 1 EMRK, dass einer Partei, die – wie die Beklagten – für ein Vier-Augen-Gespräch keinen Zeugen hat, Gelegenheit gegeben wird, ihre Darstellung des Gesprächs in den Prozess persönlich einzubringen. Zu diesem Zweck ist die Partei gemäß § 448 ZPO zu vernehmen oder gemäß § 141 ZPO anzuhören.*
> *Diese Grundsätze gelten auch, wenn es sich – wie hier – um ein Sechs-Augen-Gespräch handelt, bei dem der allein zur Verfügung stehende Zeuge als Ehemann im Lager der Prozessgegnerin steht*“

Eine Parteiaussage ist also nicht schon deshalb wertlos, weil ein formal unbeteiligter Zeuge ebenfalls anwesend war. In Fällen des behaupteten Vollmachtsmissbrauchs wird diese Konstellation nicht selten sein.

So handelt ein Gericht z.B. verfahrensfehlerhaft, wenn es im Prozess um die Kollision zweier Kfz die Mitfahrenden aus einem der Fahrzeuge als Zeugen vernimmt, den Unfallgegner jedoch, der keine Zeugen benennen kann, zu seinem abweichenden Vorbringen nicht hört.[103]

172 Eine gewisse Lebenserfahrung darf man auch Gerichten zubilligen, die sich nicht ohne Weiteres von Indiztatsachen und dem Angebot einer Parteivernehmung überzeugen lassen.

---

101 … der einem allerdings um die Ohren fliegt, wenn der Bevollmächtigte sich in unauflösliche Widersprüche verstrickt.

102 BGH NJW 2013, 2601.

103 LG Berlin Urt. v. 14.2.2000, 58 S 314/99, MDR 2000, 882.

Beispiel 173

Vom Konto seiner bettlägerigen Mutter hebt der Sohn innerhalb von fünf Wochen in vier Teilbeträgen insgesamt 13.000 EUR ab. Nach dem Tod verweigert er die Herausgabe an die Erbengemeinschaft mit der Begründung, er habe der Mutter das Geld übergeben.[104]

Das LG Itzehoe verurteilte den Beklagten, weil er den ihm obliegenden Beweis, die Herausgabepflicht erfüllt zu haben, nicht erbringen konnte: 174

„Der Beklagte hätte sich die Übergabe der Geldbeträge durch seine Mutter quittieren lassen oder Zeugen zur Geldübergabe hinzuziehen können. Es sind keine Indiztatsachen vorgetragen, aus denen die Geldübergabe an die Mutter geschlossen werden könnte. Der Umstand, dass die Mutter offenbar über eine Geldkassette verfügte und der Beklagten keine Bareinzahlungen auf sein Girokonto im fraglichen Zeitraum vorgenommen haben will, lassen den von dem Beklagten gewünschten Schluss auf eine Geldübergabe nicht zu. Für eine Vernehmung des Beklagten als Partei gem. § 448 ZPO war kein Raum. Seine Anhörung vor der Kammer und seine vom Amtsgericht in der ersten Instanz protokollierten Angaben sind nicht widerspruchsfrei. Es ist insbesondere nicht nachvollziehbar, was die bettlägerige Mutter der Parteien, die auch nach dem Vortrag des Beklagten bereits sehr geschwächt war, mit dem Bargeld von 26.300 DM gemacht hat und wo es geblieben sein könnte. Der Hinweis des Beklagten auf einige Briefumschläge, die er für seine Mutter in der fraglichen Zeit zur Post gebracht hat, reicht als Erklärung dafür, dass seine Mutter das Geld verschenkt haben könnte, nicht aus.“[105]

Dieses Urteil zeigt Bevollmächtigten, wie man es gerade nicht machen sollte. 175
Man tut sich auch als Prozessvertreter keinen Gefallen, wenn man versucht, dem Gericht einen unglaubwürdigen Sachverhalt zu präsentieren. Schließlich geht es hier in erster Linie nicht um eine Hilfsbereitschaft für alte Menschen, sondern vor allem um den sensiblen Umgang mit Geld.[106]

2. Vertraglicher Ausschluss der Herausgabepflicht

Es ist von der Rechtsprechung[107] anerkannt, dass die Herausgabepflicht vertrag- 176
lich ausgeschlossen werden kann. Auch ist nichts dagegen einzuwenden, die Herausgabepflicht nur auf den Vollmachtgeber persönlich zu beschränken, die Vererblichkeit aber auszuschließen.[108]

---

104 Nachgebildet nach LG Itzehoe ZErb 1999, 29.
105 LG Itzehoe ZErb 1999, 29, 30.
106 So auch *Damrau*, ZEV 2004, 208.
107 BGH NJW-RR 1997, 778.
108 Vgl. BGH WM 1989, 1813.

In den wenigsten Fällen wird ein solcher vertraglicher Ausschluss im Rahmen einer Vorsorgevollmacht schriftlich vereinbart worden sein.[109] Ein Bevollmächtigter wird sich vielmehr darauf berufen wollen, dass dies mündlich oder gar konkludent[110] vereinbart wurde. Mit der Annahme eines schlüssigen Verzichts auf die Herausgabe sollte man – ähnlich wie beim Auskunfts- und Rechenschaftsanspruch (siehe § 3 Rdn 181) – äußerst zurückhaltend sein.

3. Schenkung durch den Vollmachtgeber

177 Zwischen dem Vollmachtgeber und seinem Bevollmächtigten darf man regelmäßig ein bestehendes Vertrauensverhältnis voraussetzen. Fließt Geld vom Vollmachtgeber zum Bevollmächtigten, werden im Streit zwischen den Erben des Vollmachtgebers und dem Vertreter um die angebliche Schenkung fast immer die gleichen Vorwürfe erhoben: Die Erben bezichtigen den Bevollmächtigten des Vollmachtsmissbrauchs und des gebrochenen Vertrauens, der Bevollmächtigte singt hingegen das hohe Lied auf den großzügigen Erblasser, der sich im Grabe herumdrehen würde, wenn er mit ansehen müsste, wie ein angemessenes Geldgeschenk von den gierigen Erben in Frage gestellt wird.

178 Vor der Frage, ob eine Schenkung beweisbar ist, muss man prüfen, ob und in welchem Umfang der Bevollmächtigte befugt war, Schenkungen im Namen des Vollmachtgebers zu tätigen. Wenn Vorsorgevollmachten erteilt sind, ist neben dem Wortlaut, der Schenkungen vielleicht ausdrücklich oder implizit[111] erlaubt, eine Prüfung des Innenverhältnisses vorzunehmen. Hier gilt der Grundsatz, dass die grundsätzliche Befugnis zu Schenkungen nicht zu einer weitgehenden Enteignung führen darf, die zu einer Beschränkung der Lebensumstände führt. In vielen Fällen ist aber nicht von vorneherein ausgemacht, dass der Schenker der Böse ist.

Fall

Die inzwischen demente Vollmachtgeberin errichtete eine notariell beurkundete Vorsorgevollmacht, durch die sie ihren Sohn bevollmächtigte, sie in allen vermögensrechtlichen Angelegenheiten zu vertreten. Die Vollmacht umfasst ausdrücklich auch die Berechtigung zu Schenkungen und zum Abschluss von Übergabeverträgen. Nach Eintritt der Geschäftsunfähigkeit schenkte der

109 Zumindest dürften diese Fälle in der anwaltlichen Praxis aufgrund der klaren Rechtslage keine Rolle spielen.

110 Wenn – wie vorgekommen – eine Bevollmächtigte behauptet, man habe „alle Pflichten des Vollmachtnehmers kongodent (sic!) ausgeschlossen“, dürfte sich schon die Frage der Schlüssigkeit dieses Vortrags stellen.

111 Oft wird übersehen, dass eine als Generalvollmacht ausgestaltete Vorsorgevollmacht, die zu allen Rechtsgeschäften befugt, auch das Recht zu Schenkungen umfasst.

Bevollmächtigte seinen Kindern für deren Ausbildung Geld aus dem Vermögen seiner Mutter.[112]

Der BGH[113] hat hierzu unter Aufhebung eines untergerichtlichen Urteils entschieden, dass nicht die Höhe und der Adressat der Schenkungen entscheidend sind, sondern Wille und Wohl des Vollmachtgebers:

„Da die erteilte Vorsorgevollmacht ausdrücklich auch Schenkungen umfasst, folgt allein aus der Tatsache, dass der Bevollmächtigte hiervon Gebrauch gemacht hat, noch nicht seine Unredlichkeit. Konkrete Feststellungen über bestehende Beschränkungen der Schenkungsvollmacht im Innenverhältnis, insbesondere ob die vom Bevollmächtigten getroffenen Vermögensverfügungen dem früher geäußerten Willen der Betroffenen widersprachen oder sie eine konkrete Gefahr für das Wohl der Betroffenen begründeten und deshalb einen Vollmachtsmissbrauch darstellen, hat das Landgericht nicht getroffen."

Hinweis 179

Der Rechtsanwalt ist immer schlecht beraten, wenn er sich i.R.d. Korrespondenz zum ungefilterten Sprachrohr seiner Mandanten macht. Oft finden jahrelange persönliche Konflikte ihr Ventil in Prozessen zwischen Erben und Bevollmächtigten. Dort ist aber nicht der Platz für die Aufarbeitung der Familiengeschichte. Der Austausch gegenseitiger Verletzungen senkt die Vergleichsbereitschaft erheblich. Man sollte sich daher nur auf die entscheidenden Aspekte beschränken, die den Vortrag einer Schenkung tragen oder nicht.

Die Schenkung ist ein einseitig verpflichtender Schuldvertrag über eine unentgelt- 180
liche Zuwendung eines Vermögensvorteils aus dem Vermögen des Schenkers an einen anderen, den Beschenkten. Die Erfüllung des Vertrages, also der dingliche Teil, kann zeitgleich mit dem schuldrechtlichen Teil als sog. Handschenkung erfolgen.

Beispiel 181

Der Bevollmächtigte hebt für den Vollmachtgeber Bargeld von dessen Konto ab. Nach Ablieferung des abgeholten Geldes an den Vollmachtgeber gibt dieser das Geld wieder zurück und erklärt dem Bevollmächtigten, er dürfe das Geld behalten, es sei geschenkt.

Kann der Bevollmächtigte zumindest die Übergabe des Geldes nachweisen, haben 182
die Erben regelmäßig keine Möglichkeit, gegen die Schenkung anzugehen. Bei Handschenkungen des Vollmachtgebers ist für den Bevollmächtigte nur darzule-

112 Nach BGH NJW 2013, 1085.

113 BGH NJW 2013, 1085, Beck RS 2013, 04508. In den Verfahren ging es nicht um den zivilrechtlichen Rückforderungsanspruch, sondern um die Einrichtung einer Kontrollbetreuung. Die Grundsätze dürften aber übertragbar sein.

gen, dass der Vollmachtgeber ihm eine Sache (oder Geld) übergeben hat, und dies unentgeltlich erfolgen sollte.

183 **Hinweis**

Wenn dem Vollmachtgeber nachweislich übergebenes Geld fehlt, ist das zunächst sein Problem bzw. das seiner Erben. Der Rechtsanwalt des Bevollmächtigten muss nicht darlegen, wo das Geld geblieben ist, auch wenn es ihm geschenkt wurde. Das Geld kann auch an Dritte verschenkt worden sein. Anders ist es zu beurteilen, wenn Sachen des Vollmachtgebers im Besitz des Bevollmächtigten sind. Dann muss dargelegt werden, wann, wo und wie die Sache unentgeltlich übergeben wurde (siehe Rdn 82 ff.).

184 Die Fälle hingegen, in denen ohne ein Handeln des Vollmachtgebers das Geld auf dessen angebliche Weisung durch ein Insichgeschäft beim Bevollmächtigten landet, sind für den Bevollmächtigten weitaus heikler.

185 Wenn schuldrechtlicher und dinglicher Teil der Schenkung auseinanderfallen, stellt sich die Frage, ob die Form des § 518 BGB gewahrt wurde. Bekanntlich kann das Erfordernis der notariellen Beurkundung gem. § 518 Abs. 1 BGB durch Bewirkung der Leistung geheilt werden, § 518 Abs. 2 BGB. Daraus folgt, dass der Bevollmächtigte, der sich selbst Geld überweist, das Vorliegen folgender Voraussetzungen darlegen muss:

186 – Schenkungsversprechen des Vollmachtgebers: Es ist vorzutragen, bei welcher Gelegenheit und unter welchen Umständen der Vollmachtgeber dem Bevollmächtigten was versprochen hat.
– Annahme der Schenkung: Der Bevollmächtigte wird keine Probleme haben, die Annahme der Schenkung darzulegen, da dies auch konkludent möglich ist, indem man sich die Schenkung selbst erfüllt.
– Bewirkung der Leistung für den Vollmachtgeber: Es ist vorzutragen, dass der Vollmachtgeber wollte, dass der Bevollmächtigte sich die Schenkung in Ausübung der Vollmacht selbst erfüllen durfte. Dabei stellt der Tod des Schenkers keine Zäsur für die Möglichkeit der Heilung gem. § 518 Abs. 2 BGB dar, auch wenn die Schenkung aufschiebend auf den Todesfall bestimmt wurde.[114]

187 Der Bevollmächtigte trägt eine erleichterte Beweislast für das Vorliegen einer Schenkung des Vollmachtgebers (vgl. Rdn 142 ff.). Nach einem vielbeachteten Urteil des BGH[115] aus dem Jahr 2007 trifft den Bevollmächtigten die „sekundäre Darlegungslast“, den Rechtsgrund einer Schenkung zu konkretisieren. In einer älteren Entscheidung des OLG Bamberg[116] wurde zugunsten der Erben sogar explizit eine Beweislastumkehr angenommen.

114 BGHZ 99, 97 ff.
115 BGH ZErb 2007, 303 = ZEV 2007, 182.
116 OLG Bamberg ZEV 2004, 207.

Besonders, was den Beweis bzw. die schlüssige Darlegung der Bewirkung der Leistung angeht, sind Gerichte teilweise erstaunlich großzügig. Sogar der BGH scheint in einer älteren Entscheidung keine klare Unterscheidung zwischen Schenkungsversprechen und Vollzug der Schenkung zu treffen und gibt sich mit wenigen „mittelbaren Tatsachen" zufrieden: 188

„Um sich dazu zu erklären, ob die von P. F. zugunsten des Klägers[117] *getätigten Überweisungen und die von dem Kläger nach bevollmächtigten Abhebungen erfolgte Übertragung mit oder ohne Rechtsgrund erfolgt sind, bedurfte der Kläger lediglich der nachvollziehbaren Angabe, dass es zu einem Schenkungsversprechen des P dem Kläger gegenüber gekommen sei, zu dessen Erfüllung diese Abhebungen und die Überweisung getätigt worden seien. Welche tatsächlichen Gründe den Erblasser bewogen haben mögen, dem Kläger Geldbeträge zu überweisen und zu gestatten, sich weitere Beträge durch Abhebungen zu beschaffen, mag zwar im Rahmen einer Beweiswürdigung von Bedeutung sein; weder das Zustandekommen des Schenkungsvertrages noch seine wirksame Erfüllung hänge jedoch von der Kenntnis der Beweggründe ab. Es ist deshalb davon auszugehen, dass der Kläger mit seinem Vorbringen zur Schenkung am 2.1.1999 das angegeben hat, was von ihm als im Hinblick auf den vom Beklagten geltend gemachten bereicherungsrechtlichen Anspruch nicht darlegungspflichtiger Partei zumutbarerweise verlangt werden konnte."*[118]

Für den Vollmachtgeber und dessen Erben gilt es deshalb, im Streitfall den engen Ausnahmecharakter des § 518 Abs. 2 BGB herauszuarbeiten. In seiner kritischen Anmerkung zum vorgenannten Urteil des BGH führt *Böhr* – zur Übernahme in einen entsprechenden Schriftsatz durchaus geeignet – aus: 189

„Für einen Schenkungsvollzug genügt es nämlich keinesfalls, dass der Sohn das Geld „irgendwie" im Einverständnis mit seinem Vater empfangen hat. § 518 Abs. 2 BGB fordert die „Bewirkung der versprochenen Leistung". Die Vornahme der Leistungshandlung muss also auf einer freiwilligen Entscheidung des Schenkers beruhen. Den Bevollmächtigten trifft aus dem zugrunde liegenden Auftrags- oder Geschäftsbesorgungsverhältnis eine umfassende Auskunfts- und Rechenschaftspflicht, § 666 BGB. Es ist nicht einzusehen, warum i.R.d. § 518 Abs. 2 BGB geringere Anforderungen gelten sollen. Der angeblich Beschenkte darf sich daher nicht auf die Angabe beschränken dürfen, er habe sich die versprochene Leistung mit Hilfe einer Bankvollmacht selbst verschafft. Anderenfalls würde der Zweck von § 518 BGB vereitelt, den Schenker zu schützen und die Heilung formnichtiger Schenkungsabreden nur dort zuzulassen, wo nachgewiesen ist, dass der Versprechende die Leistung in der Absicht erbracht hat, den anderen Teil zu beschenken."[119]

---

117 Der Kläger war gleichzeitig Widerbeklagter.

118 BGH NJW 1999, 2887, 2888.

119 *Böhr*, NJW 2001, 2059, 2060. In gleicher Weise *Wacke*, ZZP 114, 77, 93.

190 **Hinweis**

Für die Erben des Vollmachtgebers ist vorab zu prüfen, ob der Bevollmächtigte überhaupt von den Beschränkungen des § 181 BGB befreit wurde. Die Bewirkung eines Schenkungsversprechens gem. § 518 Abs. 2 BGB ist nämlich gerade kein gem. § 181 Hs. 2 BGB zulässiges Insichgeschäft.[120] Wenn neben einer Bankvollmacht eine Vorsorgevollmacht vorliegt, in der keine Befreiung von § 181 BGB angeordnet ist, kann dies als Indiz für ein Verbot von Insichgeschäften gesehen werden. Dies gilt umso mehr bei notariellen Vorsorgevollmachten, die nach entsprechender Beratung errichtet wurden.

Dem Bevollmächtigten ist zu raten, im Streitfall möglichst viele „mittelbare Tatsachen" vorzutragen, die für eine Schenkung sprechen. Auch die Anregung einer Parteivernehmung gem. § 448 ZPO ist als Beweismittel gegenüber fragwürdigen Zeugen vorzugswürdig. Dem Gericht muss sich der beschenkte Bevollmächtigte als verfolgtes Opfer darstellen, den man um eine berechtigte Schenkung bringen will. Dieses Vorhaben scheitert, wenn als Zeugen aufgebotene Familienmitglieder in der Verhandlung durch widersprüchliche Aussagen „glänzen". Der Rechtsanwalt sollte vor Benennung die Zeugen selbst befragen, um leichtfertigen Falschaussagen vorzubeugen.

191 Im Einzelfall kann es äußerst problematisch sein, ob die Angaben des Bevollmächtigten ausreichen, um den Vortrag einer dem Willen des Erblassers entspringenden Schenkung zu tragen. Dies gilt insbesondere, wenn der Bevollmächtigte im Besitz eines Sparbuchs des Vollmachtgebers ist und davon Abhebungen tätigt. Der BGH[121] hat dem Besitzer des Sparbuchs die Beweislast dafür auferlegt, dass der eingetragene Inhaber des Sparbuchs mit den Verfügungen einverstanden gewesen ist.[122] Daran ändert auch nichts die Tatsache, dass der Bevollmächtigte im Außenverhältnis ausdrücklich durch Vollmacht zu Abhebungen befugt war.

192 **Beispiel**

Die im Krankenhaus liegende Erblasserin erteilte ihrer Schwester wenige Tage vor ihrem Tod eine Vollmacht über ein Sparbuch, das diese zuvor an sich genommen hatte. Nach dem Tod verlangen die Erben von der Schwester das Sparbuch heraus. Diese verweigert die Rückgabe mit dem Hinweis, dass sie das Guthaben geschenkt bekommen habe.[123]

120 Vgl. Grüneberg/*Grüneberg*, § 181 Rn 22.

121 BGH NJW 1986, 2117.

122 In dogmatischer Hinsicht ist es bemerkenswert, dass der BGH nicht nur bei der Eingriffskondiktion (Bevollmächtigter verfügt über fremdes Konto), sondern auch bei der Leistungskondiktion (Vollmachtgeber übergibt Sparbuch) eine Beweislastumkehr bzw. -erleichterung zubilligt.

123 Nachgebildet nach OLG Koblenz ZErb 2003, 381.

Das OLG Koblenz entschied zugunsten der Erben, weil die Schwester eine Abtretung und Schenkung des Sparguthabens nicht beweisen konnte. Der bloße Besitz reiche nicht aus, weil die Sparbücher nicht übergeben, sondern nur mitgenommen wurden. Auch die Vollmachtserteilung habe keine zusätzliche Indizwirkung. 193

Hinweis 194

Soweit Schenkungen behauptet werden, die eine Größenordnung oberhalb der erbschaftssteuerlichen Freibeträge haben, kann man einer behaupteten Schenkung entgegentreten, indem man behauptet, dass der Bevollmächtigte keine Schenkungssteuererklärung abgegeben hat und dies schon gegen eine Schenkung spricht. Zum Beweis kann man die eidliche Vernehmung des Beklagten als Partei aufbieten. Dem verständigen Bevollmächtigten muss klar sein, dass er spätestens jetzt das geschenkte Geld versteuern muss, da das Finanzamt ansonsten auf ihn aufmerksam gemacht wird.

4. Vergütung für geleistete Dienste

Soweit der Bevollmächtigte keine Schenkung als Rechtsgrund für Verfügung an sich selbst reklamieren kann, wird oft vorgetragen, dass die Geldzahlung ihren Rechtsgrund in der Vergütung für geleistete Dienste für den Bevollmächtigten hätte. 195

In den seltensten Fällen wird ein Bevollmächtigter in diesem Zusammenhang einen Werk-, Dienst- oder Geschäftsbesorgungsvertrag vorlegen können, so dass meist Zeugen aus dem Umkreis des Bevollmächtigten für das Bestehen eines Vertragsverhältnisses aufgeboten werden. Meistens sind diese Zeugen nicht sehr ergiebig, weil sie beim angeblichen Vertragsschluss nicht zugegen waren. Zugunsten des Bevollmächtigten wird man dann versuchen können, den fehlenden gegenseitigen Vertrag in eine Anstandsschenkung gem. § 534 BGB umzudeuten, was in den meisten Fällen eher den Kern treffen wird. Dies gilt insbesondere dann, wenn große Einmalzahlungen für lang andauernde Dienste geleistet werden. Vom Grundsatz her ist aber von der Unentgeltlichkeit des Auftragsverhältnisses auszugehen.

In den seltenen Fällen, in denen durch regelmäßige Zahlungen, geleistete Dienste und entsprechende Zeugenaussagen tatsächlich ein Vertrag zwischen Bevollmächtigtem und Vollmachtgeber indiziert ist, sollte der Vertreter der Erben des Vollmachtgebers genau prüfen, ob Leistung und Gegenleistung im angemessenen Verhältnis stehen. Dies gilt insbesondere, wenn der Bevollmächtigte jegliche Schenkung von sich weist und erklärt, er habe sich jeden Euro redlich verdient. 196

Hier kann es auch drauf ankommen, ob Angehörige oder Fremde einen Vergütungsanspruch für sich behaupten. Für einen familienfremden Bevollmächtigten mag sprechen, dass man gewisse Tätigkeiten nur gegen Bezahlung erwarten kann und einem konkludent abgeschlossenen Dienstvertrag auszugehen ist. Hier wäre 197 aber mindeste Voraussetzung, dass der Vollmachtgeber von den Abhebungen gewusst hat.

198 **Hinweis**

Wenn die angebliche Vergütung das wesentliche Einkommen des Bevollmächtigten ausgemacht hat, kann man als Vertreter der Erben darauf hinweisen, dass die vereinnahmten Gelder selbstverständlich als Einkommen zu versteuern seien und man keine Fragen mehr habe, wenn man eine Kopie der letzten Steuererklärung und des Steuerbescheides erhalte, in dem dieses Einkommen aus nichtselbstständiger Tätigkeit berücksichtigt ist. Dies wird in den wenigsten Fällen so sein. Spätestens, wenn man andeutet, dem Finanzamt Mitteilung über die angeblichen Verdienste beim Vollmachtgeber zu machen, zeigen sich gut beratene Bevollmächtigte sehr vergleichsbereit.

199 Bei Familienangehörigen können die Dienste auch auf der übernommenen Verpflichtung aus einem Übergabevertrag beruhen, so dass dann eine doppelte Bezahlung vorliegen könnte. In diesem Zusammenhang ist stets an eine gemischte Schenkung zu denken.

5. Unterhaltsleistung

200 Handelt es sich beim Bevollmächtigten um ein Kind des Vollmachtgebers, kann er versuchen, regelmäßige Barabhebungen zu eigenen Gunsten als Unterhaltszahlung des Elternteils zu deklarieren.

201 **Beispiel**

Bevollmächtigter B ist seit längerer Zeit arbeitslos und erhält, weil er keine Arbeit sucht, kaum Leistungen der Arge. Er lebt bei seinem demenzkranken Vater, einem pensionierten Studiendirektor mit auskömmlichen Altersbezügen, der ihm eine Vorsorgevollmacht erteilt hat. Damit hebt B monatlich 500 EUR vom Konto seines Vaters ab. Nach dem Tod des Vaters wollen seine Geschwister die gesamten Beträge zurückfordern bzw. sein Erbteil kürzen.

202 Gemäß § 685 Abs. 2 BGB ist zu vermuten, dass Unterhaltsleistungen von Verwandten in gerader Linie ohne Rückforderungsabsicht erfolgen. Problematisch ist allerdings, dass eine Selbstbedienung des Bevollmächtigten keine Unterhalts„leistung“ im Wortsinne darstellt, womit sich die Frage der analogen Anwendung stellt. Rechtsprechung hierzu existiert nicht, allerdings wird eine entsprechende Anwendung dann für vertretbar gehalten, wenn mit der Vollmachtserteilung oder nachträglich auch das Motiv verbunden war, den Bevollmächtigten selbst auch mit Unterhalt versorgt zu wissen.[124] In gleicher Weise wird man argumentieren können, wenn der Bevollmächtigte Gelder abhebt, die er in gleicher Höhe zuvor auch vom Vollmachtgeber regelmäßig erhalten hat.

---

124 So *Scharf/Hack*, in Rudolf/Bittler/Roth, § 1 Rn 170.

Größere Einmalzahlungen oder gar die Übertragung von Grundbesitz wird man allerdings nicht unter der Rubrik „Unterhaltsleistungen“ fassen können. Hier kommt als Rechtsgrund eher ein Ausstattungsvertrag gem. § 1624 BGB in Frage. 203

6. Entreicherung gem. § 818 Abs. 3 BGB

Der Bevollmächtigte, der vom Konto des Vollmachtgebers eigenmächtig Geld abhebt, wird sich in den wenigsten Fällen seiner Verpflichtung zur Herausgabe bzw. zum Wertersatz durch die Berufung auf den Wegfall der Bereicherung gem. § 818 Abs. 3 BGB entziehen können. 204

Eine Entreicherung liegt schon tatbestandlich nicht vor, wenn der Bevollmächtigte das Geld zur Tilgung eigener Schulden[125] verwendet. Hat der Bevollmächtigte von dem vereinnahmten Geld Ausgaben getätigt, die er auch sonst gehabt hätte, stellt diese Ersparnis eigener Aufwendungen auch keinen Wegfall der Bereicherung dar.[126] 205

Gleichwohl wird in den meisten Fällen eine Berufung auf Entreicherung gem. § 818 Abs. 3 BGB schon deshalb scheitern, weil der Bevollmächtigte den Mangel des rechtlichen Grundes kannte bzw. kennen musste und daher die verschärfte Haftung gem. § 819 Abs. 1 BGB eintritt (vgl. oben Rdn 69).

7. Recht zum Besitz gem. § 986 BGB

Dreht sich der Streit um die Herausgabe einer Sache, die der Bevollmächtigte im Besitz hat, kann die Herausgabe gem. § 986 BGB verweigert werden, wenn ein dingliches oder obligatorisches Recht zum Besitz besteht. Dies kann z.B. der Fall sein, wenn der Bevollmächtigte vom Vollmachtgeber eine Sache gemietet hat. Ob ein Zurückbehaltungsrecht nach §§ 273, 972, 1000 BGB ein Recht zum Besitz gibt, ist umstritten.[127] 206

8. Unmöglichkeit

Eine Herausgabepflicht des Bevollmächtigten scheidet weiterhin aus, wenn die von ihm verwalteten oder erlangten Gegenstände verloren gegangen sind. Dann liegt Unmöglichkeit gem. § 275 Abs. 1 BGB vor, bei der es nicht auf die Verschuldensfrage ankommt. 207

Für überlassenes Geld und Sachen bedeutet dies, dass der Bevollmächtigte nicht für das Risiko des zufälligen Verlustes haftet. Die Risikostruktur des Auftragsrechts sieht für den unentgeltlich Tätigen keine abweichende Haftungsregelung

125 BGH NJW 1985, 2700.
126 Vgl. Grüneberg/*Sprau*, § 818 Rn 34; BGH NJW 2003 3271.
127 Vgl. Grüneberg/*Herrler*, § 986 Rn 5.

vor. Wird der Bevollmächtigte z.B. bestohlen, trägt der Vollmachtgeber insoweit das Risiko. Ein zufälliger Verlust ist aber dann nicht gegeben, wenn sich der Bevollmächtigte über die Weisungen des Vollmachtgebers hinweggesetzt hat. Dann bleibt die Herausgabepflicht bestehen.

Bei verlorenen Sachen trägt der Bevollmächtigte auch nicht das Risiko der Kosten für die Rückbeschaffung.[128]

208 Der Vollmachtgeber muss aber nicht leer ausgehen, wenn ein unachtsamer und eigenwilliger Bevollmächtigter Misswirtschaft betreibt. Nach § 285 Abs. 1 BGB ist das sog. stellvertretende commodum herauszugeben, wenn der Bevollmächtigte etwas anderes erlangt hat. Hat er sich vom vereinnahmten Geld z.B. einen Pkw gekauft, ist dieser herauszugeben.

209 Die Leistungsfreiheit wegen Unmöglichkeit darf aber nicht den Blick dafür verstellen, dass dem Vollmachtgeber anstelle des abhanden gekommenen Gegenstandes ein Schadensersatzanspruch gem. § 280 Abs. 1 und 3 i.V.m. § 283 BGB zusteht, in dessen Rahmen das Vertretenmüssen sehr wohl relevant ist (siehe oben Rdn 134 ff.).

9. Aufrechnung/Zurückbehaltungsrecht

210 Möglicherweise wird ein Bevollmächtigter einwenden, dass er gegen den Vollmachtgeber eigene Forderungen hat, z.B. weil er ihm ein Darlehen gegeben hat.

Ob in diesem Fall eine Aufrechnung gem. § 387 BGB oder die Geltendmachung eines Zurückbehaltungsrechts gem. § 273 BGB möglich ist, hängt entscheidend von dem Rechtsgrund der Forderung ab: Beruht der Anspruch des Vollmachtgebers auf einer unerlaubten Handlung des Bevollmächtigten, gilt das Aufrechnungsverbot des § 393 BGB.

211 Macht der Vollmachtgeber hingegen seinen Herausgabeanspruch gem. § 667 BGB geltend, ist zu unterscheiden: Eine Aufrechnung bzw. ein Zurückbehaltungsrecht mit Aufwendungsersatzansprüchen gem. § 670 BGB ist möglich, aber nur wenn dieser Anspruch aus dem Vertragsverhältnis entspringt. Der BGH setzt hierfür einen inneren Zusammenhang voraus. Hat die Gegenforderung des Bevollmächtigten hingegen nichts mit dem Auftragsverhältnis zu tun, wird eine Aufrechnung bzw. ein Zurückbehaltungsrecht regelmäßig abgelehnt.[129] Die Gleichartigkeit der Forderungen, die gem. § 387 BGB jede Aufrechnung voraussetzt, ist nach ganz h.M. nicht gegeben, weil das, was der Beauftragte erlangt, wirtschaftlich schon zum Vermögen des Auftraggebers gehört und ihm deshalb nicht aus anderen Gründen vorenthalten werden darf.

---

128 BGH NJW 2005,3709.
129 St. Rspr. BGHZ 14, 342, 346 f.

10. Verjährung

Die erfolgreiche Berufung auf eine Verjährung des hängt nicht zuletzt davon ab, auf welche Rechtsgrundlage sich der Leistungsanspruchs des Vollmachtgebers bezieht. Für die Verjährung von vertraglichen und deliktischen Ansprüchen gilt die dreijährige Regelverjährung gem. § 195 BGB. Die Verjährungsfrist beginnt gem. § 199 Abs. 1 und 4 BGB mit dem Abschluss des Jahres, in welchem der Anspruch entstanden ist und der Gläubiger von den anspruchsbegründenden Tatsachen sowie der Person des Schuldners Kenntnis erlangt. Die Verjährung tritt aber spätestens zehn Jahre nach Entstehung des Anspruchs ein. Für die Verjährungseinrede des Bevollmächtigten gelten folgende Besonderheiten. 212

a) Auftragsrecht

Wird ein Anspruch auf Herausgabe gem. § 667 BGB geltend gemacht, folgt daraus, dass die Verjährung frühestens mit der Erledigung des Auftrags einsetzt. 213

Betrachtet man jedes Geschäft eines Bevollmächtigten als Einzelauftrag, wird die Herausgabe mit Erledigung jedes einzelnen Auftrages fällig. Weist der Vollmachtgeber den Vorsorgebevollmächtigten z.B. nur einmal im Jahr an, für ihn beim Winzer Wein zu kaufen, hat er bzw. seine Erben im Jahr 2023 die Einrede der Verjährung zu gewärtigen, wenn der Bevollmächtigte im Jahr 2020 das Geld vereinnahmt, aber keinen Wein geliefert hat.

Besteht hingegen eine regelmäßige, in der Tendenz zur Rundumbetreuung reichende Tätigkeit des Bevollmächtigten, wird man von einem einheitlichen Gesamtauftrag zur Übernahme der Vermögensverwaltung ausgehen können. Dann beginnt die Verjährung erst nach Beendigung des Auftragsverhältnisses im Ganzen, z.B. durch Kündigung des Vollmachtgebers bzw. seinen Erben, die dann auch eine Abrechnung und Herausgabe über die gesamte Dauer verlangen können, so dass insoweit keine Verjährung anzunehmen ist. 214

b) Vertragspflichtverletzung, unerlaubte Handlung

Beim Schadensersatzanspruch gem. § 280 Abs. 1 BGB und bei deliktischen Ansprüchen gem. §§ 823 ff. BGB beginnt die Verjährung mit dem Entstehen des Schadens.[130] Eine mögliche Verlängerung der Verjährungsfristen bei Schadensersatzansprüchen ist in § 199 Abs. 2 und 3 BGB vorgesehen. 215

c) Ungerechtfertigte Bereicherung

Hat sich der Bevollmächtigte durch Selbstbedienung am Vermögen ungerechtfertigt bereichert, gilt die dreijährige Regelverjährung. Wird von dem Geld des Vollmachtgebers hingegen eine fremde Schuld beglichen, gilt die für die getilgte 216

130 Vgl. Grüneberg/*Grüneberg*, § 199 Rn 15.

Schuld geltende Verjährungsfrist. Hat der Bevollmächtigte z.B. einen Dauerauftrag eingerichtet, um seine Grundschulden vom Konto des Vollmachtgebers abzutragen, kann hier die zehnjährige Verjährungsfrist des § 196 BGB eingreifen.[131]

d) Eigentum

217 Der Anspruch auf Herausgabe des Eigentums verjährt gem. § 197 Abs. 1 Nr. 1 BGB in 30 Jahren. Es kann im Einzelfall daher darauf ankommen, ob der Gläubiger seinen Anspruch auf Eigentum oder ungerechtfertigte Bereicherung stützt. Gerade hier kann die bislang oft nur akademische Frage relevant werden, ob bei einem gem. § 138 Abs. 1 BGB sittenwidrigen Geschäft die Nichtigkeit auch das dingliche Geschäft erfasst.

131 Vgl. Grüneberg/*Grüneberg*, § 195 Rn 5.

Stichwortverzeichnis

Fette Zahlen = §§, magere Zahlen = Randnummern